创新创业企业融资

Financing of Innovative and Entrepreneurial Enerprises

甄　珍◎著

南京师范大学出版社

图书在版编目（CIP）数据

创新创业企业融资 / 甄珍著 . — 南京 : 南京师范大学出版社，2023.11

ISBN 978-7-5651-5067-8

Ⅰ . ①创… Ⅱ . ①甄… Ⅲ . ①企业融资 Ⅳ . ① F275.1

中国版本图书馆 CIP 数据核字（2021）第 281253 号

书　　名 创新创业企业融资
作　　者 甄　珍
责　　编 甄文亮
特约编辑 沈　和
出版发行 南京师范大学出版社
地　　址 江苏省南京市玄武区后宰门西村 9 号（邮编：210016）
电　　话 （025）83598919（总编办）　83598412（营销部）
83373872（邮购部）
网　　址 http://press.njnu.edu.cn
电子信箱 nspzbb@njnu.edu.cn
排　　版 南京私书坊文化传播有限公司
印　　刷 南京地海印刷有限公司
开　　本 787 mm × 960 mm　1/16
印　　张 21.25
字　　数 325 千
版　　次 2023 年 11 月第 1 版　2023 年 11 月第 1 次印刷
书　　号 ISBN 978-7-5651-5067-8
定　　价 63.00 元

出 版 人 张　鹏

前 言

从广义来说，创业可被看作创立一项“事业”或一个“项目”。创业的前提是创新。在中国大力推行“大众创业、万众创新”的政策背景下，创业需要具备看到不同事物之间全新联系的能力，要能够从中发现新机遇，并准备好接受挑战。从这个角度来说，基于创新的创业实践不仅能够创造新技术、开辟新市场，也可以为传统的、成熟的以及新兴的市场提供新方法。本书将致力于创新的创业企业称为创新创业企业。

自从李克强总理在 2014 年夏季达沃斯论坛上正式提出“大众创业、万众创新”以来，越来越多的创业者投入到了创新创业的大潮中。创新创业企业越来越多，并且正日益成为中国国民经济的重要组成部分。然而，几乎所有的创新创业企业在其设立、成长和发展过程中都曾遇到过融资困难。其中，不少创新创业企业，由于创始人缺乏融资知识而交过学费、走过弯路；一些原本很有前景的创新创业企业，甚至由于不清楚应该如何开展融资而破产倒闭。国内非常缺乏面向创新创业企业来系统介绍融资知识的专业教材。不少中国创业者在创业之前，并不清楚开办一家创新创业企业需要做哪些准备，应当如何选择创新创业企业的法定组织形式，怎样才能实现快速注册登记，企业所选择的法定组织形式会如何影响其可用的融资渠道、融资方式和融资成本，应如何解读融资协议的内容并进行融资谈判等。于是，抱着为众多创业者以及有创新创业愿望的大学生、研究生或社会人士排忧解难的目的，笔者编写了《创新创业企业融资》一书，希望可以帮助创业者和潜在的创业者一步一步地随着创新创业企业孕育、创建、发展和成熟的生命周期而及时合理地规划并完成融资。

一、内容简介

本书是笔者在南京师范大学和南京信息职业技术学院推行“双创”教育，设立“创新创业企业融资”课程时所撰写的教材。随着政府对“大众创业、万众创新”支持力度的不断增加，以及创业者所得到社会尊重的与日俱增，“创新创业企业融资”这门课程应该成为国内高校商科类学生的重要专业基础课程，同时也应该成为有志于参与创新创业活动的各专业学生的重要选修课程。

本书共分为十二章。前两章为第一篇，属于先导性内容，是创业者启动第一次创新创业融资活动所必需的入门知识。其中，第一章是创新创业企业融资导论，主要介绍创新创业企业融资的基本概念、传统方式和新兴的互联网融资方式；第二章是创新创业企业融资之道，主要介绍创新创业企业的融资理念、方案和流程。第三章到第六章为本书第二篇——创新创业企业融资起点。本篇从有创新创业构想、需要取得创业启动资金的创业者视角出发，提出创新创业企业融资的前提是成立创新创业企业，而创业者对企业法定组织形式的选择会一定程度上影响其未来可选的融资渠道、融资方式和融资成本。第三章依据中国商事法律介绍企业法定组织形式，探讨创业者选择创新创业企业法定组织形式的影响因素；第四章到第六章结合中国商事法律和工商行政法规，分别介绍个人独资企业、合伙企业、公司企业的设立条件、注册流程、适用融资渠道和常用融资方式。第七章和第八章为本书第三篇，介绍创新创业企业融资预算的相关内容。其中，第七章介绍如何编制创新创业企业在启动阶段的融资预算清单；第八章介绍如何编制创新创业企业的融资预算报表。第九章到第十二章是本书的第四篇，为创新创业企业融资的操作性内容，对于指导创业者的融资实践极为重要和关键。其中，第九章介绍创新创业企业的债务融资实践，包括债务融资的类型和一般流程、债权融资的协议内容、债权债务关系的维护等；第十章是创新创业企业的股权融资实践，介绍创新创业企业股权融资的类型与特征、基本流程、最优股权结构设计、对投资者的筛选和融资协议的签订等；第十一章是股权融资实践活动最重要的环节——投资条款清单谈判的相关内容，主要介绍投资条款清单的概念、内容、特征，以及商务谈判的关键点和应对策略等内容；第十二章为股权融资的经典案例。

如果能有更加充裕的时间，本书的内容体系还可以进一步丰富，尤其是有关创新创业企业融资的典型案例还可以随着企业实践而不断扩充，并且还可以拍摄制作出生动的视频音频类学习资源。但是国内创新创业企业融资领域专业书籍与专业教材的相对缺乏，使很多大学生和初次创业者在创新创业过程中明明项目前景良好，却因融资不及时、融资谈判不理智、融资方案不合理、融资代价过高等原因而陷入失败。从尽快培养一大批具有创新创业企业融资理论知识和实践能力的学生出发，《创新创业企业融资》一书被加紧出版。书中恐难免有疏漏、不当之处，敬请广大读者在阅读的同时，能够予以批评指正，以便共同进步与提高，特此鸣谢！

二、内容特色

创新创业企业的融资，有别于大型公司企业的融资，是一个值得特别研究和学习的独特课题。读者可能会好奇，为何创新创业企业融资值得特别研究和学习？为何不能将公司财务的原理直接应用到创新创业企业融资的场景之中？如果阅读国内外各院校所编写的公司财务教材，就可以发现公司财务课程一般考虑的是大型公司企业的投资和融资决策，通常会引入诸如贴现现金流量、资本成本分析之类的估值技术，且其关注的重点内容一般集中在资本资产定价模型、债券估价模型及股票估价模型等方面。那些对于创新创业企业融资决策来说极为关键的问题，在公司财务教材中通常会由于在大型公司企业的融资场景中很少出现而被归在不予讨论的范围里。这使得创新创业企业融资在决策和实践上都无法直接应用公司财务的基本原理。

清晰区分创新创业企业与大型公司企业融资的财务目标，是本书最为突出的特点。与大型公司企业的融资相比，创新创业企业的融资通常在以下六个方面具有较大的区别：第一，资产规模较小；第二，抗风险能力较弱；第三，缺乏足够的可抵押物；第四，技术/产品/市场还不够稳定或不够成熟；第五，尚未盈利或盈利记录的时间较短；第六，投资者参与企业管理的程度较高。这些区别使创新创业企业的融资无论是在决策上，还是在实践上，都无法直接应用公司财务的基本原理。例如，在大型公司企业当中，尤其是上市公司当中，融资决策的关注点在于能否给股东带来更多的投资收益。股东价值最大化，是公司融资最常见的财务目标。而在创新创业企业当中，其融资决策的关注点则是如何设计融资方案以达到满足融资需求和维护创业者股权利益之间的平衡，其财务目标是促进创新创业企业生存发展，并在企业成长发展过程中尽量确保创业者保留权益的最大化。

注重理论与实践双向互动，是本书的另一个突出特点。本书以提高读者对创新创业企业融资流程及融资注意事项的了解为出发点，在内容安排上紧密结合国家创新创业的相关政策以及法律法规，通过剖析创新创业企业的实际融资案例来引导读者掌握创新创业企业融资的基本理论和知识，其案例内容包括了笔者过去数年以顾问身份参与创新创业企业融资谈判的多个典型案例。在具体的章节安排上，本书亦非常注重从创业者视角出发，探讨创新创业企业从选择法定组织形式到设立、创建、发展，直至成熟的全生命周期融资实践。在第三篇和第四篇中，本书介绍了创新创业企业在启动初期的融资预算，剖析了创新创业企业的债务融资实践和股权融资实践，尤其是重点介绍了债务融资的流程、要件和协议，以及股权融资的谈判和投资条款清单的解读等内容。

三、适用范围

全国范围的大批高校都在陆续设立创新创业类课程或成体系的创新创业类教育项目，但在教学内容上大多并未系统性地容纳创新创业企业融资问题。因此其课程或项目无法解决学生创新创业第一步所面临的融资难题。这就导致创新创业教育难以发挥应有的效能，而遭受社会的拷问和质疑。本书很好地弥补了这一空缺，既可以作为单独的课程教材使用，也可以与创新创业领域的其他课程和项目配合起来同时使用。

具体来说，本书可以在创新创业企业融资课程、创业管理课程、风险投资课程，以及“双创”训练、创业模拟、商业计划书写作、创业基础、创新与创业概论等课程中使用。在被用作高校“双创”课程教材的情形下，本书可以帮助在校的大学生和研究生了解创新创业企业融资的相关法律基础知识，掌握创新创业企业融资的系统性理论知识，从而提高学生群体创新创业的意愿和能力。在被用作商学院创新方向或创业方向专业课教材或选修课教材的情形下，本书可以培养创新型商务人才和创业型商务人才，有利于推动传统课堂教育教学的改革。本书的每一章均包括章末的开放思考和实践作业。开放思考，能够提高读者对各章内容的理解和实际应用；实践作业，能够进一步通过模拟创新创业的情境和提出模拟的融资任务来增加读者对于创新创业企业融资的认知。不靠机械记忆，而靠案例引入情境、靠课后思考练习和反思总结来提高创新创业企业融资知识的学习效果，是本书特别注重理论与实践双向互动的突出表现。事实上，在创新创业企业成长发展的过程中，持续多轮的融资活动可以被视为创业者在融资实践中不断试错的过程。为此，本书各章末所设计的开放思考和实践作业任务并不是独立的、一次性的，而是彼此之间有内在联系、需要持续对前面的思考题和实践作业进行反思总结，甚至是纠正调整。读者需要随着每章知识内容的展开，对自己之前给出的开放思考结论和实践作业结果进行反思、优化和修正。

总体来看，《创新创业企业融资》一书，体例完整、案例丰富，可以作为高等学校创新创业类课程或工商管理类课程的专业教材。

四、适用对象

《创新创业企业融资》一书的适用对象比较广泛。有创新创业想法、想了解如何设立创新创业企业并开展融资的人，都可以通过本书系统地学习创新创业企业从孕育期，到创建期，到发展期，再到成熟期开展融资的一般流程，获得创新创业企业融资的基本理论知识和实务知识，并且了解创新创业企业融资的宝贵实践经验。

从最初的撰写目的来说，本书是为南京师范大学本科生开设“创新创业企业融资”博雅课所提供的配套教材，其读者是来自不同院系和专业的大学生。之后，笔者调动至南京信息职业技术学院工作，其读者又增加了来自不同院系和专业的高职学生。在设计课程的内容体系时，本书以提高高校学生对创新创业企业融资渠道、融资方式、融资流程的了解为出发点，以提升学生对创新创业企业融资协议的解读能力、谈判能力、签约能力和执行能力等综合能力为目的。因此，本书在内容安排上，结合国家创新创业的相关政策以及法律法规，力求帮助在校大学生明确：他们在为自己的创新创业项目进行初次融资之前，应该如何选择企业的法定组织形式、应该如何登记设立不同法定组织形式的企业；在为处于不同成长发展阶段的创新创业企业融资时，应该如何编制融资预算、选择融资渠道、制订融资方案；在签订债权融资协议或股权融资协议时，应该按何种流程完成最终融资协议的签订，要如何解读协议的重要条款内容并针对关键条款与投资者进行有效谈判，应该如何为协议的核心条款设置必要约束条件等；在股权融资谈判的过程中，应该如何理解投资条款清单和最终股权融资协议的关系、应该如何控制投资条款清单的谈判过程和时间进度、应该如何吸引和筛选股权投资者（机构）、应该如何设计动态的股权架构以确保创业者对企业的控制权等重要实践内容。

知识是能力的基础。只有经过对创新创业企业融资理论知识和实务知识的系统学习，高校学生群体才能提高他们开展创新创业融资的方案设计能力、沟通谈判能力以及商务运作能力。《创新创业企业融资》一书，可以为那些有创新抱负的潜在创业者提供实现创业融资的理论支撑和方法工具，引导他们释放自身的创新创业潜力并取得创新创业事业的成功。

2020 年 6 月 23 日，百度金融联合华夏时报金融研究院发布了《2020 年创业信心调查报告》。该报告将有创业或从事副业意向的人群统称为“潜在创业者”；创业者则包括正在创业或从事副业的人群。其调查结果显示，“90

后”人群的创业意向最为明显，有强烈创业意向和初步创业意向的人占比超过 66%；其次是“85 后”人群，有创业意向的占比达到 64%；接着是“95 后”人群，有创业意向的占比达 55%；最后是“00 后”人群，有创业意向的占比达到 47%。这一调研结果展示了当下中国社会年轻人群对于创新创业所具有的较高意愿和良好信心。但是，同时该调查还显示，无论是潜在创业者还是已创业人群，大部分受访者都声称存在创新创业启动资金不足而需要向外部寻求融资的问题。因此，不仅高校学生需要系统学习创新创业企业融资的理论知识和实务知识，社会上大量的创业者和潜在创业者也非常渴求相关知识，本书也非常适合社会创业人士作为自学用书。

五、致谢

本教材由笔者为南京师范大学“创新创业企业融资”博雅课程的讲稿整理而来。感谢南京师范大学和南京信息职业技术学院所有参加了无教材授课的同学们，你们的肯定和积极参与给我很多感动，你们精彩的调研作业亦让我受益良多；感谢曾经的助教朱政同学和李灿同学，你们在协助整理教学案例文档、组织同学们开展小组调研、完成个人任务和反馈教学质量等方面给予我很多帮助；感谢参加了本书初稿校对工作的朱政、李灿、于姗姗、周雨婧、董佳睿、季洁、张琳莉、邵羽茜、邹丹玲、林箫箫等 10 位同学，你们既细心又认真负责；感谢南京师范大学出版社，尤其是朱海榕和甄文亮编辑，你们细致耐心地对每一标题、每一段落、每一标点符号进行校对，给出了很多有益建议，并协助本书出版。

当然，更要感谢过去十余年，让我以联席 CEO、管理顾问或财务顾问身份，参与企业管理并给予我参与企业融资决策机会的多家南京企业和上海企业，是你们让我深刻地了解到民营企业在每一成长阶段中对于融资的渴求、可能会碰到的融资困境以及创业者可能会因开展融资而面临的相关风险。还要感谢家人，尤其是 6 岁的小女儿，对我平时繁忙备课和写作的支持。你们是我永远的港湾，是我不断前进的动力来源。有时，我会想象着我的小女儿有一天长大了亦会开启一段创新创业的旅程。谨以此书献给你，也献给所有已经或即将开启创新创业征程的读者，愿你们都能成功地实现创新创业融资，为社会经济和顾客价值做出卓越的贡献。

最后，要感谢读者们。尽管《创新创业企业融资》一书的内容，已经在过去授课过程中经过了课堂讲授和高校中多个专业学生学习的检验，也经历了多轮文字校对和案例补充，但仍可能会有一些文字上的错漏之处以及值得探讨和深思的表述不当之处。恳请选用这本教材的教师以及其他阅读这本书的读者，通过电子邮箱 zhenzhen@njcit.cn 对本书的不足之处进行纠误和商榷。批评使人进步，如蒙读者批评指正，不胜感激。

甄　珍

2023 年 11 月 22 日

于南京高科荣境家中

目　录

第一篇　创新创业企业融资入门　1

第一章　创新创业企业融资导论　*3*

第一节　创新创业企业融资概述　*3*

第二节　创新创业企业融资的传统方式　*11*

第三节　创新创业企业融资的新兴方式　*16*

开放思考　*27*

实践作业　*28*

第二章　创新创业企业融资之道　*29*

第一节　创新创业企业的融资理念　*29*

第二节　创新创业企业的融资方案　*33*

第三节　创新创业企业的融资流程　*36*

开放思考　*39*

实践作业　*39*

第二篇　创新创业企业融资起点　41

第三章　创新创业企业的法定组织形式　43

第一节　企业组织形式概述　43
第二节　企业组织形式的选择　56
第三节　企业组织形式与创新创业优惠政策　60
开放思考　65
实践作业　66

第四章　个人独资企业的设立与融资　67

第一节　个人独资企业的设立条件和经营范围　67
第二节　个人独资企业的注册流程　69
第三节　个人独资企业的融资　72
第四节　个人独资企业的解散和清算　74
开放思考　77
实践作业　78

第五章　合伙企业的设立与融资　79

第一节　合伙企业的注册设立　79
第二节　合伙企业的运营管理　82
第三节　合伙企业的融资　83
第四节　合伙企业的入伙与退伙　87
开放思考　89
实践作业　89

第六章 公司企业的设立与融资 *90*

第一节 公司企业的注册设立 *90*

第二节 公司企业的股东、股权和公司治理 *101*

第三节 公司企业的融资 *114*

第四节 公司企业的股权设计 *133*

开放思考 *146*

实践作业 *146*

第三篇 创新创业企业融资预算 **147**

第七章 创新创业企业的融资预算清单 *149*

第一节 固定资产投入预算 *149*

第二节 流动资金投入预算 *151*

第三节 一次性开办费用预算 *153*

开放思考 *155*

实践作业 *155*

第八章 创新创业企业的融资预算报表 *156*

第一节 融资成本及测算 *156*

第二节 融资预算报表 *161*

第三节 融资风险 *163*

开放思考 *168*

实践作业 *168*

第四篇 创新创业企业融资实践 169

第九章 创新创业企业的债务融资实践 171

第一节 创新创业企业债务融资 171
第二节 创新创业企业债务融资的流程和要件 177
第三节 债权融资协议 186
第四节 债权债务关系的维护 189
开放思考 193
实践作业 194

第十章 创新创业企业的股权融资实践 195

第一节 创新创业企业股权融资 195
第二节 创新创业企业股权融资的流程和注意事项 207
第三节 股权融资的最优股权结构设计 230
第四节 股权融资谈判和筛选最佳投资者 242
第五节 股权融资协议的内容 261
开放思考 268
实践作业 268

第十一章 股权融资的投资条款清单 269

第一节 投资条款清单的概念与内容的阶段性 269
第二节 投资条款清单常见内容的解读 273
第三节 投资条款清单的先决条件与签订流程 286
开放思考 290
实践作业 290

第十二章 股权融资的经典案例 ***291***

第一节 京东股权融资的经典案例 *291*

第二节 AB 股制度 *295*

第三节 维持绝对控制权的股权融资策略 *305*

第四节 维护与投资者的关系 *310*

第五节 积极准备下一轮股权融资 *316*

开放思考 *318*

实践作业 *319*

参考文献 *320*

图目录

图 1-1　创新创业企业融资困境的内在成因　5
图 1-2　房产抵押贷款办理的一般流程　12
图 1-3　创新创业企业融资的新玩法　16
图 1-4　申请银行小微信贷的一般流程　17
图 1-5　创业贷款的申请流程　19
图 1-6　阿里巴巴贷款产品的基本情况　23
图 1-7　阿里巴巴网商贷的申请条件　24
图 1-8　阿里巴巴贷款的登录界面　25
图 1-9　阿里巴巴贷款借款人需要填写的补充联系资料　26
图 3-1　合伙企业的债务清偿　47
图 3-2　有限合伙形式的员工持股平台　50
图 3-3　绿地集团的有限合伙持股平台　51
图 4-1　个人独资企业登记注册的传统流程　70
图 4-2　个人独资企业登记注册的电子流程　71
图 6-1　公司企业的类型　91
图 6-2　有限责任公司的登记注册流程　97
图 6-3　股份有限公司的登记注册流程　98
图 6-4　公司与股东的关系　101

图 6–5　并列式的公司治理结构　*107*
图 6–6　创新创业公司失败的原因　*134*
图 6–7　股权分配应考虑的利益相关者　*136*
图 6–8　创新创业公司的动态股权分配方案设计步骤　*144*
图 10–1　股权融资常用的估值方法　*215*
图 10–2　投资者看重的创始人的四种素质　*218*
图 10–3　不应当参与股权分配的五种人　*232*
图 10–4　比较重要的三类资源提供者　*237*
图 10–5　拖售权条款谈判常见的限制条件　*246*
图 10–6　股权融资谈判的技巧　*249*
图 11–1　创新创业企业成长发展不同阶段对应的股权投资类型　*272*
图 11–2　股权融资谈判的详细流程　*287*
图 12–1　AB 股制度下企业 IPO 所发行的股票的特点　*296*
图 12–2　对核心创始人分配股权提出的建议　*307*
图 12–3　归集表决权的方式　*308*
图 12–4　为投资者股东创造归属感的方法　*314*
图 12–5　管理投资者预期目标的策略　*315*

表目录

表 1-1　成立时间较久且受众较广的网络借贷平台　22

表 1-2　国内比较知名的众筹平台　27

表 3-1　个人独资企业的分级税率　45

表 3-2　应税所得率（取最低值）　46

表 6-1　有限责任公司和股份有限公司的区别　92

表 6-2　公司企业常用的融资方式　115

表 10-1　A 股主板、创业板、中小板和科创板的上市条件　199

表 10-2　创业者 A 与互联网技术高手 B 的股权结构设计　235

表 10-3　创新创业企业成长发展的阶段及股权分配方案建议　238

表 12-1　2004—2013 年京东营收数据　293

表 12-2　京东发行普通股融资的情况　293

表 12-3　京东上市前后股东持有的股份及投票权分布　294

表 12-4　港股与美股 AB 股制度的差异　299

表 12-5　科创板对设置 AB 股制度的要求条件　302

表 12-6　科创板对设置 B 类股特别表决权的要求　304

第一篇

创新创业企业融资入门

资金，如同企业的“血液”。筹资是任何一家创新创业企业或者说任何一个创新创业项目都难以回避的活动。随着创新创业项目设立为创新创业企业，创新创业企业会经历从孕育，到创建，到发展，再到成熟的成长历程。在企业成长的生命周期中，创业者需要随着企业扩张，通过多种方式到金融市场上去融资。融资，是所有创业者的“终身课题”。对于创业者来说，其所面临融资难题的实质是尚未找到适用于特定创新创业企业或特定创新创业项目融资需求，且能够有效降低信息不对称程度的融资渠道和融资方式。

在创新创业企业成长发展的每一个阶段里，创业者都需要审慎思考并寻找与企业（项目）当前融资条件和融资需求相匹配的融资渠道和融资方式，以尽量降低逆向选择和道德风险的发生，并实现融资效率的提高。在创新创业企业融资入门知识的篇章中，创业者或准创业者首先可以学习创新创业企业融资导论，即学习创新创业企业融资的概念、常见的融资方式以及新兴的互联网融资方式，接着可以学习创新创业企业融资，即学习作为创业者应该如何树立正确的融资理念、如何制订恰当的融资方案以及如何规划融资活动的一般流程。

第一章
创新创业企业融资导论

对于创新创业项目，尤其是那些初创为创新创业企业的项目而言，由于自身存在规模小、无担保等问题，它们很容易被禁锢在“资金短缺”却无法有效融资的困境中。随着时代的发展和我国政府对“大众创业、万众创新”支持力度的不断增加，我国创业者可选择的融资渠道、融资模式和融资方式都日益多样化，甚至出现了不少非常适合创新创业企业融资的新兴融资工具。因此，创业者要解决创新创业企业资金短缺的问题就要具备专门且系统的创新创业企业融资知识。没有高质量的融资知识，就不可能有高质量的融资行动。本章内容首先介绍创新创业企业融资的基础知识，然后介绍创新创业企业融资的常用方式，最后介绍新兴的互联网融资方式。

第一节　创新创业企业融资概述

对于尚处于启动期的创新创业企业而言，由于规模较小、缺乏财务营收记录、无充足的担保等问题，它们普遍面临难以从传统融资渠道获得资金支持的发展难题。随着时代的进步，创新创业企业可用的融资渠道、融资方式和融资工具逐渐多样化，出现了新兴的融资方式和融资工具，以及丰富的融资渠道。因此，创业者更应该主动学习以系统掌握创新创业企业融资的基本理论知识和实务知识，了解创新创业企业融资可用的传统渠道和新兴渠道。本节是创新创业企业融资概述，主要介绍创新创业企业融资的基本概念、现实困境及内在成因、融资的类型等内容。

一、创新创业企业融资的基本概念

资金是企业的“血液”，而融资是创新创业企业资金的最主要的来源渠道。从现代企业成长发展的角度来说，融资需求和融资行为会伴随创新创业企业生命周期的整个发展历程，对于创新创业企业的生死存亡至关重要。

创新创业企业融资指的是企业对货币资金的融通，是一种以资金供求形式表现出来的资源配置过程。创新创业企业可以通过多种方式和多种渠道到金融市场上去筹集或者放贷资金。

通常而言，创新创业企业开展融资有三个目的：一是满足企业快速成长扩张的需要，即为企业扩大规模筹集资金；二是满足企业日常运营的需要，即为企业实现正常生产经营筹集资金；三是满足以上两种混合动机，即在融资时需要同时为企业日常运营和发展扩张来筹集资金。这三个目的，并不是彼此完全分立的，而是具有内在联系的。从创新创业企业成长发展的生命周期来看，在一个创新创业项目被设立为创新创业企业的最初发展阶段中，创业者的融资目的通常比较单纯，就是为实现企业日常运营而融资。在实现设立生存之后，创新创业企业通常会进入到快速复制和规模扩张的发展阶段，在这一阶段创业者的融资目的通常是为企业的规模扩张而筹资。当创新创业企业已实现规模扩张并且成为特定新领域或新市场的领导者之后，它在体量上非常接近传统领域的成熟企业，此时企业发展会面临多方面的挑战，创业者的融资目的也相应就带有了混合的性质，既为实现企业日常运营而融资，也为企业向新领域的多元化投资而融资。

本书将创新创业企业融资定义为创新创业企业进行资金筹集的行为和过程，即创新创业企业根据自身实际发展情况，包括经营状况、资金状况、扩张需求等，经过对未来资金缺口的科学预测，而后通过某种融资渠道并选择某种融资方式下的特定融资工具来筹集资金，以实现企业发展的一系列行为及其过程。这一过程可以借助于传统的融资渠道以及新兴的互联网融资渠道，但也需要出让一定的债权或（和）股权。

二、创新创业企业融资困境及内在成因

在企业设立的早期发展阶段，创新创业企业通常规模较小，影响小微企业生存最为核心的问题就是融资难问题和融资贵问题。

请读者思考一个问题：假设你自己要开办一家创新创业企业，在该企业创立和发展的初期，你因资金不足需要向外部寻求融资。这时，你可能会面临哪些困难呢？

从创新创业企业开展融资的自身条件来看，有几个方面的困难是显而易见的。例如，此时企业可能只有一些“创意”或不成熟的“技术”或专利，不仅成立时间短、尚未盈利、没有大量的客户订单、缺乏足够的市场信用、抗风险的能力较低，而且资产规模较小，基本没有可抵押或可质押的资产。这些都使创新创业企业难以取信于投资者，从而造成其向外部寻求融资的困难。图 1–1 总结了造成创新创业企业融资困境的企业自身原因。

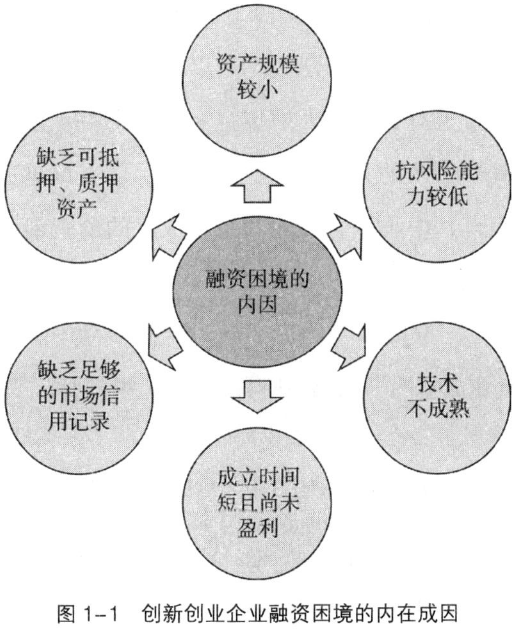

图 1–1 创新创业企业融资困境的内在成因

从创新创业企业自身的组织特征和经营条件来看，其融资困境的内在成因表现为如下几个方面。

1. 资产规模较小

从百度金融联合华夏时报金融研究院所发布的《2020年创业信心调查报告》来看，中国境内新成立的创新创业企业为典型的中小微企业。其中，有员工1~9人的小微公司占比超过46%；团队规模10~29人的中小型企业占比超过16%。① 调查结果还显示，无论是潜在创业者还是已创业人群，大部分受访者都表示存在创新创业启动资金不足的问题。其中，有约两成受访者表示希望能够通过贷款方式获得启动资金，但是由于创新创业企业的规模较小，预计自己将很难获得贷款融资。

2. 抗风险能力较低

从构成结构来看，中小微企业是创新创业企业的主体。在经济下行周期中，中小微企业更容易出现现金流断裂、信用违约，甚至是破产倒闭等情况。以2020年新冠肺炎疫情对中国企业现金流的冲击为例，据2020年2月5日《中欧商业评论》发布的清华和北大对995家中小企业的调研报告② 显示，有34%的中小企业其现金不足以支撑1个月，67%的中小企业现金不足以支撑2个月，85%的中小企业其现金不足以支撑3个月。相隔一周，2月12日清华经管学院发布了对212家大中型企业（其中114家为上市公司）的调研报告，③ 结果表明77%的大中型企业现金不足以支撑超过6个月。可见，相比大中型企业而言，中小微企业尤其是新成立的创新创业企业，往往对突发风险的抵御能力更低。

3. 技术不成熟

在创新创业企业成立的早期，企业可能只有一些“创意”或不成熟的“技术”，

---

① 凤凰网财经官网．度小满金融创业信心报告：超六成90后受访者有创业意向［R/OL］．［2020-06-15］．http://finance.ifeng.com/c/7xJzFKZBYk8.

② 朱武祥，刘军，魏炜．清华、北大联合调研995家中小企业，如何穿越3个月的生死火线［N/OL］．中欧商业评论，［2020-02-05］.http://finance.sina.com.cn/wm/2020-02-05/doc-iimxxste9003599.shtml.

③ 王勇，刘梦楚，王琳璐．清华经管212家大中型企业调研报告：新冠疫情影响有多大［R/OL］．清华经管学院中国企业发展与并购重组研究中心，［2020-02-12］．http://opinion.caixin.com/2020-02-12/101514376.html.

并且尚未取得技术专利。此时创业者需要数量不多而又必不可少的资金对其新设想、新思路、新技术进行前期的研究开发。没有这笔资金，整个创新创业企业就无法诞生和启动。但是，传统投资机构必须控制风险，并因此而不愿对早期的创新创业企业进行投资；风险投资机构也很可能由于较高的技术风险，而犹豫是否对特定的创新创业企业进行股权投资。低技术成熟度所带来的不确定性，使创新创业企业对于自身能力、技术和产品拥有相对的信息优势，而投资者则处于相对的信息劣势地位。技术不成熟所引发的投前信息不对称，是阻碍创新创业企业实现外部融资的主要原因。

4. 成立时间短且尚未盈利

在成立时间较短且尚未盈利的情形下，创新创业企业通常尚无经营记录，或存在财会资料不完善的问题。这导致其贷款申请很难通过银行等传统金融机构的风控审核。初创的创新创业企业能为银行或其他投资者提供的不过是一份商业计划书，而商业计划书对未来经营情况的预期具有很大的不确定性。

5. 缺乏足够的市场信用记录

绝大多数创新创业企业在努力生存的阶段中，无暇或者并不重视信用的积累和信用记录的维护。“缺信用”也是引发创新创业企业融资困境的重要原因之一。它会影响融资申请的审批结果。创新创业企业必须高度重视企业信用并维护企业信用。因为，信用的积累十分有利于企业的融资。可口可乐公司的前总裁曾经说过，哪怕可口可乐公司在一夜之间遭遇火灾而付之一炬，银行也会争着向可口可乐公司提供贷款。究其原因，正是因为可口可乐具有良好的企业信用。

6. 缺乏可抵押、质押资产

创新创业企业，通常资产规模比较有限。商业银行的传统信贷模式需要企业提供担保或抵押，但创新创业企业很难有足够的担保抵押物提供给商业银行，所以也就很难从传统融资渠道获得足够的信贷支持。

与此同时，创新创业企业的融资需求往往存在“短、小、频、急”的特点。虽然供应链金融、区块链技术和大数据技术等的发展，已经在一定程度上降低了银行对创新创业企业开展授信审查的成本，但是相比于为传统大型公司提供授信服务而言，银行为创新创业企业提供授信服务的成本以及风险依然相对更高。这也就导致银行等传统金融机构其实并不愿意向创新创业企业提供资金。

基于创新创业企业开展融资的先天不足和需求特征，创业者更应该掌握基本的融资知识，了解常用的融资渠道和融资方式，掌握与时俱进的融资工具，以解决创新创业企业成长发展过程中的融资难题。

三、创新创业企业融资的类型

按照融资资金的资本属性，创新创业企业融资可分为权益融资和债务融资两大类；按照融资资金的来源渠道，其可以分为内源融资和外源融资两大类。其中，外源融资又可以按照是否有金融中介机构介入，分为直接融资和间接融资两个子类。

（一）按照融资资金的资本属性分类

按照融资资金的资本属性，创新创业企业的常用融资方式可以分为权益融资和债务融资两大类。

1. 权益融资

权益融资，对于设立为有限责任公司或股份有限公司的创新创业企业而言就是股权融资，对于设立为合伙企业的创新创业企业而言就是寻求新合伙人的投资。所谓权益融资是指创新创业企业通过向投资者出售企业的所有权来融资，即用所有者的权益来筹集资金。通过权益融资所吸收到的资本是权益资本，权益资本的属性有：

（1）权益资本的所有者是企业的合伙人或股东。他们可以依法享受法律所赋予的所有者权益，包括参与企业的经营决策和分享收益，并且需要对企业债务承担相应的责任。

（2）企业对权益资本依法享有经营权。权益融资是创新创业企业常用的一种融资方式。权益融资所获得的资金，无须还本付息，实际上是企业从其所有者那里筹集所有权资金。

权益融资的特点有：

（1）资金具有永久性，无到期日，无须归还，对保证企业长期稳定发展极为有益。

（2）无固定利息负担，分红多少和分红与否可视企业有无盈利和经营需要而定。

（3）更多的投资者投入权益资金，会使企业资本实现大众化，从而分散投资风险。

（4）权益融资会稀释核心创始人的控制权。

2. 债务融资

债务融资是指创新创业企业用承担债务的方式，以还本付息为条件，从债权人处筹集资金的活动。债务融资不仅要求创新创业企业到期偿还本金，还要求创新创业企业按照约定的利率支付利息，而不管其是否盈利。一旦创新创业企业出现暂时性的经营困难，而无法按时偿还到期债务，债权人很可能要求企业破产偿债。因此，在创新创业企业经营尚不稳定的早期，进行债务融资必须要做好预算并量力而为。

债务融资的特点有：

（1）获得的只是资金使用权，而不是所有权，需要按期支付利息，并到期归还本金。

（2）能够提高企业权益投资的回报率，具有财务杠杆的作用。

（3）在企业破产清算以外的绝大多数情形下，不会干扰企业的控制权。

（二）按照融资资金的来源渠道分类

按照融资资金的来源渠道，创新创业企业常用的融资方式可以分为内源融资和外源融资两大类。其中，内源融资是指股东增资、股东借款或员工集资；外源融资是指吸收组织外部其他经济主体（包括个人、企业、金融机构、政府等）的股权投资或债权投资，并将之转化为创新创业企业所需要的资金。

外源融资可以按是否有金融中介机构介入，分为直接融资和间接融资两类。

1. 直接融资

有资金需求的创新创业企业可以直接与资金有盈余的企业或个人签订股权或债权融资协议，筹集所需的资金。这类没有金融中介机构参与的企业融资，即为直接融资。其常见模式有亲友投资或借款、企业间商业信用、天使投资、民间借贷等。

由于创新创业企业的资产规模普遍较小、缺乏可抵押的资产、成立时间较短且尚未盈利或缺乏信用积累，因此它们很难通过银行贷款、公开发行股票、公开发行债券等方式进行间接融资。在创新创业企业的融资实践中，亲友投资或借款是其在设立阶段常用的融资方式，而企业间商业信用和民间借贷则是其在创建发展早期较为常用的融资方式。

2. 间接融资

有资金需求的创新创业企业可以尝试通过银行或非银行金融机构来获得资金。这类有金融机构参与的融资活动即为间接融资。采取间接融资方式，创新创业企业与外部资金供应者之间没有直接的借贷关系，而是通过金融中介机构筹集资金，与金融中介机构签订融资协议。银行贷款、信托融资和保险融资是间接融资较为常用的三种方式。

间接融资的优势在于：

（1）金融中介机构通常网点众多且拥有巨量资金，企业办理融资非常便利。

（2）金融中介机构能够提供多样化的融资产品，债务融资结构的多样化有利于减轻创新创业企业作为债务人的风险。

（3）金融中介机构专业性强，能有效监管创新创业企业的经营以降低融资风险。

第二节 创新创业企业融资的传统方式

融资是创新创业企业普遍面临的实践难题。由于融资的资本属性会给创新创业企业的决策权、控制权以及利益分享权等带来非常重要的影响，而资金的来源渠道也会给创新创业企业的融资成本和融资期限带来重大的影响，本节将同时基于资本属性和资金来源渠道这两种分类方法，介绍创新创业企业融资的传统常用方式。

一、内源融资

由企业内部利益相关者提供资金对于创新创业企业实现其创立早期的融资来说，具有便利性、自主性、低成本和抗风险性的优点。为此，本书特别将其从债务融资和股权融资这两类方式中提取出来。目的在于，启发创业者在开展融资时，尤其是在企业创立和发展早期开展融资时，应当首先考虑内源融资能否满足企业对于资金的需求。

所谓内源融资，是指创新创业企业利用组织内部利益相关者而获得资金的融资方式。其具体形式包括：利用股东未分配利润所形成的留存收益进行扩大投资，鼓励股东增加股本投资，倡议员工为企业项目的资金缺口集资，运行托管式加盟等。

从实现内源融资的角度来看，创业者最好首先拥有一定的自有资金。当其创新创业企业还处在设立起步阶段时，由于尚无足够的信用积累且缺乏可抵押的资产，所以获得银行贷款融资的可能性也较低。但是，创新创业企业在发展早期所需的为数不多的资金，又必不可少。此时，创业者就需要依赖自己和其他合伙人以及早期员工等内部利益相关者来为少量的资金缺口进行筹资。

二、债务融资

债务融资是一个统称，本书中的“债务融资”一词指的都是外源性的债务融资，包括银行贷款、公司债券、民间借贷、政府政策贷款等多种具体方式。在实现启动生存之后，向银行申请贷款是最为传统的债务融资方式。一旦创新创业企业有举债融资的需求，创业者通常最先想到的就是申请银行贷款。

创新创业企业常用的传统银行贷款品种有抵押贷款、质押贷款、保证贷款等。然而，传统的银行抵押贷款融资通常不适合那些刚刚设立或仍处于经营不稳定期的初创企业。它更适合那些已经度过创立期且已经实现盈亏平衡、具有可抵押物或有商业合作伙伴提供担保的创新创业企业。在银行提供的众多贷款产品中，抵押贷款的申请和发放是最为方便和高效的。只要创新创业企业以及创业者具有能够用于抵押的物品，便可以申请并获得抵押贷款。创新创业企业申请银行抵押贷款的流程比较简单，这里以房产抵押贷款为例简介其办理的一般流程，如图 1–2 所示。

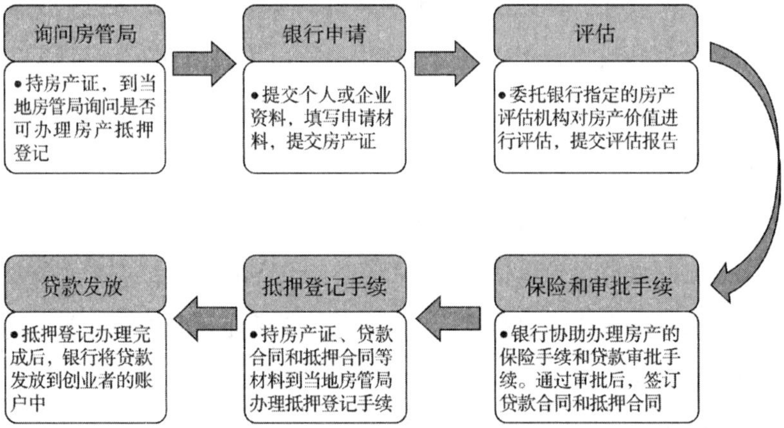

图 1–2　房产抵押贷款办理的一般流程

首先，创业者需要持自己或他人的准备用于抵押的房产证，到当地房管局询问是否可办理房产抵押登记。一般来说办理房产抵押贷款的房屋必须产权明晰，还要符合国家规定的上市交易条件。例如：房龄（从房屋竣工日起计算）加上贷款年限不得超过 40 年，所抵押房屋未列入当地城市的改造拆迁规划，有房产部门和土地管理部门核发的房产证与土地证等。

接着，创业者需要确定房产抵押贷款的额度，评估自己的贷款条件，选择适合的银行贷款品种，并通过对比选择适合自己的银行与抵押贷款的产品。

在确定办理房产抵押贷款的银行和产品之后，创业者需要向银行提交以下材料：房屋所有权证、土地使用权证的复印件（验原件），房屋所有人及共有权人同意抵押的公证书；个人或夫妻双方的身份证、结婚证或独身证明；个人收入证明（加盖单位公章）和个人账户近半年的流水对账单；创新创业企业的营业执照复印件（加盖公章）和贷款用途的相关文件。

然后，创业者需要委托银行所指定的有资质的房产评估机构，对其准备用于抵押的房产进行价值评估。创业者需要支付房屋抵押评估服务费，然后等待领取评估机构出具的《房产评估报告》。

之后，是由银行协助办理保险和审批的手续。银行会对创业者的贷款申请及其所提交的有关材料进行审查，其间创业者需要将准备用于抵押的房产的产权证书及保险单等交给银行收押。房产抵押贷款申请通过了银行的审批，那么接下来是银行和创业者签订贷款合同和抵押合同（已婚的创业者需要夫妻双方共同到场签字）。

随后，创业者需要持房产证、贷款合同和抵押合同等材料，到当地房产管理局办理抵押登记的手续。

最后，在完成抵押登记手续的条件下，银行按合同协议将贷款资金发放到创业者的账户中，而创业者作为借款人需要按照合同协议规定的利率和还款方式还本付息。

对创新创业企业而言，常见的可用于贷款的抵押物品有：国债券、房地产、车辆、货物提单、股票和其他各种具有价值的物品。可抵押物品所具有的价值越高，所获得的贷款额度也就越高。不过，根据相关规定，银行所提供抵押贷款的金额一般不得超过抵押物评估价值的 70%，且贷款的期限一般不得超过 5 年。

三、权益融资

对创新创业企业来说，由于其内源融资能力有限，债务融资缺乏抵押担保，外源性的权益融资亦是常见的融资方式之一。其中，最常见的是公司制创新创业企业的股权融资。

股权融资是一个统称。它既可以是公开发行股票来直接吸引社会公众的投资；也可以是吸引新股东，例如与亲人或朋友来共同创业；还可以是寻找风险投资者，例如通过天使投资、风险投资、私募投资等来获得风险资金。其中，风险投资是创新创业公司在成长发展过程中最为常用的；而上市融资对绝大多数创新创业公司，尤其是处于发展早期的创新创业公司，并不现实。

1. 风险资本融资

广义的风险资本融资，其投资者既可以是天使投资者，也可以是风险投资机构或私募股权投资机构。

为了更有效地评估和控制风险，广义的风险投资机构针对创新创业企业的不同成长发展阶段而不断分化，细化发展出了天使投资、风险投资（狭义的风险投资）和私募股权投资等多种形式。

（1）天使投资。在风险投资领域，“天使投资者”指的是创新创业企业处于孕育期的第一批投资者。天使投资者大多是比较富裕的个人投资者，一般使用自有资金进行股权投资。他们往往在被投资创新创业企业的产品和业务成型之前就把资金投入其中。目的不单是为了现金回报，还可能是跟踪行业潮流，指导下一代的企业家，或将其当作一个“半兼职”。创业者可尝试通过其他投资者推介、公司间业务来往、天使投资面对面专题推介会等途径来寻找天使投资者。

（2）风险投资。在狭义上，风险资本融资是指创新创业企业进行股权投资，而风险投资机构参与被投资企业管理，以获得较高的报酬的一种投资方式。它通常被认为非常适合为那些需要快速扩张经营规模的创新创业企业提供较大规模的资金。风险投资的对象，多为处于创业期或发展期的高新技术企业；投资期限大多在 5~7 年之间，投资方式一般为股权投资，通常要求占被投资创新创业企业股权的 30% 左右，并不要求控股权，也不需要企业提供任何融资担保或抵押。

风险投资主要有三个特点：①投入资金与投入管理并重。风险投资基金是权益资金，投资后会要求参与创新创业企业的重大经营决策，例如，会要求拥有董事会席位、参与公司战略决策制定等。②存在高风险和高潜在收益。风险投资的失败率较高，可一旦成功就可以获得数十倍、数百倍，甚至是数千、数万倍的回报。③具有“投入—回收—再投入”的循环机制。一旦风险投资基金所投资的创新创业企业从创业期或发展期进入成熟期，并实现IPO或被并购，那么风险资金就可以获利退出，再去寻找其他可投资的标的。

（3）私募股权投资。私募股权投资是指对较大规模体量的非上市公司所进行的股权投资。它包括发展资本（Development Finance）、夹层资本（Mezzanine Finance）、基本建设（Infrastructure）、管理层收购或杠杆收购（MBO/LBO）、重组（Restructuring）和合伙制投资基金（PEIP）等多种具体形式。

2. 上市融资

上市融资就是通过上市公开发行股票来融通资金。具体来说，是指将创新创业企业的全部资本等额划分，表现为股票形式，经相关政府部门批准后上市流通，向公众公开发行，而投资者直接购买的一种融资方式。

上市融资的优点在于：

（1）所筹资金具有永久性，无到期日，没有还本压力。

（2）短时间内可一次筹集到巨额资金。

（3）用款的限制相对较松。

（4）有助于提高企业的知名度，为企业带来良好的声誉。

（5）有利于建立规范的现代企业制度。

对于潜力巨大但风险也很高的创新创业企业而言，在创业板或科创板发行股票融资是加快企业发展的一条有效途径。创业板又称为二板市场（Second-board Market），即第二股票交易市场，是与主板市场（Main-board Market）不同的一类证券市场。它是专为暂时无法在主板市场上市的创业型企业、中小企业和高科技企业等提供融资途径和成长空间的证券交易市场。

从融资实践来看，内源融资、外源债务融资以及外源权益融资这三种传统融资方式最为常见。其中，内源融资是创新创业企业在启动期最为常用的融资方式，也是最方便的融资方式。创新创业企业有融资需求时，应首先考虑能否通过内部融资来筹集资金。若答案是否定的，再考虑能否通过外源性的债务融资和外源性的权益融资来筹集资金。这是创新创业企业融资与普通大型公司企业或集团企业融资的显著不同之处。

第三节　创新创业企业融资的新兴方式

在“大众创业、万众创新”的背景下，随着金融科技的不断发展和金融创新的不断涌现，新兴的融资工具、新的融资渠道和新的融资产品与时俱进地不断涌现。不少创新创业企业开始尝试新兴的融资方式。创新创业企业可采用的新兴融资方式种类繁多，且其数量还在不断增加。本节将简略介绍新兴的银行特色贷款产品和互联网融资产品。

一、创新创业企业融资的新玩法

创业者不应固守过去的传统融资知识不变。如果创业者没有及时学习最新的融资知识，进而掌握融资的新玩法，那么创新创业企业很可能因此而错失融资的良机，导致资金链断裂，甚至是破产倒闭。

从创新创业企业的最新融资实践来看，目前流行的新玩法（如图 1–3 所示）可以分为两类：一类是特色贷款产品，例如银行小微信贷、政策性创业贷款等；另一类是互联网金融产品，包括网络借贷、阿里巴巴贷款以及股权众筹等。它们丰富了创新创业企业的融资选择，提高了创新创业企业融资的成功率。

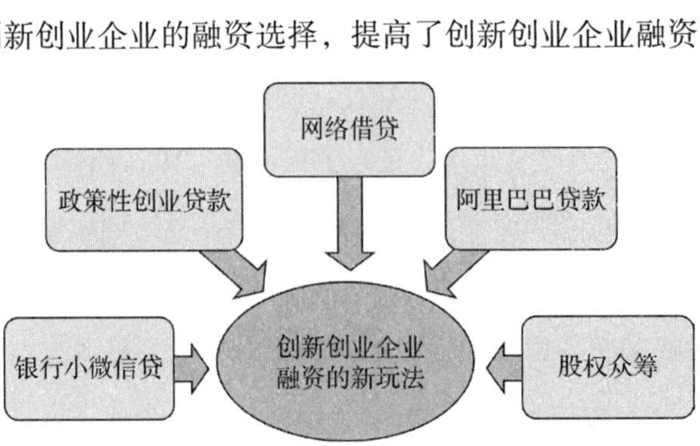

图 1–3　创新创业企业融资的新玩法

二、特色贷款产品

随着时代的发展和金融科技的进步，银行以及非银行金融机构也在逐步降低对创新创业企业的融资门槛。目前为止，各家银行针对中小规模创新创业企业的贷款产品主要有银行小微信贷和政策性创业贷款两类。

1. 银行小微信贷

银行小微信贷是专门针对中小规模创新创业企业融资需求特征而推出的信贷产品。只要满足如下三个条件，创新创业企业便可申请银行小微信贷。

（1）企业日常运营遵守相关法律法规的规定。

（2）企业运营状况良好，有持续经营能力和获利能力，财务透明且没有太多的负债。

（3）企业信用状况良好，没有未及时还款的记录以及逾期的行为。如果创新创业企业及其创业者在过去存在信用污点，那么申请银行小微信贷的难度将大大提高。

目前，各家银行以不同的名称，推出了各自的小微信贷产品。具体来说，中国银行推出了“信贷工厂”、民生银行推出了“商贷通”、工商银行推出了“小企业周转贷款”、光大银行推出了“支票易”、农业银行推出了“简式贷”。除此以外，四大国有商业银行还成立了专门的中小企业信贷部。

创新创业企业申请银行小微信贷的一般流程，如图 1–4 所示。

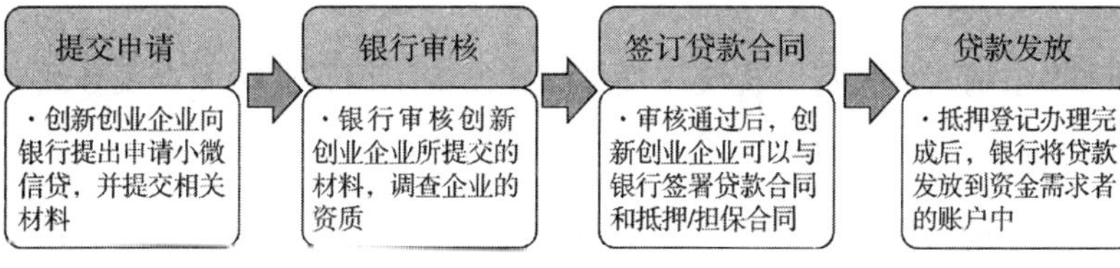

图 1–4 申请银行小微信贷的一般流程

这里以中国银行推出的“信贷工厂”这一小微信贷产品为例，来介绍创业者申请银行小微信贷所需要满足的具体条件。申请“信贷工厂”这一小微信贷产品的创新创业企业，需要满足四个具体条件。

（1）能够提供有效且经过年审的营业执照和“贷款卡”。

（2）经营年限在两年以上。

（3）法定代表人或实际控制人的从业经验在四年以上。

（4）信用记录良好。

中国银行“信贷工厂”小微信贷产品的办理流程如下：

（1）创业者向中国银行当地分支机构提交授信申请及相关材料。

（2）中国银行对创业者的借款人资质进行审核。

（3）审批通过后，双方签署贷款合同以及相关的协议文本。

（4）落实抵押担保等（如果有的话）用款手续。

（5）拨付贷款。

2. 政策性创业贷款

政策性创业贷款，是以已具有生产经营能力的或者已经从事生产经营的个人为贷款对象，而发放的一种政策性专项贷款。政策性创业贷款的贷款期限，一般为两年，最长不超过三年，且利率可根据相关规定进行调整；偿还方式可采用等额本息还款法，也可采用等额本金还款法，还可以用双方商定的其他还款方式。

政策性创业贷款的申请门槛很低。只要是符合条件的创业者，都可以因创新创业或再创业而向银行申请政策性创业贷款。各家银行所推出的创业贷款在申请条件上略有不同，但通常只要满足七项条件即可：

（1）申请人应具有完全民事行为能力，且年龄在18周岁以上、50周岁以下。

（2）申请人应持有并提交工商部门颁发的工商营业执照、税务登记证以及相关的行业经营许可证。

（3）申请人所从事的经营活动须符合法律法规的规定，且具有市场竞争力或者潜力。

（4）申请人信用记录良好，没有违约逾期的不良信用和债务记录，在中国人民银行个人征信报告中无不良信用记录。

（5）申请人能够向银行提供可用于抵押、质押或保证的物品，包括个人房产抵押和商铺经营权质押等；或者申请人具备可以及时偿还利息和本金的能力。

（6）申请人所设立的创新创业企业有固定的办公场所或者经营场所。

（7）申请人需要在贷款银行开立结算账户，通过贷款银行办理日常经营结算。

在申请创业贷款时，申请人需提交以下证明材料：

（1）申请人的身份证、配偶的身份证以及结婚状况或独身证明。

（2）个人收入、家庭收入或者其他能证明申请人财产状况的证明文件。

（3）营业执照、经营许可证等。

（4）担保材料，包括抵押物品或质押物品的权属凭证和清单，或者所有权人同意申请人处置其财产的证明、评估部门的估价报告等。

（5）其他重要的协议合同等。

准备好以上材料后，创业者即可按照图 1–5 所示的流程来申请创业贷款。贷款申请通过银行审核后，创业者就能取得银行所发放的创业资金了。

图 1–5 创业贷款的申请流程

在政策性创业贷款产品中，有一类比较特殊的贷款产品——大学生创业贷款。本书是为推动高校学生“双创”而作，故在此单独详细介绍大学生创业贷款。申请大学生创业贷款，不仅可以为大学生的创新创业项目筹集资金，还使大学生创新创业更容易享受到利息补贴、创业培训服务、创业租金减免等政策福利。

大学生创业贷款，是指由政府按照国家政策规定专门贷放给各高校学生以支持其创新创业的信用贷款。① 这类贷款完全无须提供任何抵押和担保。它是政府为鼓励和支持大学生开展创新创业而专门出台的一项优惠政策，属于政府贴息贷款，一般贴息期限最长为两年，两年后则无此项优惠。大学生创业贷款的申请条件有：

（1）申请人为应届毕业生或者是毕业两年内的大学生，且持有就业创业证。

---

① 李国强，刘君 . 大学生创新创业基础［M］. 北京：机械工业出版社，2019.

（2）申请人年满 18 周岁。

（3）申请人已设立创新创业企业，有营业执照、经营许可证和固定的办公 / 经营场所。

（4）申请人对创新创业项目除了申请贷款外，还需投入一定比例的个人自有资金。

同时满足以上四个条件的创业者即可向政府申请大学生创业贷款。申请大学生创业贷款的一般流程如下：

（1）提交申请。在读学生，可持就业创业证向学校就业指导中心或大学生创业园管理服务中心提出大学生创业贷款的申请并提交相关资料。学校就业指导中心或大学生创业园管理服务中心会对在读学生的贷款申请资料进行初步审核。已经毕业且未超过两年的学生，可持就业创业证和其他相关材料直接到市人事局提交申请。

（2）审核。由人事局联合财政局等相关部门，对通过初次审核的贷款申请及大学生创业者进行再次审核。再审一般会从创新创业企业的组织规模、就业人数、产业导向等方面进行详细审核。

（3）公示。大学生创业贷款的申请在通过人事局的审核后，还需要将创新创业贷款的信息和贴息金额等进行公示。公示地点为人事局和申请人所在的单位或者是小区，公示时间一般为五个工作日。

（4）核准。公示期间无人对大学生创业贷款的信息和贴息金额提出异议，则人事局会下发核准通知。

（5）拨付。财政局根据核准通知书，从专属大学生自主创业的专项资金中将贷款资金拨付给申请人。

通常大学生创业贷款的期限不同，其贷款的还款方式也不同。期限在 1 年内的大学生创业贷款，在实施到期后会执行偿还本金和利息一次付清；而期限在 1 年以上的，则可以根据项目或企业的实际情况选择等额本息还款、等额本金还款或者商议其他的还款方式。大学生创业者应当充分利用政策红利，优先考虑申请政策性的大学生创业贷款。

三、互联网金融产品

互联网金融产品也具有融资、支付和交易中介等功能。所谓互联网金融，是指以互联网、大数据、云计算、社交网络和搜索引擎为代表的互联网信息技术与金融行业深度融合而形成的金融新业态。互联网金融是“互联网＋金融”的产物，其具体的产品形态非常丰富。根据2015年7月18日由中国人民银行等十部委联合颁发的《关于促进互联网金融健康发展的指导意见》①，互联网金融分为互联网支付、网络借贷、阿里巴巴贷款、股权众筹、互联网基金销售、互联网保险、互联网信托和互联网消费金融等。其中，网络借贷、阿里巴巴贷款和股权众筹常被用于为创新创业企业融资。

1. 网络借贷

网络借贷是指在网上实现借贷，即借入者和借出者均利用同一网络平台来实现借贷的“在线交易”。一般而言，创业者只能通过网络借贷获取少量的创新创业资金，且其融资的利率相比同期的银行贷款产品而言要高出许多。因此，在使用网络借贷方式进行创新创业融资时，创业者需要特别关注利率、借款期限、还款方式、网络借贷平台是否正规、资金到账快慢等问题。

网络借贷的常用方式有P2P贷款和网络小贷。其中，P2P贷款是peer to peer lending的缩写，peer是个人的意思。P2P贷款是随互联网发展和民间借贷兴起而成长起来的一种新兴金融模式。由于早期的P2P投融资实践发生了较多的违约事件，2017年11月21日，中国互联网金融风险专项整治工作领导小组办公室颁布了《关于立即暂停批设网络小贷公司的通知》。到2020年年底，由于监管的原因，P2P这一新兴网络借贷方式的发展在中国大陆境内暂时清零。②部分P2P平台转型成为网络小贷平台。网络小贷是指借款金额较小，且借贷资料信息采集、资金往来、合同签字、手续办理等全部都通过网

---

① 中华人民共和国国家互联网信息办公室官网．十部委发布《关于促进互联网金融健康发展的指导意见》［N］．［2015-07-18］. http://www.cac.gov.cn/2015-07/18/c_1115966431.htm.

② 2021年1月15日，央行副行长陈雨露在国新办新闻发布会上发言，他表示2020年防范化解金融风险攻坚战已取得重要阶段性成果，到2020年年底P2P平台已全部清零。

络来实现的一种互联网金融新业态。

网络借贷为草根创业者提供了更为便捷的融资产品。目前网络借贷服务的贷款对象主要是短期、小额借贷者，借款金额在数百元到 30 万元内，借款期限通常在 1 年内。创业者在通过网络借贷方式进行创新创业融资时，应尽量选择正规的网络借贷平台。表 1–1 为创业者列举了部分成立时间较久且受众较广的平台。

表 1–1　成立时间较久且受众较广的网络借贷平台

平台名称	背景信息	参与交易程度	利率制定
拍拍贷	2007 年上线，是成立最早的网贷平台。贷款手续简便，用户数和平台交易量等在业内占据领先地位	参与程度较低，且只是作为提供借贷的平台，不承担违约风险	利率设定和借款人的信用等级挂钩，也就是说信用越好，利率越低
安心贷	成立于 2011 年，是专业的互联网金融信息服务平台。为中小企业、个体经营者、高科技创业者等提供融资担保服务，是一个为民间资本和实体经营搭建桥梁的网贷平台	参与程度较高，为拥有实体经营的借款人服务。通过线下审核、商户联保、合同担保等方式来确保投资安全。要求提供担保	贷款利率根据借款人的资质来定，债务转让的利率由安心贷决定。随着信用的积累，贷款额度可以慢慢提高
宜　信	2012 年推出宜人贷，致力于为有资金需求的创业者提供一个信用良好的网贷平台	参与程度较高，通常会提供担保，审核较为严格	借款利率通常由宜信制定，债务转让的利率也是如此
人人贷	2010 年上线，独特之处在于提供先行垫付，能最大限度保证资金安全，因而产品总是很热销	参与程度较高，提供先行赔付，由平台承担坏账风险	借款利率通常由借款人决定，利率不与借款人的信用等级挂钩
红岭创投	2009 年成立，是一个安全、高效、互惠互助的平台，致力于帮助创业者解决融资难题	参与程度较高，严格审核借款人的证明材料，并评估借款人的信用等级和授信额度	融资产品不同，则利率也不同，如微商贷利率最高不超过 24% 每年
陆金所	2012 年成立，背靠平安集团，致力于为中小企业或个人创业者提供投融资服务	参与程度较低，通常由平安集团提供本息保障。借款人还需要承担担保费	利率较高，贷款利率通常是银行利率上浮 40%

续表

平台名称	背景信息	参与交易程度	利率制定
小企业 e 家	2013 年成立，是国内首家由银行发起的网贷平台	参与程度较高，要对借款人及其项目进行尽职调查	利率较低，风险较低，且期限灵活
积木盒子	2013 年成立，有针对中小企业、个体商户的无抵押无担保类贷款产品，也有房产抵押类的贷款产品	参与程度高，实地走访企业进行审核调查和风险评估，提供本息担保服务	月服务费率较低，且融资产品不同，利率也不同

2. 阿里巴巴贷款

阿里巴巴贷款，是阿里巴巴集团推出的面向电子商务领域创业者的小额信用贷款产品的统称。它是纯粹以个人信用为基础的贷款产品。服务对象通常是电子商务领域的中小微企业、个体工商户或小作坊等的创业者。借款人可以用个人信用作为还款保障申请贷款，且无须提供抵押或第三方担保。如图 1–6 所示，阿里巴巴贷款产品的金额通常在 2 万 ~200 万元，贷款期限通常为 6~12 个月。

图 1–6 阿里巴巴贷款产品的基本情况

阿里巴巴贷款类产品主要有网商贷、旺农贷、蚂蚁微贷、阿里小额贷款等。这些贷款产品从申请贷款，到信用审查，到发放贷款，再到还款，所有流程全部都在线上进行。一般 1 秒到 3 分钟内就能完成贷款审核，通过审核即可快速发放贷款。

以阿里巴巴的贷款产品网商贷为例，只要创业者满足如图 1–7 所示的申请条件即可申请贷款。

图 1–7 阿里巴巴网商贷的申请条件

申请网商贷的条件有：

（1）申请人为企业法定代表人，或者个体工商户的负责人。申请人为中国大陆居民，且年龄在 18~65 周岁之间。

（2）企业工商注册时间满 6 个月。

（3）申请人是阿里巴巴中国站会员，或者是国际站付费会员，或者曾经是会员。

满足上述三个条件，申请人即可在线申请阿里巴巴的网商贷。具体的贷款申请流程如下：

（1）申请贷款。在浏览器地址中输入 https://mybank.cn/，点击“借钱”即可进入贷款页面。接着选择“网商贷”，这时会出现如图 1–8 左侧所示的登录界面。借款人如果已经或曾经是支付宝或淘宝会员，点击后将看到如图 1–8 右上方所示的登录界面；如果已经或者曾经是阿里巴巴中国站或是国际站会员，点击后将看到如图 1–8 右下方所示的登录界面。借款人可以在登录界面直接输入账号和密码；如果没有会员账号，则点击“免费注册”，填写个人资料并注册一个新账号。

图 1–8　阿里巴巴贷款的登录界面

（2）填写借款人的补充联系资料。借款人需要完善如图 1–9 所示的个人信用资料，需要填写：固定电话，公司名称的全称（应该是填写最新营业执照上的公司名称，个体工商户则填写工商注册号），申请人的职位以及企业的主营行业、主营产品、经营模式和联系方式。

（3）填写贷款申请资料。借款人继续点击“申请贷款”，按要求继续填写贷款申请的具体资料，需要填写：贷款额度、贷款期限、公司机构代码、上一年度的销售额、法定代表人的姓名、身份证号、手机号码和邮箱地址、贷款用途等内容。填写完毕，再点击“立即申请”。

（4）贷款审核和发放。收到申请资料后，阿里巴巴会利用其大数据智能算法对申请资料进行极速审核。如果通过审核，阿里巴巴会将贷款资金立即转到借款人的账户上。

借款人需要按照与阿里巴巴签订的贷款协议，及时偿还贷款利息和本金。在取得贷款审批后，创业者首先应该到贷款后台查看还款日期，以免错过最后还款日期，产生逾期罚金；然后要确保自己的支付宝账户在约定的还款日有充足的余额。平台会自动按贷款协议对本息进行扣款，创业者完全无须自

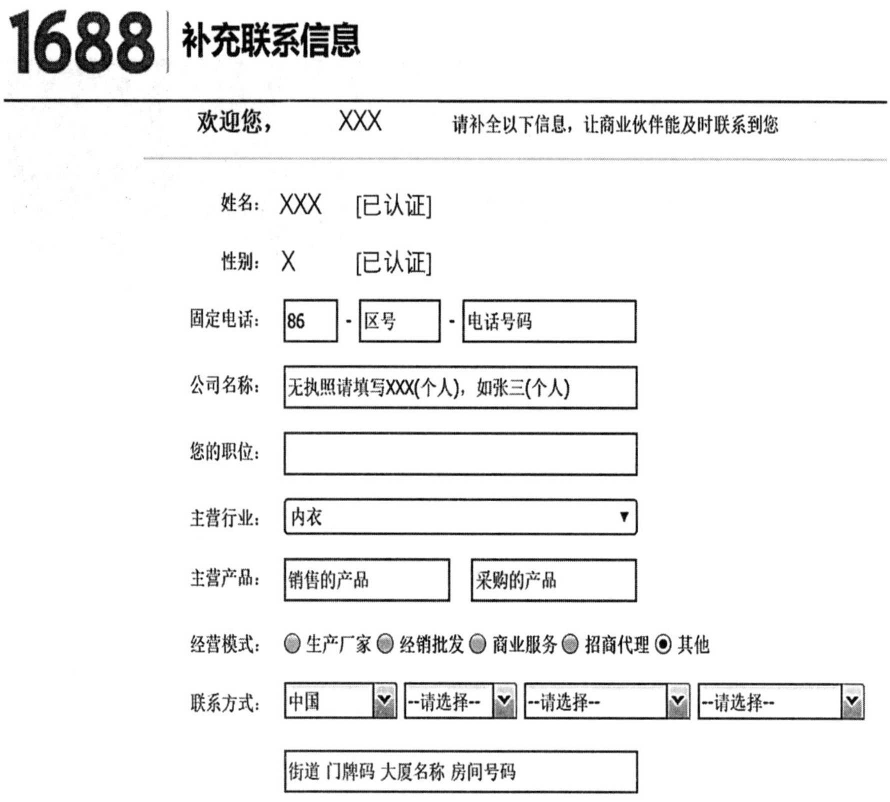

图 1-9 阿里巴巴贷款借款人需要填写的补充联系资料

己进行额外的操作。

3. 股权众筹

近年来，股权众筹这一新兴融资方式日益盛行。很多创业者都通过股权众筹筹集到了创立创新创业企业的资金或支持企业扩大运营所需要的资金。通俗来说，股权众筹就是互联网化的私募股权。它是创新创业企业通过互联网平台，面向消费者出让一定比例的股份，使消费者成为公司的投资者入股公司，并获得承诺的产品或未来收益。

如表 1-2 所示，当前国内比较知名的众筹平台主要有众筹网、淘宝众筹、天使汇。创新创业企业应尽量通过大型股权众筹平台进行融资。

表 1-2 国内比较知名的众筹平台

平 台	基本信息	平台特色	网 址
众筹网	2013 年上线，提供 10 多个频道，为发起人提供众筹综合服务	基本众筹模式为捐赠模式和奖励模式，项目数量多	http://www.zhong-chou.com
淘宝众筹	2013 年双 12 上线，淘宝系众筹平台，背靠阿里巴巴，客户众多且知名度高，经过多次业务调整，目前通过造点新货板块开展众筹业务	玩法多且涉及领域广泛，包括音乐、公益、书籍等领域	https://izhongchou.taobao.com
天使汇	成立于 2011 年，是连接投资者和创业者的桥梁，创业者可以在此找到资金，投资者则可以在这里找到投资项目	创造性地提出了领头人机制	http://www.angel-crunch.com/

为规范股权众筹行为，2014 年 5 月 30 日，我国政府将股权众筹明确归属于证监会进行监管。① 证监会在《对股权众筹平台指导意见》这一文件中提出，进行股权众筹时，公司股东不得超过 200 个，单个股东投资金额不得超过 2.5 万元，整体投资规模控制在 500 万元内。创业者在开展股权众筹时，要注意自觉遵守以上规定。

开放思考

1. 在读大学生如果打算开展创新创业并为之融资，应该选择何种融资渠道和哪些融资产品？哪些因素会影响大学生对融资渠道和融资产品的选择？

2. 中小规模创新创业企业在快速扩张经营规模时，适合选择何种融资渠道和哪些融资产品？哪些因素会影响企业对融资渠道和融资产品的选择？

---

① 2014 年 5 月 30 日新闻发布会，中国证券监督管理委员会官网，http://www.csrc.gov.cn/pub/newsite/zjhxwfb/xwfbh/201405/t20140530_255288.html。

实践作业

1. 提出自己的创新创业设想并为自己的初创企业选择合适的融资渠道。

请提出你自己的创新创业设想，为之选择一个你认为最合适为该项目提供启动资金的融资渠道，解释你为什么选择这一融资渠道。

2. 分组协作并提交小组调研报告。

请在对本组每位同学所提交创新创业设想进行充分头脑风暴的基础上，确定一个最有前景的创新创业设想，并将其作为本组的创新创业课题。以小组协作方式，调研2~3个股权众筹平台，比较不同平台在产品、客户和服务等方面的异同，分析它们对实现本组创新创业课题启动融资而言的优缺点，并撰写一份小组调研报告。

第二章
创新创业企业融资之道

随着时代的发展，创新创业企业可用的融资渠道、融资方式和融资产品都变得越来越丰富。创业者应当与时俱进地更新自己对融资工具和融资渠道的认知，不能固守过去的融资观念，而且要力求掌握最新的融资玩法，不能让融资观念、融资认知、融资机遇上的落后，拖了创新创业企业快速发展的后腿。在融资实践中，创业者拥有了更多的选择权，但也因此而面临复杂融资方案的决策难题。建议创业者首先明确融资理念，而后根据创新创业企业发展的生命周期来明确提出长期和阶段性的融资目标，进而制订具体的融资方案，并带领创新创业企业按融资流程来推动融资实践。

第一节　创新创业企业的融资理念

理念引导目标，进而决定行动。先有正确的融资理念，才可能有合理的融资目标以及健康可持续的融资行为。本节将总结并归纳创新创业企业融资的六大理念，介绍创新创业企业如何界定其融资目标，而后以“采用分级驱动发射火箭”来比喻创新创业企业在其整个生命周期里的分步融资行为。

一、融资理念

理念，即理性的观念或想法。它是引发行动的前提条件。从辅导多家创新创业企业开展融资实践而取得的经验和教训出发，创业者所需要具备的重要融资理念可概括如下。

第一，融资是技术。创业者应当具备指导创新创业企业融资实践的基本知识，并了解常见的和最新的融资渠道、融资方式和融资产品。

第二，融资要趁早。创新创业企业越是处于其发展生命周期的早期，越是缺乏合理的财务分配、完善的变现渠道以及盈亏平衡的财务记录。在这种情况下，一旦出现资金链吃紧，创新创业企业将很快出现资金链断裂而陷入破产倒闭。因此，创新创业企业必须在创业之前或缺钱之前就启动正式的融资行动。

第三，融资要有明确的目标。创新创业企业需要明确未来做大做强的发展目标，以尽早据此测算融资需求，进而制定融资目标。如果创业者打算只用自己的钱来发展，那么创新创业企业将缺乏足够的资金而难以实现做大做强。在测算企业做大做强战略的融资目标时，最好采用较为宽裕的测算，以尽量避免企业陷入资金紧张。

第四，融资要善用组合。创新创业企业应根据当前发展情况，同时选择多种融资方式和融资工具，组合使用，取长补短，实现融资效益最大化。在成长发展的不同阶段，创新创业企业应当尽量选择不同融资渠道和融资产品进行组合。

第五，融资要重视信用积累。良好的企业信用，是创新创业企业融资的有效“身份证”和可靠的“通行证”。创新创业企业融资难的最主要原因之一，是由于成立时间短，企业信用积累有限且信用水平偏低。建议创业者一方面积极经营个人声誉来提高个人信用，另一方面主动利用国家企业信用信息公示系统来积累企业信用。

第六，融资要重视投融关系。创业者需要有意识地去主动建立并维护良好的投融资关系。对于创新创业企业来说，只要企业持续经营，融资就是一件没有终点的事情。即便昨天刚刚完成一轮股权融资或债务融资，考虑到引入下一轮融资需要一段时间的接洽和谈判，创业者必须未雨绸缪地与投资者维护良好的融后关系，以时刻为下一轮融资做好准备。

二、融资目标

为做出正确的融资决策，创业者必须明确创新创业企业融资的具体目标。创新创业企业的融资目标，与大中型公司企业的融资目标，具有非常明显的区别。在大中型公司企业中，尤其是在上市公司中，融资决策的关注点在于能否给股东带来更多的投资收益，实现股东价值最大化是其确定每个具体融资目标的指导原则；而在创新创业企业中，融资决策的关注点是如何设计融资方案以达到满足融资需求和维护创业者利益之间的平衡[①]，其确定具体融资目标的指导原则是实现创业者保留利益的最大化。

从制定具体的融资目标来看，创新创业企业的融资目标是由其发展目标决定的。创新创业企业的发展过程，也是一个“融资—发展—再融资—再发展”的不断演进过程。如果在某一发展阶段里，其实现发展目标的融资需求未能及时得到解决，那么即使创新创业企业的技术成果或商业模式很有前景，该企业也很有可能因资金链断裂而陷入破产倒闭。在中国，中小企业的平均寿命只有 2.9 年，每年约有 30% 的中小企业倒闭！约有 62% 的企业倒闭与其融资需求没有得到及时满足有关。工欲善其事，必先利其器。创业者在开始创新创业之前，就要主动学习和了解创新创业企业常用的融资渠道、融资方式和融资产品；在创业之后、缺钱之前，创业者就要明确创新创业企业的发展目标，进而测算实现该发展目标的资金需求，明确企业阶段性的具体融资目标；然后，创业者需要在融资目标的指引下，提前半年甚至一年为创新创业企业制订阶段性的融资方案，并带领企业执行该融资方案和开展相应的融资实践。

三、分阶段融资

可以把创新创业企业成长生命周期不同发展阶段对于资金的需求，与火箭采用分级驱动的发射过程进行类比。如同分级发射火箭那样，创新创业企

① 珍妮特·K. 史密斯，理查德·L. 史密斯，理查德·T. 布利斯. 创业融资：战略、估值与交易结构［M］. 沈艺峰，等译. 北京：北京大学出版社，2017.

业也应当根据自身成长的具体发展阶段而开展逐步融资。在发射火箭时，火箭必须携带足以驱动它经过多个加速阶段的燃料。这一类比并非完美，但可以帮助创业者更好地理解，为何创新创业企业的融资不能一步到位这个关键的问题。

创新创业企业在其生命周期的每一个发展阶段，都需要在启动新一轮快速扩张之前，测算资金需求，并依据资金缺口提前制订这一阶段的具体融资计划。从“采用分级驱动发射火箭”这一比喻中，可以看到随着创新创业企业不断做大做强，并且因此带来组织规模、技术能力等方面的阶跃式发展，绝大多数的创新创业企业都会面临组织、经营以及管理等方面的急剧变革，无法产生足够的现金来抵偿其组织成本、经营成本以及管理成本的快速增长。这时创业者可以依据企业发展的实际情况来微调，甚至需要终止其做大做强的战略。也就是说，创新创业企业在其生命周期的每一个发展阶段，都可能因资金不足而需要调整，甚至终止做大做强战略。从确保资金的及时供给和适当供给出发，创新创业企业也需要分阶段地开展融资。

虽然，创新创业企业更关注长期成长问题而不是短期利润问题，但其融资却需要分步推进。[①②③]由于内源融资通常不足以弥补创新创业企业阶段性做大做强的资金需求[④]，所以在每个发展阶段即将启动新一轮快速扩张之前，创新创业企业都需要随着企业规模扩张，测算资金缺口。在有长期发展战略的情形下，创新创业企业的融资过程，就像是采用分级驱动方式来发射火箭，或者像是沿途设立加油站并随着企业规模扩张而不断给企业“加油”。通过分阶段募集资本，创业者还能够在创新创业企业的发展过程中尽量降低股权稀释，从而在企业成熟阶段尤其是即将上市阶段保持更有价值的股权，并实

---

① 珍妮特·K. 史密斯，理查德·L. 史密斯，理查德·T. 布利斯 . 创业融资：战略、估值与交易结构［M］. 沈艺峰，等译 . 北京：北京大学出版社，2017.

② 杨轩 . 创业时，不可不知的细节［M］. 杭州：浙江大学出版社，2017.

③ 林传科，刘军，丁芹伟 . 科学创业［M］. 北京：机械工业出版社，2019.

④ 珍妮特·K. 史密斯，理查德·L. 史密斯，理查德·T. 布利斯 . 创业融资：战略、估值与交易结构［M］. 沈艺峰，等译 . 北京：北京大学出版社，2017.

现创业者自身价值的最大化。建议创业者持续学习并实践正确的融资理念，尤其要避免形成一次性为创新创业企业做大做强筹集大量权益资金来长期慢慢使用的观点。

第二节 创新创业企业的融资方案

资金不足，是创新创业企业在成长发展过程中经常会遇到的情形。[①]适时寻求融资，是创新创业企业持续成长的必然要求。学习创新创业企业的融资知识，可以帮助创业者制订出更好的融资方案。本节将简单介绍创新创业企业如何拟订出完整的债务融资方案和股权融资方案。事实上，在融资实践中，创新创业企业可能会对这两种方案进行组合。究竟选择哪一种融资方案或如何对两种融资方案进行组合，需要根据企业经营需求、市场状况和投资方对风险控制的要求等因素来具体决定。

一、债务融资方案

从债务融资来看，创新创业企业比较常用的融资方案是银行贷款方案以及网络借贷方案。[②③④]一般来说，创新创业企业在向银行等传统金融机构提交贷款申请材料时，需要同时提供本企业或该项目的融资方案（计划书）。通常，创新创业企业拟订的融资方案应当载明以下内容。

1. 申请缘由

主要介绍融资主体、融资事由等，例如 ×× 企业为建设 ×× 项目需要申请融资。

---

① 缪劲翔，孙彤．你的第一本创业书［M］．北京：首都师范大学出版社，2017.

② 珍妮特·K. 史密斯，理查德·L. 史密斯，理查德·T. 布利斯．创业融资：战略、估值与交易结构［M］．沈艺峰，等译．北京：北京大学出版社，2017.

③ 杨轩．创业时，不可不知的细节［M］．杭州：浙江大学出版社，2017.

④ 缪劲翔，孙彤．你的第一本创业书［M］．北京：首都师范大学出版社，2017.

2. 融资额度及期限

主要介绍此次申请债务融资的额度、币种以及期望的融资期限等。

3. 融资抵押物

主要写明此次申请债务融资的抵押物是什么，无论是土地、房产、车辆，还是有价证券等，都要写明可抵押物的数量有多少、评估价值是多少等。其中，如果抵押土地需要写明土地证号码；如果抵押房产需要写明房产证号码和相应的土地证号码，并且还需要提供可抵押证明文件以证明该房产是否已经或曾经做过抵押。

4. 融资用途

主要介绍申请此次贷款融资所获资金的具体用途，并给出一个创新创业项目的完整建设计划和项目支出预算。创新创业企业通常需要针对特定的项目，提供其测算的工程款、设备费、安装费、流动资金等资金需求。要注意的是，贷款资金的用途一定要是真实的说明，因为银行还会据此对贷款资金的用途是否与申请相一致进行贷后检查。

5. 还款说明

主要详细阐述创业者或创新创业企业偿还贷款本金及利息的款项来源。创业者需要对每一项还款来源给出大约的金额和时间，比如一期产能 5 000 件 / 月，预期销售价格 400 元 / 件，则试生产之后的每个月可以有 200 万元的销售收入；收入在 2018 年 5 到 12 月约为 1 600 万元，行业的平均利润率为 15%，则同期利润预期可达 240 万元。

创新创业企业在通过网络借贷平台申请债务融资时，通常并不需要单独来撰写融资方案。他们只需要在网上按网页提示或要求来填写相关资料即可。首先，需要填写创业者的个人信息资料，以供贷款机构进行信用审核；接着，在创业者的个人信用通过审核之后，需要填写所需申请的金额、币种和期限等内容，还需要简单描述贷款资金的用途，以方便贷款机构对创新创业项目是否具有发展前景和是否可以享受政策优惠等进行审核。

二、股权融资方案

在创新创业企业成长到一定规模且需要启动新一轮快速扩张时，创业者要把眼睛盯在股权设计和资本运作上。常见的股权融资方式包括天使投资、风险投资、私募股权投资以及股权众筹。创新创业企业在通过股权方式进行融资时，通常需要撰写并提供书面的商业计划书，以详细描述自己的股权融资方案。

商业计划书是创新创业企业为了实现股权融资，在开展市场调研和内部调查的基础上，根据一定格式和内容要求去搜集、整理并分析相关资料，进而撰写用于向投资者全面展示待融资企业或项目状况，以及未来发展潜力的书面性材料。[①] 商业计划书，可以为投资者提供创新创业企业经营发展目标的兵棋推演，是投资者用来分析创新创业企业发展目标可行性的重要依据。有时，一些机构投资者甚至会根据商业计划书的撰写水平来评估创业者的管理水平和该创新创业项目的发展潜力。在创新创业企业寻求股权投资的过程中，商业计划书的作用非常类似于大学生毕业找工作时的个人简历。

商业计划书可以向投资者提供创新创业企业股权融资的正式融资方案。一般而言，融资规模越大或融资项目的商业模式越复杂，创业者越应该撰写详细的商业计划书，而商业计划书的篇幅也就越长。[②]一份商业计划书通常会由以下几个部分构成：①执行摘要。②公司简介。③研究与开发。④产品与服务。⑤管理团队和组织结构。⑥行业及市场竞争分析。⑦营销策略。⑧生产经营计划。⑨融资说明。⑩财务分析与预算。⑪ 风险分析。⑫ 退出机制。⑬ 其他。⑭ 附件清单。

在申请融资时，无论企业联系的投资者是风险投资机构，还是私募股权投资基金，抑或是其他任何类型的股权投资者，精心准备的商业计划书都是取得融资成功至关重要的一环。因此，建议投资者在自己撰写或者委托专业机构代为撰写商业计划书的时候，一定要确保做到内容完整、意愿真诚、基

---

① ②吕森林，申山宏 . 创业从一份商业计划书开始［M］. 北京：电子工业出版社，2019.

于事实、结构清晰、通俗易懂。

股权众筹方案对于创业者所撰写商业计划书的文案质量要求较高。[①] 相比于其他股权融资的商业计划书而言，股权众筹的商业计划书还需要琢磨如何在文案中突出项目的独特优势。例如，阿里小智在淘宝众筹上推出的“阿里小智互联 +Wi-Fi 电饭煲”项目在众筹结束后共筹得了 9 050 657 元。这一筹资结果是创业者当初所设定融资目标 100 万元的 9 倍多。该项目之所以能够实现股权众筹的巨大成功，其商业计划书的文案功不可没。创业者在文案中反复强调了其产品的独特优势是可以通过手机连接 Wi–Fi 对电饭煲进行操控，这对于忙碌的当代年轻人而言是最具诱惑力的，只要出门前把米洗好放锅里，随时都可以通过手机进行煮饭。除煮米饭之外，产品 APP 还内嵌煮菜、熬汤、蒸鱼、做蛋糕等多种功能。此外，项目团队在商业计划书的文案中创造了一个“玩转电饭煲的萌叔团队”的自我形象，生动且详细地介绍了项目团队在开发资源上的优势。按照股权众筹的规则，创业者作为筹资项目的发起人，必须在预设的时间内达到或者超过预定的融资目标金额才算融资成功。因此除了精心设计商业计划书的文案以外，创业者还需要自行设置项目众筹的时间期限。股权众筹的时间设置太短，容易失败；太长，又会导致用户热情被慢慢消耗，而项目的关注度快速降低等问题。因此，创业者最好能将股权众筹的时间设置，与众筹期间的项目推广和宣传计划相结合。实践出真知，创业者还需要在股权众筹实践中对项目商业计划书的文案和众筹时间设置等多做反思，这样才能在创新创业企业的后续融资实践中，取得越来越好的融资成效。

第三节　创新创业企业的融资流程

对于想要创新创业的人而言，了解并且熟知创新创业企业融资的基本流程是十分必要的。有了这些知识，才能更好地开展创新创业，才能更好地处

---

① 郭春光，赵月阳 . 众筹 : 互联网 + 时代的融资新思维［M］. 北京：人民邮电出版社，2016.

理创新创业企业成长发展过程中的暂时性资金周转困难等问题。

在实务层面，创新创业企业的融资须以新设一家企业为起点，其融资流程一般包括如下六个步骤。

1. 设立企业

企业是承载创新创业融资实践的实体。设立创新创业企业，是创新创业企业融资所必不可少的前提条件。不管是发现了一个好的商业机会，还是拥有一项极具前景的新技术，或是拥有一笔可投资的资金，想要进行创新创业都需要借助于一定的法定组织形式，来对现有的或可能获得的各种稀缺资源进行优化组合，进而运营一家创新创业企业并实现其市场价值。在创新创业之初，无论是选择设立个人独资企业，还是设立合资企业，或是设立公司制企业，企业的法定组织形式都会对创业者的融资行为产生重大影响。

2. 编制融资预算

一旦选择特定法定组织形式来新设一家创新创业企业，编制融资预算就成为该企业开展具体融资的真正起点。在新设一家创新创业企业之后，创业者应该详细编制该企业的启动资金清单，以了解新设企业对于启动资金的需求。在已经设立企业开展后续融资的情形下，创业者需要针对特定的建设项目或阶段性发展计划，来编制资金预算以为接下来的规模扩张提前准备充足的资金。融资预算的具体内容和编制方法在第七章中再做详细介绍。

3. 撰写融资方案

撰写书面的融资方案或商业计划书，不仅是一个融资项目自我包装和自我表达的过程，也是一个帮助创业者理清产品思路的过程。一个技术上完美的商业计划书如果逻辑怪诞、缺乏说服力，很有可能是创新创业企业的产品或服务本身就有问题。聪明的创业者会借撰写融资方案的文案来发现自己创新创业思路或商业模式的不足，从而改善创新创业企业的运营管理。

4. 寻找投资者并开展融资谈判

选择债务融资的创新创业企业可以寻找商业银行、信用社等传统金融机构，也可以寻找亲朋好友等个人投资者提供资金；选择股权融资方案的创新创业企业则需要寻找天使投资者以及风险投资机构、私募股权投资基金或投资银行等机构。大多数普通创业者，一开始都没有银行、非银行传统金融机构、天使投资者以及机构投资者的联系方式。此时，其可以采用直接到银行网点咨询或者参加集体路演等方式来初步接触投资者。其中，参与有组织的集体路演可以让创业者一次性地接触许多潜在股权投资者，可以为其股权融资节省大量的时间与成本。在取得投资者的联系方式并获得初步青睐之后，投融双方需要开展漫长的融资谈判。交易价格、交易条件和风险规避，是双方谈判的重点。从融资谈判的实务来看，债务融资谈判和股权融资谈判都存在许多要点和技巧，这些内容将在第九章创新创业企业的债务融资实践和第十章创新创业企业的股权融资实践当中进行详细介绍。

5. 签订融资协议并获得资金

投融资双方在对贷款货币、贷款数量、提款、计息、还款、税费等主体条款以及抵押、担保、保证、争议解决、管辖权等约定性条款达成一致后，即可签订贷款协议，并拨付贷款资金。股权融资的投融资双方，在就股权估值、出让比例、附带权利（比如优先股是否具有投票权、是否配备反稀释条款等）和先决条件等核心交易内容达成一致后，即可签订投资条款清单，但通常要等约定的投资先决条件全部实现后，双方才会正式签订股权融资协议。在股权融资协议签订后，投资者打款，创新创业企业在收款后，还需要进行股权变更（此步骤需与工商局、银行等机构协同完成），然后才能结束此次股权融资活动。

6. 准备下一轮融资

对于创新创业企业来说，在前一轮融资的资金到账时，就应该考虑下一轮融资了。在创新创业企业需要不断准备下一轮融资的情形下，主动维护与原投资者的良好投融资关系对于高效完成下一轮融资就显得至关重要。这要求创业者在上一轮融资正式到账后，就要主动定期（月或季）联系投资者，并及时向投资者提交公司的财务报表及运营报表。为了准备下一轮融资，创业者还需要接触更多的投资者。多接触潜在的投资者，不仅可以事先拿到投资者的意向，有备无患；还有利于创业者开阔眼界，使其能够从不同投资者那里吸收更多的关于产品及商业模式的建议。

当然，在已经设立创新创业企业的条件下，创新创业企业的后续轮次融资完全无须重复考虑设立企业这一步骤，而只需要重复第 2 步到第 6 步这五个步骤即可。

开放思考

1. 在筹划创新创业企业融资时，为什么头脑里有清晰的融资理念很重要？应该遵循哪些融资理念？

2. 创新创业企业的融资目标与大型公司企业的融资目标有何不同？为何不同？

3. 创新创业企业融资的一般流程是什么样的？

实践作业

1. 请考虑自己所提出的创新创业设想，可以为谁提供什么产品或服务、如何盈利等问题，然后思考该创新创业设想在形成创新创业企业后的首次融资实践中，可能会遇到哪些困难。简单记录你的想法，然后提交到班级交流群中。

2. 请谈谈你的融资理念，并考虑这会如何影响你对融资方案的选择。简述你为自己所提出的创新创业设想而设计的融资方案。

第二篇

创新创业企业融资起点

创新创业企业融资须以选择法定组织形式并新设立一家企业为起点。创新创业企业对融资渠道、融资方式和融资产品的选择，都与其在设立企业过程中所选择的法定组织形式相关联。例如，想选择风险资金进行股权融资的高科技创新创业企业，最好一开始就注册设立为有限责任公司或股份有限公司；想采用特许方式进行经营扩张的创新创业企业，如法律事务所、审计事务所等，最好一开始就注册设立为特殊的有限合伙企业。在创新创业企业融资起点篇章中，首先向创业者或准创业者介绍什么是企业的法定组织形式，然后分别介绍在不同法定组织形式下，设立一家新企业的注册流程、开展融资的可选方式和退出创新创业企业的途径与方法。

第三章
创新创业企业的法定组织形式

在新设一家创新创业企业之前，创业者必须首先了解什么是企业的组织形式，有哪些法定的企业组织形式可以选择，不同的法定组织形式对创新创业企业的融资活动有何影响。本章首先向创业者或准创业者介绍什么是企业的组织形式，然后介绍选择企业法定组织形式的重要依据，最后介绍选择企业组织形式与创新创业企业可享受融资优惠政策的联系。

第一节　企业组织形式概述

在“双创”浪潮中，新成立的创新创业企业越来越多。所有新成立的创新创业企业都必须按照中国商事法律的规定选择一种企业组织形式，并到工商行政部门按照登记注册流程去正式设立一家新企业。企业的法定组织形式就是创新创业企业为自己所选择的法定存在形态。

一、企业组织形式的概念

企业组织形式是表明其财产构成、内部分工协作、损益分配以及与外界经济联系形式的一种组织形态。

企业组织形式，不同于企业商业模式。它们是两个完全不同的概念。企业商业模式主要关注创新创业企业运用哪些资源、做出何种产品、与谁合作、产品或服务卖给谁、最终实现多少价值回报等问题。它是和利益相关者交易结构有关的问题。而企业组织形式则是以责权利为中心，来明确界定企业财产的构成与管理、内部成员的分工协作以及对外的经济联系等。简单来说，企业组织形式显示了企业内外部各种关系方面的规则模式，主要用于界定企业的性质、地位以及行为方式。

不同类型的企业组织形式，其核心差异就在于企业财产的组织管理以及企业成员所承担的法律责任并不相同。①创业者需要为自己的创新创业企业选择合理的企业组织形式，只有这样，才能充分调动各方主体的创业积极性，激发他们的创造力与活力，进而大大提升企业创新创业的成功率。观察创新创业企业的运营实践可以发现，创业者对企业法定组织形式的选择往往会对其所设立企业的运营和管理以及税收和收益都产生较为重大的影响。②

二、法定组织形式的类型

根据中国商事法律的规定，创新创业企业可选择的法定组织形式包括个人独资企业、合伙企业和公司企业三大类。

（一）个人独资企业

个人独资企业，是指按照《中华人民共和国个人独资企业法》（以下简称《个人独资企业法》）在中国境内设立，由一个自然人投资，财产为投资者个人所有，投资者以个人财产对企业债务承担无限责任的经营实体。③

个人独资企业可以申请贷款，取得土地使用权及法律规定的其他权利。创业者在经营个人独资企业时可以享有很大的自由度。除了依法纳税、设置会计账簿、保障职工合法权益等之外，创业者对于个人独资企业的运营具有充分的决定权。④这源于个人独资企业的财产来自创业者个人出资，也因此决

① 刘天善，张力．经济法教程（第二版）［M］．北京：清华大学出版社，2020.
② 杜易，赵晓光．创业中国［M］．北京：民主与建设出版社，2019.
③ 中华人民共和国个人独资企业法［M］．北京：中国法制出版社，2001.
④ 刘天善，张力．经济法教程（第二版）［M］．北京：清华大学出版社，2020.

定了个人独资企业的资本规模以及后期融资都会相对受限。

法律讲究权责利相一致。设立个人独资企业的创业者，在充分享有企业经营自主权的背后，也承担了高度集中的投资风险。按照法律规定，个人独资企业的创业者需要对企业债务承担无限责任。个人独资企业在存续期间所发生的全部债务，都应由创业者名下的全部财产进行抵偿。需要注意的是，如果个人独资企业在注册设立时明确是以家庭共有财产出资的，则应当以家庭共有财产来对企业债务承担无限责任。并且创业者对个人独资企业债务的无限责任，并不因企业解散而消灭。换言之，即使个人独资企业破产解散了，创业者仍需对个人独资企业在存续期间所发生的债务负有清偿责任。但从鼓励创新创业出发，为有利于创业者东山再起，我国政府在相关法律法规文件中特别规定："如果个人独资企业的债权人在五年内未向债务人提出偿还请求的，该清偿责任消灭。"①

从企业运营的税负成本来看，个人独资企业的税负较低。个人独资企业属于自然人企业。按照现行税法，个人独资企业不需要缴纳企业所得税，只需要缴纳个人所得税。②如表 3-1 所示，个人独资企业在经营中适用的是 5%~35% 的分级累进税率。

表 3-1 个人独资企业的分级税率

级 数	级 距	税率 / %	速算扣除数
1	不超过 30 000 元	5	0
2	超过 30 000 元到 90 000 元部分	10	1 550
3	超过 90 000 元到 300 000 元部分	20	10 500
4	超过 300 000 元到 500 000 元部分	30	40 500
5	超过 500 000 元部分	35	65 500

资料来源：中国国家市场监督管理总局官网。

按税法规定，个人独资企业需要核定征收"应纳税所得额"，实行核定行业应税所得率的办法，并按年核定、按月缴纳其所得税。定率征收即核定

① 中华人民共和国个人独资企业法［M］. 北京：中国法制出版社，2001.

② 刘天善，张力 . 经济法教程（第二版）［M］. 北京：清华大学出版社，2020.

应税所得率征收，是指纳税人在其收入总额或成本（费用）支出能够正常核算，或根据其生产经营要素能够测算收入总额或成本（费用）支出额的情况下，主管税务机关参照同行业、同规模企业的一般盈利情况，根据纳税人的实际生产经营状况，按照一定的程序和应税所得率，计算征收个人所得税的方法。个人独资企业应纳所得税额的计算方法，如公式 3–1 所示。

个人独资企业应纳所得税额 = 应纳税所得额 × 适用分级税率 – 速算扣除数

（公式 3–1）

公式 3–1 中的“应纳税所得额”的计算方法，如公式 3–2 所示。

应纳税所得额 = 收入总额 × 应税所得率 （公式 3–2）

表 3–2 简单整理了工商行政部门所公布的个人独资企业的分行业应税所得率。

表 3–2 应税所得率（取最低值）

行 业	应税所得率
工业、交通运输业、商业	5%~20%
建筑、房地产	7%~20%
饮食服务业	7%~25%
娱乐业	20%~40%
其他行业（服务业）	10%~30%

资料来源：中国国家市场监督管理总局官网。

（二）合伙企业

合伙企业，是指依照《中华人民共和国合伙企业法》（以下简称《合伙企业法》）在中国境内设立的，由两个或两个以上的合伙人通过订立合伙协议，共同出资经营、共负盈亏、共担风险的企业组织形式。①② 依据相关法律法规，

① 刘天善，张力 . 经济法教程（第二版）［M］. 北京：清华大学出版社，2020.

② 中华人民共和国合伙企业法·实用版（2018 版）［M］. 北京：中国法制出版社，2020.

合伙企业的合伙人可以是自然人，也可以是法人或其他组织。

设立个人独资企业的创业者和设立合伙企业的创业者，对于企业债务都需要承担无限责任。个人独资企业创业者的无限责任好理解。合伙企业有多位合伙人，如何理解其所应承担的无限责任呢？对于普通合伙企业的多名合伙人而言，他们所承担的其实是无限连带责任。具体来说，普通合伙企业的合伙人，对于企业债务都负有全部清偿的义务。企业债权人有权向多位合伙人当中的任何一人或者数人要求清偿其全部或者部分债务。承担了清偿责任的合伙人，可以就超出了自己应承担份额的那部分已清偿的债务，向其他合伙人追偿。

如图 3-1 所示，假设 A、B、C 三人共同设立了一家普通合伙企业，各自出资比例为 20%、45%、35%。2018 年年底该普通合伙企业的资产为 300 万元，在经营过程当中欠债权人 D 共计 500 万元，那么 A、B、C 三人作为合伙人都对普通合伙企业对于 D 的债务承担无限连带责任。债权人 D 可以选择向其中的任何一个合伙人主张清偿其全部债务。若合伙人 A 承担了全部债务的清偿责任，随后 A 可以就超出自己应承担份额的那部分债务向合伙人 B 和合伙人 C 进行追偿。债权人 D 也可以选择分别向该普通合伙企业的每一位合伙人同时主张他们各自应承担部分债务的清偿。

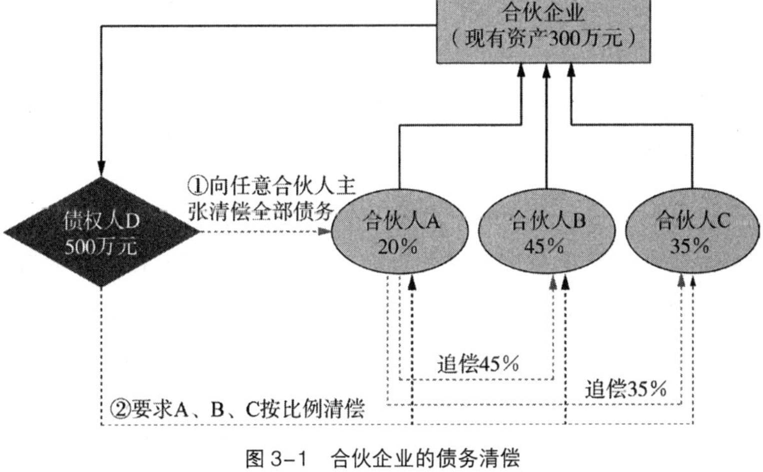

图 3-1　合伙企业的债务清偿

事实上，普通合伙企业的合伙人对企业债务所承担的无限连带责任是补充性的。也就是说，只有当普通合伙企业的财产不足以清偿其全部债务时，合伙人才需要用自己的个人财产来清偿合伙企业的债务。[①]普通合伙企业的财产和债务责任承担，是具有相对独立性的。

除了普通合伙企业以外，《合伙企业法》还规定了特殊的普通合伙企业以及有限合伙企业这两种合伙企业。以下对这三种合伙企业的具体形式做一个简单的介绍。

1. 普通合伙企业

普通合伙企业，是指合伙企业的全体合伙人均为普通合伙人，即全体合伙人都需就企业债务承担无限连带责任。所有合伙人共同经营、共享收益、共担风险。

普通合伙企业具有很强的“人合”属性，属于合伙人之间信任度非常高的企业存在形态。当然，所有合伙人都对普通合伙企业的事务拥有执行权和对外代表权。[②]不过在经营管理过程中，某些重大事项的决策可以规定需经全体合伙人一致同意。

2. 特殊的普通合伙企业

特殊的普通合伙企业，是以专业知识和专门技能为客户提供有偿服务的专业服务机构所常采用的一种特殊合伙形式。会计师事务所、资产评估师事务所、律师事务所等专业服务机构，多选择采用特殊的普通合伙企业这一法定组织形式。[③]

特殊的普通合伙企业，特殊之处就在于合伙人对企业债务责任的承担原则与普通合伙企业不同。它实行的是有限责任和无限连带责任的混合。如果特殊的普通合伙企业在经营过程中，因某一合伙人的故意或重大过失造成了企业债务，则该合伙人应当按合伙协议的特殊约定条款就此项债务承担无限连带责任，而其他合伙人则只以个人出资的财产份额为限承担有

---

① 中华人民共和国合伙企业法·实用版（2018 版）［M］. 北京：中国法制出版社，2020.

② ③刘天善，张力 . 经济法教程（第二版）［M］. 北京：清华大学出版社，2020.

限责任。

3. 有限合伙企业

有限合伙企业由普通合伙人和有限合伙人组成，普通合伙人对有限合伙企业的债务承担无限连带责任，有限合伙人则仅以其认缴的出资额为限对有限合伙企业的债务承担责任。

在组成上，有限合伙企业的合伙人包括普通合伙人和有限合伙人两类。除合伙协议另有约定之外，普通合伙人转变为有限合伙人，或有限合伙人转变为普通合伙人，应经全体合伙人一致同意。有限合伙人转变为普通合伙人的，对其作为有限合伙人期间有限合伙企业所发生的债务承担无限连带责任。普通合伙人转变为有限合伙人的，对其作为普通合伙人期间有限合伙企业所发生的债务承担无限连带责任，之后作为有限合伙人期间则只需对有限合伙企业所发生的债务承担有限责任。

通过指定普通合伙人和有限合伙人，有限合伙企业实现了企业管理权和出资权的分离[①]，可以结合企业管理方和资金方的优势。它是国内外风险投资基金、私募投资基金的主要法定组织形式。由于普通合伙人需要对企业的损失或债务承担无限连带责任，所以其在具体资格要求上是比较严格的。有限合伙企业的普通合伙人，主要是符合一系列条件的自然人。《合伙企业法》第 3 条还特别明文规定：“国有独资公司、国有企业、上市公司以及公益性的事业单位、社会团体不得成为普通合伙人。”相对来说，有限合伙人的资格就没有什么特别的限制。就有限合伙人的身份来看，无论是公民、法人还是其他组织都没有问题。通常有限合伙人所扮演的角色是出资人，他们一般不参与企业管理。有限合伙人的投资风险是可以预先控制的，但有限合伙人对合伙事务不具有执行权，对外亦不能代表合伙企业。

由于承担了无限连带责任，普通合伙人即便出资不多也可以对有限合伙企业享有绝对的控制权。这种控制主要通过普通合伙人执行有限合伙企业的合伙事务来体现。在实践中，创新创业企业还常选择设立有限合伙企业作为

---

① 刘天善，张力．经济法教程（第二版）［M］．北京：清华大学出版社，2020.

员工持股平台的基本架构。[①]创新创业企业决定实施员工股权激励计划的时候，可以由创业者作为持股平台的普通合伙人（GP），由参与股权激励计划的员工作为持股平台的有限合伙人（LP）。双方可以共同成立一家如图 3–2 所示的有限合伙企业。该企业的实际控制人“股东 1”可以用较少的出资来控制有限合伙企业，从而间接控制持股平台所持有的公司股权；而参与股权激励计划的员工作为有限合伙人，只能通过有限合伙的持股平台间接享受公司的股权收益和分红，不能参与创新创业企业的经营管理决策。

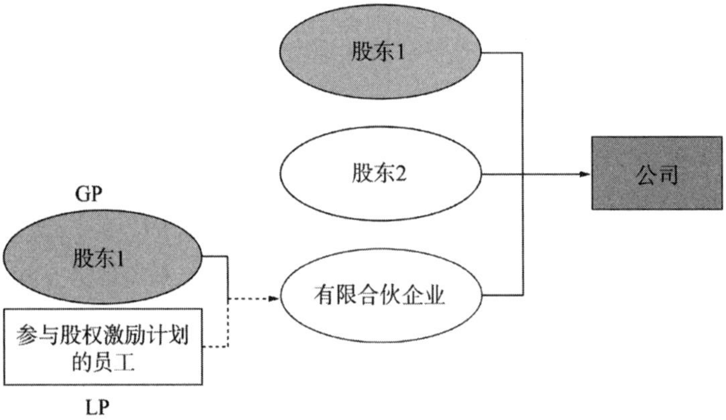

图 3–2　有限合伙形式的员工持股平台

对于创新创业企业而言，有限合伙不仅是企业运营的一种法定组织形式，也是有利于维护核心创始人控制权的一种重要融资方式。创业者可以通过灵活运用有限合伙形式的员工持股平台，同时实现扩大融资和维持控制权这两个目标。下面介绍绿地集团董事长兼总经理张玉良如何巧妙运用 10 万元资金，控制资产规模高达 188.8 亿元持股平台，进而取得上市公司实际控制权的经典案例。

① 曹海涛．合伙创业：合作机制 + 股份分配 + 风险规避［M］．北京：清华大学出版社，2018.

案例 3-1

绿地集团的员工持股平台

2014年3月中旬，绿地集团借壳金丰投资（600606.SH）的预案终于揭晓。其中最大的亮点在于绿地集团员工持股问题的解决，系列有限合伙的安排成为解决这一问题的关键。董事长兼总经理张玉良作为普通合伙人（GP），层叠设立了多家有限合伙企业，从而巧妙运用10万元资金，控制了资产规模高达188.8亿元的持股平台，进而取得了上市公司的实际控制权。

如图3-3所示，通过设置层叠结构的有限合伙，张玉良以一个注册资本只有区区10万元的公司（格林兰投资），通过一系列有限合伙的安排，轻松达到了四两拨千斤、蚂蚁拉火车的效果，实现了对188.8亿元庞大资产的控制。在图3-3中，格林兰投资是由绿地集团管理层43人出资10万元共同设立的。其中，张玉良是法人，也是普通合伙人，他的出资是6.8万元。根据披露，上海格林兰1至32有限合伙企业，其普通合伙人即执行事务合伙人是格林兰投资。格林兰投资在“壹有限合伙”到“叁拾贰有限合伙”这一系列有限合

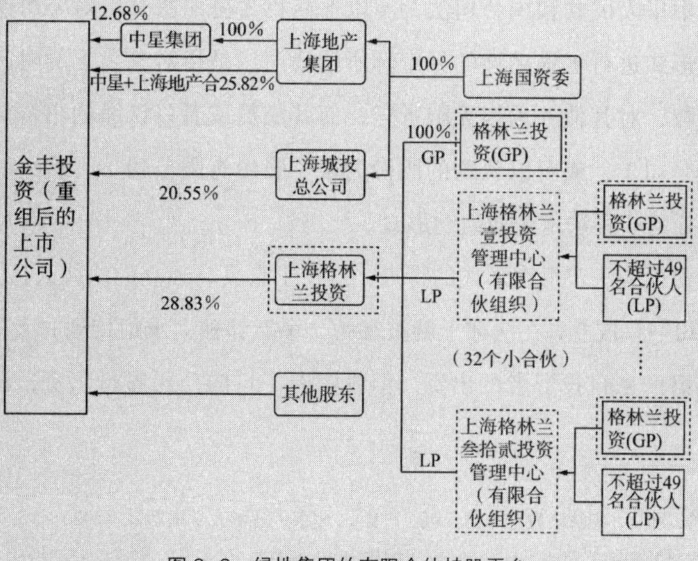

图3-3　绿地集团的有限合伙持股平台

伙企业中，作为普通合伙人，只象征性地出资 1 000 元即获得了管理权。这样，在一共 32 个有限合伙企业的安排中，格林兰投资累计出资额只有区区 3.2 万元。即格林兰投资以 3.2 万元控制了出资高达 3 759.74 万元的员工持股。这是关键安排的第一步。之后，格林兰投资又作为普通合伙人通过上海格林兰投资实现了对绿地上市公司 28.83% 股权的控制。

资料来源：绿地控股（600606.SH）的招股说明书。

注：[虚线框] 表示企业的法定组织形式为有限合伙。

绿地集团设立有限合伙持股平台的经典案例，凸显出创业者灵活运用有限合伙企业这一组织形式来融资的优势在于：创业者可以用很少的资金就控制有限合伙企业及其所持有的创新创业企业的股权。除此以外，有限合伙企业的利益分配机制可以通过合伙协议实现自由安排，所以其利益分配机制比普通合伙企业更灵活。[①] 在税收方面，由于有限合伙企业本身不征收企业所得税，持股平台上的有限合伙人即员工在退股时只需缴纳个人所得税即可。

（三）公司企业

《中华人民共和国公司法》（以下简称《公司法》）对公司这种法定企业组织形式进行了描述性的界定。所谓公司，是指对其名下的财产享有独立的财产权，对其债务承担无限责任，而其成员或者以认缴的出资额为限（有限责任公司），或者以认购的股份为限（股份有限公司），就组织债务承担有限责任的一种法定企业组织形式。[②]

公司这一法定组织形式的特点，就在于它具有独立的法律人格。[③] 也就是说，公司一旦成立，在法律上就被视为一个能够独立承担权利和义务的主体。虽然其财产来自投资者的出资，但投资者一旦向公司履行出资，该出资的所

① 刘天善，张力．经济法教程（第二版）［M］．北京：清华大学出版社，2020.

② 中华人民共和国公司法［M］．北京：中国法制出版社，2020.

③ 刘天善，张力．经济法教程（第二版）［M］．北京：清华大学出版社，2020.

有权就转换为公司所有，成为公司的独立财产。公司的独立法律人格，在商法上称为法人性。其隐含的前提是公司与股东之间的法律人格相互独立且两者的财产能够有效区隔。[①]公司具有独立的法律人格，还意味着公司的存续期间在理论上是永续的，不会因为投资者的退出或死亡而终止。

在公司这一法定组织形式下，创业者的投资风险是预先可控的。因为他们对公司存续期间产生的债务是以出资为限承担清偿责任，享受有限责任的保护。因此，公司尤其是股份有限公司，在集聚资本、吸收投资等方面具有更加良好的先天优势。在企业组织形式的发展历史上，公司这一组织形式的出现在很大程度上是为了解决多数人基于实现某一共同事业目的而集合起来的团体性问题。[②]因此，公司设立的基础在于多数人的结合，即公司的“社团性”。公司的“社团性”随后也产生了公司内部的产权多元化如何分立与制衡的难题。为此，《公司法》对公司治理提出了具体的要求。

《公司法》在第 2 条中承认了两种公司类型，即有限责任公司与股份有限公司；此外还规定了一种特殊的有限责任公司，即一人公司。一人公司是有限责任公司的特殊形式。鉴于投资者往往对一人公司在责权利等方面有误解，这里将其单独作为一类进行介绍。

1. 有限责任公司

有限责任公司是根据《中华人民共和国公司登记管理条例》规定登记注册，由 50 位及以下股东出资设立，每位股东以其所认缴的出资额对公司债务承担有限责任，公司以其全部资产对自身债务承担无限责任的经济组织。[③]以下将其简称为有限公司。

根据《公司法》的规定，采用有限公司这一法定组织形式的企业必须在公司名称中标明“有限责任公司”或者“有限公司”的字样。具体来说，有限公司通常具有如下特征：

（1）股东出资的非股份性，即公司资产并没有被划分为等额股份。这是有限公司区别于股份有限公司的重要特征。

---

①②③刘天善，张力．经济法教程（第二版）［M］．北京：清华大学出版社，2020.

（2）股东人数受到限制。《公司法》规定了有限公司股东人数的上限是50人。

（3）股东对公司债务承担有限责任。

（4）组织结构和公司治理自由且灵活。

（5）设立程序相对股份有限公司更为简单。

有限公司是具有法人资格的企业。它是中国创新创业企业在公司法定组织形式下所最常选用的具体形式。

选择有限公司这一形式来设立创新创业企业的优点有：设立程序比较简单，不必发布公告，不必公布账目（尤其是资产负债表可以不予公开），内部机构设置和公司治理都自由且灵活。

当然这一组织形式也有缺点。其缺点在于不公开发行股票，因此筹集资金的范围和规模相对较小，难以适应大规模创新创业融资的需要。

总体来看，有限公司适用于中小规模的创新创业企业。它既强调“资合性”，也强调“人合性”。①“资合性”是指有限公司的股东之间，存在着某种资本关系，这种关系即股东共同出资的关系。“人合性”是指在有限公司的股东之间，还存在着人际关系，这种关系即合作伙伴之间相互信任的关系。

2. 股份有限公司

股份有限公司是企业全部资本被划分为等额股份，股东以其所认购股份为限对公司债务承担有限责任的法人企业。以下将其简称为股份公司。

股份公司是典型的“资合”公司，适合于规模较大的创新创业企业。②其主要特征有：

（1）股东的出资具有股份性，即公司的全部资本被划分为等额股份。

（2）资本募集具有公开性，即可以通过向社会公开发行股票的形式来募集资本。当然，这也决定了其股东人数的广泛性。

---

① 珍妮特·K. 史密斯，理查德·L. 史密斯，理查德·T. 布利斯. 创业融资：战略、估值与交易结构[M]. 沈艺峰，等译. 北京：北京大学出版社，2017.

② 刘天善，张力. 经济法教程（第二版）[M]. 北京：清华大学出版社，2020.

（3）股东承担有限责任。

（4）组织结构和公司治理必须符合《公司法》的规范要求。

（5）公司的设立程序较为复杂，受到更多法律法规的制约。

《公司法》规定："设立股份有限公司应当有2人以上、200人以下的发起人。"[①]

从本质上讲，股份公司是一种特殊的有限公司。由于所有股份公司均是有限公司，但并非所有有限公司都是股份公司，所以在融资实务中，一般将前者特称为"股份公司"，将后者称为"有限公司"。

有限公司的股东只能在50人以下，这就限制了有限公司筹集资金的能力；而股份公司，尤其是上市公司，则可以将整个公司的注册资本分解为小面值的股票，从而可以吸引数目众多的投资者，特别是小型公众投资者。因此，相比而言，股份公司拥有大规模融资的能力和独立于股东的科学管理制度。股份公司正日益成为高科技领域创新创业企业所青睐的企业组织形式。[②③]

3. 一人公司

一人公司即股东人数为一个自然人或者一个法人的有限责任公司。国有独资公司可以被视为一人公司的特殊形式。

一人公司，是特殊的有限责任公司，其最为重要的特征在于股东人数的单一性。这决定了公司内部产权的单一化，也意味着依靠一人股东的内在监督机制难以对组织运营实现有效监管，必须借助于外在的监督机制进行公司治理。

《公司法》在第57条至第61条当中对创业者设立一人公司做出了规定。[④]

（1）第57条：一个自然人只能设立一个一人公司，且该一人公司不得衍生设立另外的一人公司。

（2）第58条：一人公司需在公司登记中注明自然人独资或法人独资，

---

① 中华人民共和国公司法［M］. 北京：中国法制出版社，2020.

② 珍妮特·K. 史密斯，理查德·L. 史密斯，理查德·T. 布利斯. 创业融资：战略、估值与交易结构［M］. 沈艺峰，等译. 北京：北京大学出版社，2017.

③ 刘天善，张力. 经济法教程（第二版）［M］. 北京：清华大学出版社，2020.

④ 中华人民共和国公司法［M］. 北京：中国法制出版社，2020.

并标注于公司营业执照上。

（3）第 59 条：每一会计年度都需要编制财务会计报告，并交会计师事务所审计。

（4）第 60 条：股东决议需采用书面形式，并由一人股东签名后置备于公司。

（5）第 61 条：实行有条件的有限责任制度，当股东不能证明公司财产独立于股东自己的财产时，应当对公司债务承担连带责任。

第二节　企业组织形式的选择

在现实生活中，创业者有的选择设立公司来运行创新创业企业，有的选择设立个人独资企业或合伙企业来运行创新创业企业。如果你是创业者，你会选择何种组织形式来运行自己的创新创业企业？在选择企业的法定组织形式时，你会考虑哪些因素？便利融资，会是影响你对企业法定组织形式选择的因素之一吗？本节从回答以上问题出发，首先介绍创业者为创新创业企业选择法定组织形式的常见依据，然后剖析企业法定组织形式与创新创业企业融资渠道、融资方式和融资产品选择的关联。

一、选择依据

在为创新创业企业选择法定组织形式时，创业者通常会考虑以下七个方面的问题，并据此做出自己的选择。

1. 考虑企业的存续期间

公司企业具有法人资格，在理论上能够永存；而个人独资企业和合伙企业是非法人企业，较易出现解散清算。例如，合伙企业可能因为部分成员退出而解散清算，个人独资企业则可能因创业者的生老病死或退出而解散清算。

2. 考虑对资本和信用的需求程度

创业者不要求较大的事业规模时，或者在创业者自有资本充足时，又或者创业者以个人信用为基础就可以获得所需筹集的资金时，可以选择设立个人独资企业；创业者有一定的资本但尚不充足，又不想使事业的规模太大，或者不想因扩大规模而受到市场等客观条件的限制时，可以选择设立合伙企业或有限公司；创业者实现创新创业设想所需资金规模巨大，并且希望经营规模化事业时，可以选择设立股份公司。

3. 考虑对企业利润和资产的权益形式

个人独资企业的创业者，对企业的财产和利润享有完全的所有权；合伙企业的合伙人，可以按投资占比对企业财产享有部分所有权，可以按合伙协议分配利润；而公司企业的股东，将出资所有权转让给公司后就不再拥有该财产（公司的财产独立于股东的财产），之后需要按公司章程的规定来分配税后利润。

4. 考虑是否能够享受有限责任的保护

个人独资企业的创业者无须和他人分享利润，但需要一人承担企业债务的无限责任；普通合伙企业的合伙人，在合伙协议没有进行特别规定的条件下，需要按各自的出资占比来分享企业利润和承担企业债务，并且合伙人还对公司债务负有连带责任；公司的股东可以按各自持股占比和持股种类来分享公司的利润，并且仅以股权投资的金额为限对公司债务或亏损承担有限责任。

5. 考虑企业的治理结构和治理规范化程度

较之于个人独资企业以及合伙企业，甚至是有限公司，股份公司的所有权和经营权分离现象更加突出。在商务实践中，股份公司的经营管理往往是交给职业经理人团队来负责的。因此，股份公司的治理更加正规化、职业化。创业者可以反思个人或者创业团队的管理经验，并基于此来选择企业组织形式以形成合适的企业治理。①

6. 考虑所有者权益的流动性

创业者可以在启动创新创业事业之前，就提前考虑自己是要经营一项长期的事业，还是要培育一个套现的项目。在不同企业组织形式下，创业者投

① 林传科，刘军，丁芹伟. 科学创业［M］. 北京：机械工业出版社，2019.

资权益转让的自由度不同。如果考虑在未来套现退出，也就是创新创业到一定阶段能够转让权益和退出企业，那么选择公司组织形式就更为合适。

7. 考虑税收负担

在西方发达国家，创业者选择企业组织形式时最关注的影响因素是税收。美国公司法教授帕米特（Palmiter，2017）认为，在美国创业者选择企业组织形式的过程中，这一因素是决定性的因素。[①] 各国税法普遍对公司企业、合伙企业和个人独资企业实行不同的纳税规定。例如，在中国，国家对公司的营业利润首先在企业环节上征收公司所得税，在税后利润作为股息分配给股东时还需征缴个人所得税；但是政府规定合伙企业和个人独资企业不需双重征税，即其营业利润不需征缴公司所得税，只征收个人所得税。因此，税收亦是影响中国创业者对企业组织形式选择的重要因素。不过，目前中国政府公布的大多数税收优惠政策都只适用于公司企业。如果同时综合考虑公司企业的税基、税率和税收优惠政策等多种因素，公司在税收上又表现出有利的一面。例如，国税发〔1997〕198 号文规定，股份制企业，股东个人所获资本公积转增股东所得可以不征个人所得税，这一点合伙制企业就不能享受；[②] 其次，在测算税收负担时，不能只看名义税率，还要看整体税率，由于股份公司施行“整体化”措施，有时它在整体税率上反而优于合伙企业。[③]

二、选择企业组织形式与创新创业企业融资的关系

以上七个因素，是创业者选择创新创业企业组织形式最关注的影响因素。反过来看，创新创业企业采取不同企业组织形式时，会在以上七个方面表现出显著的差异。这些差异将影响到创新创业企业对后续融资渠道、融资方式和融资产品的选择。

---

① Palmiter A.R.Corporate Governance as Moral Psychology［J］. Washington and Lee Law Review，2017，74（2）:1119-1158.

② 刘天善，张力 . 经济法教程（第二版）［M］. 北京：清华大学出版社，2020.

③ 林传科，刘军，丁芹伟 . 科学创业［M］. 北京：机械工业出版社，2019.

从融资需求来看，经营规模较小且资金需求也较小的创新创业项目应选择个人独资的企业组织形式；受技术、市场和客户限制，资金需求规模有限但又较大的创新创业项目应选择合伙的企业组织形式；期望能够不断成长和实现多轮融资从而实现较大规模事业的创新创业项目，应选择有限公司或股份公司的企业组织形式。

一旦选择了特定的企业组织形式，在创新创业企业产生融资需求时，企业组织形式就又会反过来影响企业的融资实践。例如，个人独资企业无法通过吸纳股权资金来筹资；合伙企业因合伙人须对企业债务承担无限连带责任，而无法实现大规模的债务融资；有限公司无法公开发行股份并筹集大规模的股权资金；股份公司很少基于股东个人信用筹集资金。

三、选择企业组织形式的综合分析

投资者在选择企业组织形式时，需要对多项影响因素进行综合分析。

具体来说，如果设立个人独资企业，那么投资者可以对企业的经营管理享有充分的自主权，但对企业债务承担无限责任。同样是投资者独自出资，与个人独资企业相比，一人公司的风险控制优势更为突出，因为它实行的是有条件的有限责任制度，但是它在财务方面必须遵循公司治理的要求，不如个人独资企业灵活。按照《个人独资企业法》的规定，个人独资企业只需依法设立会计账簿，且不要求该会计账簿必须经会计师事务所审计。在节税优势方面，个人独资企业只缴纳个人所得税，而一人公司除了缴纳企业所得税外，在分红时还需要股东再次缴纳个人所得税。个人独资企业和一人公司都无法进行股权融资。与此同时，由于债务融资风险过于集中，它们的债务融资能力也非常有限。个人独资企业和一人公司更适合于融资需求规模较小的创新创业企业。

如果设立普通合伙企业，那么投资者对企业债务承担无限连带责任，每位普通合伙人对合伙企业均享有平等的经营管理执行权，对外均能代表合伙企业。普通合伙企业，适合于合伙人之间具有高度信任关系的创新创业团队。

在企业运营过程中，各普通合伙人之间必须能够团结协作、相互包容、损益共担。如果创业者想全面控制创新创业企业的经营管理，又希望引入财务投资者实现资本联合，那么设立有限合伙企业可能就是一个不错的选择。而且，从税收负担来看，较之于公司企业，合伙企业在税收方面可以免于双重纳税，更有优势。除此以外，有时有限合伙企业还常被用作创新创业企业吸收个人投资者融资的平台，或被用作为骨干员工提供股权及期权激励的持股平台。

与个人独资企业、一人公司和合伙企业相比，有限公司的企业组织形式更有利于实现创新创业企业的融资。如果设立有限公司，那么投资者能够得到有限责任的保护。但是与设立股份公司相比，有限公司兼具“资合性”和“人合性”，也就是说设立有限公司时创业者所寻求的合作伙伴也应当要有高度的信任关系。在实践中，许多有限公司的股东因公司经营决策产生分歧与矛盾造成有限公司的运营陷入僵局，从而导致了创新创业企业的失败。股份公司将投资者的资本划分为等额股份，这使它的股份转让与其他企业组织形式相比，自由度更高，因而股权融资能力更强。此外，《公司法》对股份公司的公司治理提出了更高的要求，因此股份公司往往引入职业经理人负责公司治理，管理决策也更加科学。但是股份公司的设立程序非常复杂，运行成本较高，通常只适合于初创时就需要达到规模经济的或者已经具有一定规模的、成长型的创新创业企业。对大多数普通的初创企业而言，股份公司这一企业组织形式不一定是最优的选择。

总之，作为创业者除了具有创业的勇气，还要找到有共同梦想的伙伴、有成长的项目，并且也要充分考虑创新创业团队的权益架构、责任承担和融资便利等，从而选择一种最为恰当的企业组织形式。

第三节　企业组织形式与创新创业优惠政策

创业者要想取得创新创业的成功，除了依靠自身努力外，还要学会“拼凑”并利用各种外在的有利条件。其中一个非常重要的外部条件，就是国家支持创新创业的各类政策。只有了解国家对创新创业的产业政策、财政政策和税收政策，才能为企业争取到财政贴息、研发资助和税收优惠等，从而让创新创业之路变得更加平坦。本节首先介绍国家对创新创业的普适性优惠政策，接着专门介绍针对大学生群体的创新创业优惠政策，最后介绍大学生创新创业如何申请就业创业证。

一、普遍适用的创新创业政策

推进“大众创业、万众创新”，是当代中国经济发展的动力来源，也是富民之道、公平之计、强国之策。创业者需主动且多方面地了解各级政府为创新创业企业所提供的普适性优惠政策。到 2019 年 6 月，中国政府已针对创新创业主要环节和关键领域陆续推出了 89 项税收优惠措施。这些税收优惠政策覆盖创新创业企业发展的整个生命周期，其详细内容收录在中国税务总局网站的《“大众创业、万众创新”税收优惠政策指引》（http://www.gov.cn/xinwen/2019-06/19/content_5401642.htm）一文中。主要包括以下四个方面。

1. 提供免费创新创业培训的政策

目前中国有很多地市级政府正在建立满足城乡各类劳动者创新创业需求的培训体系，以逐步将所有具有创新创业愿望的劳动者纳入培训体系。参加创新创业培训的创业者，可以按照有关政策的规定享受职业培训补贴。对于领取失业保险金人员参加创新创业培训的，按规定也可以享受职业培训补贴，该补贴由当地失业保险基金支付。对参加创新创业培训的大学毕业生，提供创办企业、经营管理等培训，并且增设信息技术、现代农业等领域的课程，推荐适合发挥毕业生专长的创业项目，提供创新创业的全程咨询辅导、跟踪扶持、成果转化等“一条龙”服务。

2. 提供免费或低成本创新创业场地的政策

中央以及各级政府都为便利创新创业企业的经营和办公，制定了提供免费或低收费场地的优惠政策，包括：

（1）按照法律法规规定的条件和程序，我国大部分地区都允许创业者将家庭住所、租借房、临时商用房等作为创新创业的经营场所，以尽可能地让创业者在创新创业过程中降低成本费用。

（2）各级政府及国土规划、城管等有关部门要统筹安排劳动者创新创业所需的生产经营场地，搞好基础设施及配套建设，优先保障创新创业用地。

（3）按照有关政策规定，各地政府可在土地利用总体规划确定的城镇建设用地范围内，利用原有经批准的经济技术开发区、工业园区、高科技园区、大学科技园区、小企业孵化园等建设创业孵化基地。在创新创业氛围较为活跃的一些城市和地区，科技园区、开发区以及大量的创业孵化器都为创业者安排了免费或公益性办公用房或工位。

3. 便利创新创业信贷的政策

自正式提出“大众创业、万众创新”以来，政府在不断努力加强创业资金保障，落实创业担保贷款、创业补贴等方面的优惠政策。根据《中华人民共和国就业促进法》的规定，登记失业人员、残疾人、退役士兵以及毕业两年以内的普通高校毕业生，均可按规定程序，向经办金融机构申请小额担保贷款。在贷款额度上，经办金融机构对创业者个人发放的小额担保贷款的最高额度已经由最初的 2 万元提高到了 5 万元；妇联还把妇女创新创业贷款的额度提高到了 8 万元。对符合条件的劳动密集型小企业的创新创业政策贷款，最高贷款额度也已由不超过100万元提高到了不超过200万元。在国家层面上，中央财政会在综合考虑各地财政部门当年小额贷款担保基金增长和代偿情况等因素的基础上，每年从小额担保贷款贴息资金中安排一定比例的资金用于对地方财政部门、小额担保基金的奖补，并对小额担保贷款工作业绩突出的经办金融机构、担保机构、信用社等单位提供经费补助。

4. 减免行政收费的政策

创新创业初期是最艰难的阶段，国家出台了很多关于减免行政收费的政策。根据规定，凡从事个体经营的，自其在工商部门首次登记注册之日起三年内免除管理类、登记类和证件类的有关行政事业性收费。

在新冠肺炎疫情冲击之下，政府又于 2021 年初，推出了新的针对小微企业的普惠性减税措施，涉及增值税、企业所得税等多个税种，覆盖创新创业企业经营的各个方面。可以说，创新创业企业正迎来“套餐式”的减税降费优惠政策。近日，国家税务总局还正式发布了文件《小微企业普惠性税收减免政策 100 问》。为促进创新创业企业走上“专精特新”发展之路，国务院促进中小企业发展工作领导小组又发布了文件《为“专精特新”中小企业办实事清单》。

创业者一定要及时阅读各类与创新创业相关的政策文件，以积极为自己的创新创业企业争取到国家各类政策的扶持。

二、针对大学生的创新创业优惠政策

除了那些普遍适用的创新创业优惠政策以外，中央以及各级地方政府还出台了专门支持大学生创新创业的优惠政策。大学生在开展创新创业之前，最好能够提前了解这些专项优惠政策。

1. 针对大学生创新创业群体的信贷优惠政策

其主要有两种。

（1）政策类信贷产品。按政策要求，国有商业银行、股份制银行、城市商业银行和有条件的城市信用社，应为自主创新创业的高校毕业生提供小额信贷。大学生申请政策类信贷产品的办理程序简化、结算便利，且利率低于正常的商业贷款。

（2）专项小额信贷产品。大学生创新创业专项贷款的贷款额度一般在 5 万元左右，贷款期限最长为两年，到期后确定需要延长贷款期限的，还可以申请延期一次。有些地方政府甚至为大学生申请专项小额信贷产品提供贴息。

2. 针对大学生创新创业群体的税收优惠政策

其主要有三种。

（1）凡高校毕业生从事个体经营的，自当地工商部门批准其经营之日起 1 年内免交税务登记证工本费。

（2）新成立的城镇劳动就业服务类企业，当年安置待业人员和办理失业登记的高校毕业生超过企业从业人员总数 60% 的，经相关主管税务机关批准，可免纳所得税 3 年。

（3）劳动就业服务企业免税期满后，当年新安置待业人员占企业从业人员总数 30% 以上的，经相关主管部门批准后可减半缴纳所得税两年。

3. 针对大学生创新创业群体的产业优惠政策

其主要有三种。

（1）大学毕业生创办咨询业、信息业、技术服务业的创新创业企业或经营单位，提交申请并且经税务部门批准后，可免征企业所得税两年。

（2）大学毕业生创办从事交通运输、邮电通信的创新创业企业或经营单位，提交申请并且经税务部门批准后，第一年免征企业所得税，第二年减半征收企业所得税。

（3）大学毕业生创办从事公用事业、商业、物资业、对外贸易业、旅游业、物流业、仓储业、居民服务业、餐饮业、教育文化事业、卫生事业的创新创业企业或经营单位，提交申请并且经税务部门批准后，可免征企业所得税 1 年。

在申领就业创业证并设立创新创业公司即法人企业后，大学生才可以享受到各级政府为大学生群体专门提供的创新创业启动资金、研发补助、税收减免、咨询服务等方面的大力扶持。

高校毕业生在校期间可以凭学生证，向公共就业服务机构按规定申领就业创业证，或委托所在高校就业指导中心向公共就业服务机构按规定代为申领就业创业证；毕业年度内的高校毕业生在离校后，可以直接向公共就业服务机构按规定申领就业创业证。

除国家的统一专项优惠政策以外，各级政府还纷纷为大学生创新创业群体制定了多种优惠政策。不过，区域性政策的差异较大，登记注册地点不同，大学生创新创业企业可享受的地方优惠政策也不同。大学生要合理选择创新创业企业的登记注册地点。

企业家的责任是优化社会资源配置并实现资源的更高价值。国家和各级地方政府为大学生群体创新创业所提供的优惠政策，也是资源的一种形式。大学生需要思考如何用活用好国家和各级地方政府的专项优惠政策。

三、优惠政策适用的企业组织形式

需要注意的是，国家对创新创业企业的优惠政策大多适用于公司企业。例如，国税发〔1997〕198号文规定：对于股份有限公司，其股东个人所获资本公积转增股东所得，不征个人所得税。这一点合伙制企业和个人独资企业就不能享受。此外，大学生创新创业的优惠政策，不仅要求设立公司企业，还要求能够提供就业创业证等证明文件。① 例如，财政部、国家税务总局发出的《关于支持和促进就业有关税收政策的通知》明确指出，自主创新创业的毕业生从毕业年度起可享受3年税收减免的优惠政策，但是要想享受国家以及各级地方政府所提供的众多优惠政策，大学生创业者必须在创新创业企业的注册设立阶段，就按照相关要求完成就业创业证的申领，并携带就业创业证完成公司企业即法人企业的注册设立。

开放思考

1. 什么是企业组织形式？它和商业模式有何不同？

2. 哪些因素会影响创业者对创新创业企业组织形式的选择？

3. 假设你是一位年近70岁的企业家冯伦汀，请你根据情境案例思考：应如何重新选择企业的法定组织形式？

情境案例

冯伦汀拥有一家经营得十分成功的汽车4S经销商店。15年来，冯伦汀一直坚持独资经营，身兼所有者和管理者两职。现在他已经快要70岁了，打算从管理岗位上退下来，但是他希望汽车经销商店仍能掌握在家族手中，他的长远目标是将这份产业留给自己的子孙。

① 李国强，刘君．大学生创新创业基础［M］．北京：机械工业出版社，2019.

为了能够选择正确的改制后的企业组织形式，冯伦汀考虑了自己对个人独资企业进行改制的目标，包括五个方面。

1. 所有权。冯伦汀希望他的两个儿子各拥有25%的股份，5个孙子各拥有10%的股份。

2. 存续能力。冯伦汀希望即使发生儿孙死亡或放弃所有权的情况，也不会影响企业经营的存续性。

3. 管理。当冯伦汀退休后，他希望将产业交给一位长期服务于商店的雇员乔经理来管理。虽然冯伦汀希望家族保持产业的所有权，但他并不相信他的儿子有足够的时间和经验来完成日常的管理工作。事实上，他认为自己的两个儿子根本不具备经济头脑，所以并不希望他们参与管理工作。

4. 所得税。冯伦汀希望改制后的新组织形式可以尽可能减少他的儿孙们应缴纳的所得税，并且希望每年的经营所得都可以尽可能多地分配给所有股东。

5. 所有者的债务。冯伦汀知道，经营汽车4S经销商店会出现诸如对顾客汽车修理不当，而发生车祸之类的意外事故，这要求企业有大量的流动资金。虽然企业已投了相应的保险，但冯伦汀还是希望确保在商店发生损失时，儿孙们的个人财产不受任何影响。

实践作业

1. 为你之前所设想的创新创业项目选择一个法定组织形式，解释你做出选择的依据或理由。

2. 创新创业企业可以享受多种优惠政策，请搜索并整理与大学生创新创业有关的具体政策文本，阅读并指出：你认为哪一类优惠政策对自己的创新创业项目最有帮助？试着和同学相互交换意见，并就你们意见的不同之处进行讨论。

第四章

个人独资企业的设立与融资

如果创业者想设立一家个人独资企业，那么首先需要进行个人独资企业的登记注册。登记注册是一件比较复杂的工作，涉及多个行政管理部门以及多种法律法规。在这一过程中，如果某一流程环节出现问题，就会大大地拖慢个人独资企业的登记注册进程。本章首先介绍个人独资企业的设立条件、经营范围和注册流程，接着介绍个人独资企业的常见融资方式，最后介绍个人独资企业的解散和清算流程。

第一节　个人独资企业的设立条件和经营范围

根据《个人独资企业法》的规定，国家对个人独资企业的设立，在立法上采取准则主义。即只要符合法律法规规定的设立条件，无须经过特别批准就可以直接办理个人独资企业的登记注册。[①]

一、设立条件

设立个人独资企业的法定条件有：

（1）投资者为一个自然人，且只能是中国公民。

第一，投资者只能是自然人，不包括法人。

① 刘天善，张力．经济法教程（第二版）［M］．北京：清华大学出版社，2020.

第二，投资者只能是中国公民，但不包括港、澳、台同胞。

第三，国家公务员、党政机关领导干部、法官、检察官、警官、商业银行工作人员等，不得投资设立个人独资企业。

（2）有合法的企业名称。个人独资企业的名称中不能出现“有限”“有限责任”或者“公司”字样。

（3）有固定的生产经营场所和必要的生产经营条件。

（4）有必要的从业人员。

（5）有投资者申报的出资。

除此之外，中国商事法律对于设立个人独资企业的出资也提出了具体要求：

（1）投资者可以用货币出资，也可以用实物、土地使用权、知识产权或者其他财产权利出资，但不能以“劳务”出资。①

（2）投资者可以用个人财产出资，也可以用家庭共有财产出资。在申请设立个人独资企业时，明确以家庭共有财产作为出资的，应当依法以家庭共有财产对企业债务承担无限责任。②

二、工商行政部门公布的参考经营范围

工商行政部门为设立个人独资企业的投资者，提供了参考的企业经营范围。也就是说，业务在如下三类经营范围内的企业比较适合登记注册为个人独资企业。

第一类是从事销售化妆品、首饰、文具用品、家具、花卉、机械设备、体育用品、工艺品、日用品、计算机、软件及辅助设备、电子产品、通信设备、家用电器、建筑材料、玩具、服装、鞋帽、箱包、针纺织品等业务的企业。

第二类是从事商务信息咨询（国家有专项规定的除外）、劳务信息咨询、

---

① 中华人民共和国个人独资企业法［M］. 北京：中国法制出版社，2001.

② 刘天善，张力 . 经济法教程（第二版）［M］. 北京：清华大学出版社，2020.

教育咨询（不含出国留学咨询及中介服务）、企业管理咨询、投资咨询、市场营销策划、公关礼仪策划、文化交流艺术活动策划、企业形象策划、广告策划、市场调查服务、商业贸易服务、会议会展服务、礼仪服务、健康管理服务（须经审批的诊疗活动除外）、摄影服务、扩印服务、翻译服务、婚姻服务（不含涉外婚姻）等业务的企业。

第三类是从事（计算机、网络、信息）技术领域内技术开发、技术转让、技术咨询和技术服务等业务的企业，或从事电子商务、餐饮管理、酒店管理、房地产或房屋租赁中介及代理等业务的企业。

第二节　个人独资企业的注册流程

通过传统的登记注册流程来设立一家个人独资企业，其程序步骤非常复杂，不仅涉及多个行政管理部门以及多种法律法规文件，还需要创业者多次到现场办理相关手续。相比而言，通过新兴的电子注册流程来设立个人独资企业，则非常便捷。创业者可以通过网络端提交相关电子信息而完成大部分的注册流程。本节首先介绍在工商行政主管部门申请设立个人独资企业的传统注册流程，然后介绍通过政府官网申请设立个人独资企业的电子注册流程。

一、传统注册流程

在明确设立条件和经营范围的前提下，投资者可以按照图 4-1 所示的传统流程在工商行政管理部门完成个人独资企业的登记注册。

首先，向当地登记机关提出设立个人独资企业的申请。申请设立个人独资企业，应当由投资者或者其委托的代理人提出设立申请。在申请中，通常需要首先提交企业名称，以供预先核准之用。建议创业者多想几个备选的企业名称。如果填写申请资料时只提交一个核准名称，很可能由于重名、不符合相关要求等原因而无法完成企业名称的核准。若因企业名称重名等原因，

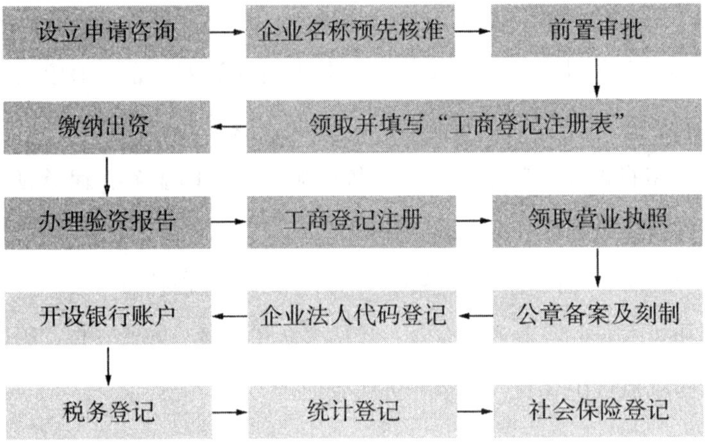

图 4-1　个人独资企业登记注册的传统流程

设立个人独资企业的申请被驳回，创业者需要重新提交待核准的新名称。完成企业名称的核准之后，投资者还需要填写个人独资企业登记注册的“工商登记注册表”，并且明确填写生产或经营地址、具体的经营范围等。最后还需要完成注册资金验资，领取验资报告，提供个人身份证复印件等。

工商行政登记机关，应当对符合法定条件的个人独资企业的设立申请予以批准，给予登记注册，并发给营业执照；对不符合法定条件的，则不予登记注册，并发给登记驳回通知书，在通知书中告知驳回的原因。

个人独资企业营业执照的签发日期，即是个人独资企业成功设立的日期。按照法律规定，在领取个人独资企业营业执照之前，投资者不得以个人独资企业的名义从事经营活动。

事实上，取得营业执照只是完成了个人独资企业登记注册程序的一部分。要想成为合法运营的个人独资企业，在领取营业执照之后，创业者还需要进行公章、财务章、法人章、发票专用章的刻制和备案；然后，以营业执照登记号码即社会信用代码，预约银行进行基本户开设；接着，带好营业执照原件及复印件，开户银行的开户许可证原件及复印件，投资者的身份证原件及复印件，实际经营场地的租赁合同复印件及产权证复印件，公章、发票专用章等，到税务部门办理税务登记；最后，还要到社保部门办理统计登记和社会保险登记。

二、电子注册流程

为简化设立一家新企业的登记注册手续，缩短创业者的办事时间，提高创新创业企业的市场准入效率，中央及各级地方政府不仅推行了“三证合一”，还提供了电子注册服务。

这里以在江苏省市场监督管理局官方网站（scjgj.jiangsu.gov.cn）的电子注册服务为例，来介绍个人独资企业登记注册的电子流程。如图 4-2 所示，创业者可以直接登陆江苏省市场监督管理局官网，选择“服务”—“网上办事”点击进入，然后选择设立一家个人独资企业。

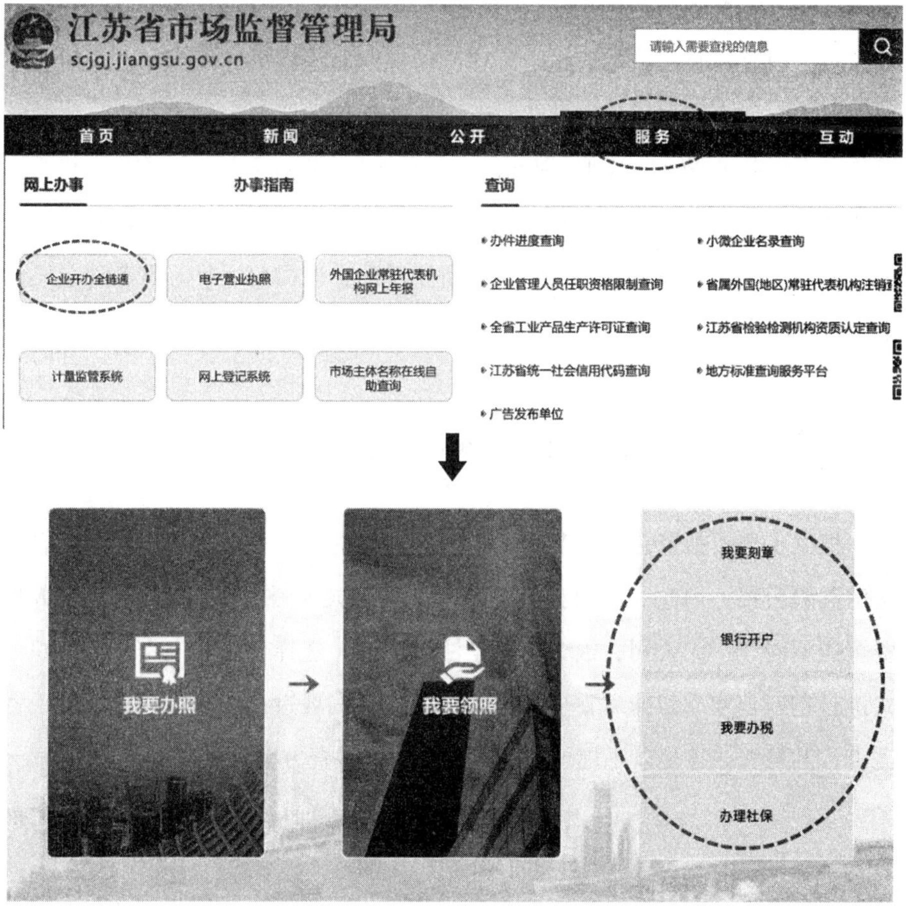

图 4-2 个人独资企业登记注册的电子流程

创业者可以首先在江苏省市场监督管理局官网的“网上办事”页面选择“企业开办全链通”，然后点击“我要办照”选择要申请设立的企业组织形式并填写相关信息、上传有关资料。

完成资料填写、上传资料之后，创业者等待网上公布审批结果即可。一旦审核通过，创业者就可以在江苏省市场监督管理局官网“企业开办全链通”页面，点击“我要领照”来下载电子营业执照。

接着，还需要按操作提示，通过该页面的链接分别在工商、银行和税务部门的网站上预约刻章、银行开户和税务开户，并且需要按照预约到工商、银行和税务部门领取公章、发票专用章、银行开户许可证、税务发票等。

最后，再通过链接到社保部门的网站办理统计登记和社会保险登记。

对于创业者而言，电子注册流程比传统注册流程更加便捷和节省时间。即使如此，创业者也还是很可能对新企业的登记注册流程较为陌生，依然觉得整个流程走起来较为困难。因此，有些创业者会选择委托第三方代办机构，来代其完成个人独资企业的登记注册。第三方机构代为完成创新创业企业登记注册的一个优点在于，可以同时为新注册的企业提前安排好财务外包、人事外包等职能活动。

第三节 个人独资企业的融资

根据《个人独资企业法》，在中国境内设立个人独资企业的投资者必须是中国籍公民。因此，外商独资企业并不是个人独资企业。① 同时，个人独资企业不同于一人公司，因为它不是法人企业。选择个人独资企业的组织形式进行创新创业，意味着在创新创业企业成长发展过程中，创业者如有融资需求，其融资往往是以小规模且高成本的债务融资方案为主。

---

① 刘天善，张力 . 经济法教程（第二版）［M］. 北京：清华大学出版社，2020.

一、个人独资企业的融资目的

虽然个人独资企业进行融资的基本目的都是为了自身生产与资本经营的维持和发展，但其实每一项融资又都有具体而特殊的动机。例如，有些个人独资企业是为了正常生产经营的流动资金周转而进行融资；另一些个人独资企业是为了添置设备、扩大规模、引进新技术或开发新产品而进行融资；还有些个人独资企业可能是为了偿付投资者的个人债务而进行融资。无论个人独资企业的融资活动是受何种具体动机驱使，可以说其融资的最终目的都是为了实现投资者价值的最大化。

二、个人独资企业的常见融资方式

个人独资企业是企业制度序列中最初始和最古典的组织形式。它也是大多数中国民营企业选择的启动期企业组织形式。

选择个人独资来设立创新创业企业的主要优点是企业资产所有权、控制权、经营权、收益权高度统一。这非常有利于保护与生产经营有关的秘密或配方，有利于创业者个人创业精神的发扬。但是，个人独资企业难以筹集到大量的资金[①]，创业者必须自负盈亏，并且需要对企业债务负无限责任。

从企业融资视角来看，个人独资企业的组织形式，会限制创新创业企业可选择的融资渠道、融资方式和融资产品，从而限制创新创业企业在未来的成长扩张和大规模经营。一方面，创业者的个人资产有限，以个人名义借贷的难度较大、风险较高，且成本较高，银行等传统金融机构从风险控制角度出发并不太愿意向个人独资企业及其创业者提供贷款。民间借贷、网络借贷等融资渠道所提供的资金成本又比较高昂。例如，几年前网络小额贷款的年化利率曾一度高达 12%~18%。另一方面，个人独资企业的所有权和经营权高度统一，不能公开地在市场上进行股权转让以实现权益融资。因此，个人独

① 珍妮特·K. 史密斯，理查德·L. 史密斯，理查德·T. 布利斯. 创业融资：战略、估值与交易结构[M]. 沈艺峰，等译. 北京：北京大学出版社，2017.

资企业通常更倾向于选择新兴的互联网渠道的债务融资产品，且其债务融资能力主要取决于创业者的个人信用。

在融资实践中，个人独资企业常用的具体融资方式有网络借贷、民间借贷以及独资购买（即整体转让企业权益）这三种方式。网络借贷和民间借贷，在第一章概论中已有介绍，以下仅简单介绍独资购买这种融资方式。所谓独资购买，是指个人独资企业的投资者将企业 100% 的所有权转售给他人，并在出售全部所有权后不再作为企业所有者的一种融资方式。《个人独资企业法》第 17 条规定："个人独资企业投资人对本企业的财产依法享有所有权，其有关权利可以依法进行转让或继承。"据此，个人独资企业的创业者可以通过依法转让企业而为创新创业企业的成长发展引入权益资金。不过，创业者转让个人独资企业的行为，将改变该企业的投资主体，从而往往被视为原企业的消灭和新企业的产生。

总体来看，个人独资企业是中小微企业，其融资规模较小，且具有"短、急、快"的特点。银行贷款的审核程序繁琐，这使大多数个人独资企业不得不选择融资成本较高的民间借贷或网络借贷方式。中国银监会 2019 年上半年的测算数据显示，国内银行贷款的主要投向是大型企业或国有企业，大型企业的贷款覆盖率为 100%，中型企业为 90%，小型企业仅为 20%。① 不过，随着国家对大学生群体创新创业的支持力度不断提高，大学生所设立的个人独资企业也可以考虑通过政府提供的专项创业贷款实现债务融资。

第四节　个人独资企业的解散和清算

随着"大众创业、万众创新"的兴起，越来越多的创业者设立了自己的企业。其中，不少创业者选择设立个人独资企业。然而，创业维艰。很多势单力薄的个人独资企业在经历短暂的生存之后，由于各种原因，不得不停止经营，甚至彻底打消继续经营的念头。创业失败，也是比较常见的

① 朱瑞丰 . 从 0 到 1 开公司［M］. 北京：人民邮电出版社，2020.

情况。如果创业者打算退出个人独资企业或者面临企业经营不善而导致破产倒闭的，那么他还需要学习启动个人独资企业解散和清算的程序。留得青山在，不怕没柴烧。一次成功的失败撤退，也使下一次创新创业的启程成为可能。

一、个人独资企业的解散

个人独资企业的解散，是指个人独资企业因出现某些法律事由而导致其民事主体资格消灭的行为。解散仅是企业消灭的原因，但企业不会因解散而立即消灭。根据《个人独资企业法》第 26 条[①]的规定，个人独资企业有下列情形之一时，应当解散。

1. 投资者决定解散

这是个人独资企业解散的任意原因。只要不违反法律规定，投资者有权决定在任何时候解散个人独资企业。

2. 投资者死亡或者被宣告死亡，无继承人或者继承人放弃继承

在投资者死亡或宣告死亡的情况下，如果其继承人继承了个人独资企业，则企业可继续存在，只需办理投资者的变更登记。但若出现无继承人或全部继承人均决定放弃继承的情形，个人独资企业将失去继续经营的必备条件，故应当解散。

3. 被依法吊销营业执照

这是个人独资企业解散的强制原因。被处以吊销营业执照的处罚的原因包括：个人独资企业存在提交虚假文件以欺骗手段取得登记且情节严重的行为；存在涂改、出租、转让营业执照情节严重的行为；存在成立后无正当理由超过 6 个月未开业，或开业后自行停业连续 6 个月以上的行为等。

4. 法律、行政法规规定的其他解散情形

① 中华人民共和国个人独资企业法［M］. 北京：中国法制出版社，2001.

二、个人独资企业的清算

如前所述，解散仅仅是个人独资企业消灭的原因，但个人独资企业并不会因解散事实的发生而立即消灭。个人独资企业的清算程序就是处理解散企业未了结法律关系的程序。清算结束，进行注销登记，个人独资企业才正式消灭。

清算的一般程序如下：

1. 清算人的产生

清算人是指清算企业中执行清算事务及对外代表者。清算企业因解散而丧失经营活动的能力，不能继续开展经营活动，只存在清算事务。此时，需要由清算人代表清算企业去处理那些需要被了结的内外关系，尤其是债权债务关系。

投资者可以自行清算或者由债权人向人民法院申请指定清算人进行清算。《个人独资企业法》第27条①规定："个人独资企业解散，由投资者自行清算或者由债权人申请人民法院指定清算人进行清算。"因此，个人独资企业的清算原则上以投资者为其清算人，但若经债权人向人民法院提出申请，也可以指定投资者以外的人为清算人。

2. 启动通知与公告程序

清算人应当在清算前15日内书面通知债权人，无法通知的，应当予以公告。债权人应当在接到通知之日起30日内，未接到通知的应当在公告之日起60日内，向投资者申报其债权。

3. 启动清产偿债程序

清算人应在债权人申报债权后清理企业的债权、债务。在清算期间，个人独资企业不得开展与清算目的无关的经营活动。在清偿债务前，投资者不得转移、隐匿财产。个人独资企业及其投资者在清算前或清算期间隐匿或转移财产、逃避债务的，依法追回其财产，并按照有关规定予以处罚；构成犯

① 中华人民共和国个人独资企业法［M］. 北京：中国法制出版社，2001.

罪的，追究其刑事责任。

4. 确定财产清偿顺序并进行财产清偿

个人独资企业解散的，财产应当按照下列顺序清偿。

（1）所欠职工工资和社会保险费用。

（2）所欠税款。

（3）其他债务。

个人独资企业财产不足以清偿债务的，投资者应当以其个人的其他财产，甚至是家庭财产予以清偿。

5. 启动注销登记程序

根据《个人独资企业法》第 32 条①的规定："个人独资企业清算结束后，投资者或者人民法院指定的清算人应当编制清算报告，并于 15 日内到登记机关办理注销登记。注销登记一旦完成，个人独资企业即告消灭。"

6. 遵守责任消灭制度

个人独资企业解散后，原投资者对个人独资企业存续期间的债务仍应承担偿还责任，但债权人自个人独资企业解散后 5 年内未向债务人提出偿债请求的，该责任自动消灭。

开放思考

1. 个人独资企业和个体工商户有何区别？

2. 创业者通常需要为个人独资企业的登记注册提前准备哪些信息和资料？

3. 为何个人独资企业更容易碰到融资难题？

4. 创新创业面临较高的失败风险，很多成功的创业者都曾有过失败的经历。如果创新创业失败，创业者应如何对个人独资企业进行解散和清算？

---

① 中华人民共和国个人独资企业法［M］. 北京：中国法制出版社，2001.

实践作业

1. 通过到工商行政主管部门实地走访或者到政府网站进行电子登记注册，了解个人独资企业的设立条件和注册流程。

2. 基于模拟设立个人独资企业的体验，提出优化个人独资企业登记注册流程的建议。

3. 阅读情境案例并回答下列思考问题：

（1）老张可否自行决定解散该个人独资企业?

（2）若案例企业解散，应由谁负责进行清算?

（3）在个人独资企业解散后，15 万元的债务应由老张承担，还是小王承担?为什么?

（4）在个人独资企业解散后，其财产应按什么顺序进行清偿?

（5）如果个人独资企业的财产不足以清偿债务，应该怎么办?

情境案例

×× 个人独资企业由投资人老张自行经营，开业前三年共盈利 10 万元。后因投资人老张家庭原因无法自行管理企业，便委托小王代为管理企业。由于小王不懂经营管理，该企业连年亏损，至今共欠债 15 万元。×× 个人独资企业已经很难再继续经营下去，故而准备进行解散清算。

第五章
合伙企业的设立与融资

合伙企业，是指自然人、法人和其他组织依照《合伙企业法》在中国境内设立的，由两个或两个以上合伙人通过订立合伙协议，共同出资经营、共负盈亏、共担风险的企业组织形式。① 合伙企业无法人资格，不缴纳企业所得税，但需要缴纳个人所得税。合伙企业的类型有普通合伙企业和有限合伙企业。其中，普通合伙企业又包含了特殊的普通合伙企业这种形式。本章首先介绍注册设立普通合伙企业和有限合伙企业的法定条件，然后介绍合伙企业的运营管理，接着介绍合伙企业常用的融资方式，最后介绍合伙企业的入伙和退伙。

第一节　合伙企业的注册设立

注册设立一家合伙企业，与注册设立一家个人独资企业有不同的条件要求，但其传统或电子注册流程却是相似的。因此，本节只介绍注册设立合伙企业的相关法律要件，而不再重复介绍其注册流程。

一、普通合伙企业注册设立的条件

从合伙企业的相关法律法规来看，注册设立一家普通合伙企业，需要同时具备主体条件、合伙协议、物质条件、企业名称和经营条件。

---

① 中华人民共和国合伙企业法·实用版（2018 版）［M］. 北京：中国法制出版社，2020.

1. 主体条件

按照《合伙企业法》的规定，设立普通合伙企业的合伙人须为 2 人以上，人数无上限规定。[①] 合伙人可以是自然人，也可以是法人或其他组织，但是国有独资公司、国有企业、上市公司以及公益性的事业单位和社会团体不得成为合伙人。

2. 合伙协议

合伙协议是创业者及其合作伙伴为了实现共同事业，围绕彼此之间的权责利进行事先安排的一份至关重要的法律文件。它需要全体合伙人签名或签名盖章后才能生效。各位合伙人都必须遵守合伙协议，并根据合伙协议享有权利和履行义务。因此，合伙协议的修订或补充须经全体合伙人一致同意，除非合伙协议另有约定。

创业者要高度重视合伙协议的拟定，以对合伙企业的运营管理等方方面面提前做出妥善安排。除了需要有好项目、创业激情以及找到有共同梦想的合作伙伴之外，创业者还需要从法律的层面，对各位合伙人的损益分配、权利义务进行明确界定和公正安排。合伙协议可以为创业者提前做好对其他合伙人的预期管理提供工具。

从合伙协议的具体内容来看，其内容通常包括但不限于：合伙企业的名称和主要经营场所；合伙目的和合伙经营范围；合伙人的姓名或名称和住所，出资方式，出资数额和缴付出资的期限；合伙财产份额的转让办法；执行事务合伙人应具备的条件和选择程序、权限及违约处理办法；须经合伙人一致同意的相关事项，例如利润分配，亏损分担方式等；合伙人入伙、退伙的条件、程序及相关责任；争议的解决办法；合伙企业的解散与清算；违约责任等。[②]

3. 物质条件

依据《合伙企业法》的规定，普通合伙企业的合伙人可以用货币、实物、知识产权、土地使用权或者其他财产权利出资，但是涉及实物、知识产权、

① 中华人民共和国合伙企业法·实用版（2018 版）［M］. 北京：中国法制出版社，2020.

② 刘天善，张力 . 经济法教程（第二版）［M］. 北京：清华大学出版社，2020.

土地使用权等其他财产权出资的，需要评估作价；也可以用劳务出资，但是全体合伙人应提前协商确定劳务的评估办法，并在合伙协议中予以载明。[①]对于出资的缴付方式，既可以约定一次性缴付出资，也可以约定用认缴的方式分期出资。

4. 企业名称

普通合伙企业在名称上应当注明“普通合伙”字样。

5. 经营条件

要有能够开展正常业务所需的生产经营场所。

二、有限合伙企业注册设立的条件

有限合伙企业的注册设立，除了与普通合伙企业的注册设立一样需要同时具备主体条件、合伙协议、物质条件和经营条件等外，还存在一些特殊的要件要求。

1. 主体要件

有限合伙企业需由普通合伙人与有限合伙人共同组成，且应当至少有 1 名有限合伙人。此外，法律还规定有限合伙企业应由 2 人以上、50 人以下的合伙人设立。

2. 合伙协议

除了普通合伙企业合伙协议应具备的条款之外，有限合伙企业的合伙协议还需要载明：普通合伙人与有限合伙人的姓名或者名称及住所；执行事务合伙人应具备的条件与选举办法；执行事务合伙人的权限以及违约的处理办法；执行事务合伙人的除名条件和更换程序；有限合伙人入伙、退伙的条件、程序及相关法律责任；有限合伙人和普通合伙人相互变更的程序与条件等。

3. 出资要件

有限合伙人不能以劳务出资。除此以外，有限合伙企业合伙人的出资要

---

① 刘天善，张力 . 经济法教程（第二版）［M］. 北京：清华大学出版社，2020.

求与普通合伙企业的出资要求相同。

4. 企业名称

有限合伙企业的名称需注明“有限合伙”字样。

第二节　合伙企业的运营管理

本节主要介绍创业者在完成合伙企业登记注册之后，在日常运营一家合伙企业过程中可能涉及的各类权责利关系。

一、合伙企业财产的管理

合伙企业的财产来自合伙人的出资、经营所得或者接受赠予等其他依法取得的各项财产。合伙企业的财产属于全体合伙人共同所有，由合伙人共同管理和使用，具有相对的独立性。

按照《合伙企业法》的规定，在清算之前，合伙人不得请求分割合伙企业的财产。基于合伙企业的“人合性”特征，合伙人之间可以相互转让财产份额，通知其他合伙人即可。但是如果合伙人要向其他合伙人以外的他人转让财产份额或者设立质押，就必须经过其他合伙人一致同意。而且在同等条件下，其他合伙人有优先购买权。不过，有限合伙人不受此限制。在一般情况下，有限合伙人可以将其在有限合伙企业中的财产份额转让或者出质，而无须经过全体合伙人一致同意，除非合伙协议另有约定。

为此，创业者要特别重视合伙协议的拟定。合伙协议不仅需要明确约定合伙企业的财产管理，还需要约定合伙企业的利润分配和亏损分担。在未约定的情形下，通常由全体合伙人协商确定合伙企业的利润分配和亏损分担；若协商不成，则通常按照合伙人的实缴出资比例来确定合伙企业的利润分配和亏损分担。在无法确定合伙人出资比例时，例如在出资有争议时，通常由所有合伙人平均分配利润和分担亏损。

二、合伙企业经营事务的执行与管理

1. 普通合伙企业经营事务的执行与管理

普通合伙企业的合伙人，对全部合伙事务均享有同等的执行权利，除非合伙协议中对合伙人执行事务的权利范围做了其他明确的限定。为了方便合伙事务的执行，全体合伙人可以选择共同执行合伙企业事务，也可以在合伙协议中约定或者经全体合伙人决定，委托一个或数个合伙人来执行合伙企业的经营事务并对外代表合伙企业。不执行事务的合伙人，有权对受委托合伙人的行为进行监督。若执行事务的合伙人未能按照合伙协议的约定或者全体合伙人的决定来执行企业经营事务，其他合伙人有权撤销委托。

此外，普通合伙人通常不能与本合伙企业进行交易，或者从事与本合伙企业相竞争的业务，除非经过其他合伙人一致同意。

2. 有限合伙企业经营事务的执行与管理

有限合伙企业实现了企业管理权和出资权的分离，可以同时结合企业管理方和资金方的优势。按照《合伙企业法》的规定，有限合伙企业需由普通合伙人执行经营事务，而有限合伙人不得执行有限合伙企业的经营事务，也不得对外代表有限合伙企业。但是，有限合伙人可以同本有限合伙企业进行交易，也可以自营或者同他人合作经营与本有限合伙企业相竞争的业务。当然合伙协议另有约定的除外。

第三节　合伙企业的融资

总体来看，合伙企业的内源融资会因合伙人数量较多而强于个人独资企业。但是，它也因合伙人须承担无限连带责任，而导致后加入的合伙人面临较高的信息不对称和风险而融资能力弱于公司企业。本节首先介绍合伙企业融资的目的，然后介绍合伙企业融资的常用方式。

一、合伙企业融资的目的

合伙企业比较容易设立和解散。合伙人签订了合伙协议，到工商行政部门完成登记注册流程，就可以宣告合伙企业成立。[①]但是，合伙人的退伙、死亡、自愿清算、破产清算等均可能导致原合伙企业解散。

合伙企业在存续期间开展融资无外乎以下两个原因：一是为了解决合伙企业的生存问题。例如，自2020年新冠肺炎疫情暴发以来，大量的中小规模企业都出现了生产经营方面的困难。其中，有不少出现生产经营困难的中小规模企业，就是合伙企业。随着经营资金吃紧，合伙企业急需原合伙人来为企业运营资金的缺口进行融资，或者打算吸收新合伙人为企业运营资金的缺口提供资金。二是为了解决合伙企业（特别是高科技型合伙企业）的发展问题。一旦高科技型合伙企业发展到了需要扩大经营规模或者到了面临高速复制扩张的阶段，那么资金不足就会成为阻碍其发展的最大瓶颈。此时，如果合伙企业打算采用股权融资方案，为了实现股权融资交易，该合伙企业就必须先对当前的企业组织形式进行改制，将自身改制为有限公司或者股份公司。因此，改制常常被设定为合伙企业实现股权融资的投资先决条件。

二、合伙企业融资的常用方式

在实践中，合伙企业常用的具体融资方式有原合伙人增资（自我融资）、新合伙人入伙、银行贷款，以及权益质押。

1. 原合伙人增资和新合伙人入伙

原合伙人增资和新合伙人入伙，可以被统称为合伙融资。合伙融资可以较为有效地筹集资金，还可以充分发挥多位合伙人的才干，分担创业风险。但是合伙融资存在一定的风险，最好能够提前明确约定以下问题。

（1）投资份额。投资份额要按照资源贡献度（需要考虑各合伙人提供的

---

① 中华人民共和国合伙企业法·实用版（2018版）［M］. 北京：中国法制出版社，2020.

渠道、技术、劳务等内容）来确定，而不只是单纯考虑投入现金的金额。确定投资份额时还要尽量避免平分权益。等额权益将导致等额权利与义务，这对维护合伙企业的控制权与优化内部分工是一个挑战，可能会为企业以后的长远发展埋下祸根。

（2）合伙人之间的信息沟通。很多人选择合伙是因为彼此之间感情好，你办事我放心，相互信任。但这种信任很容易在企业运营过程中因误解和分歧而被破坏。因此，在决定合伙融资时，最好能提前约定好正式信息沟通的方式、渠道和频次，以维护合伙基础的稳定。

（3）合伙协议。经营合伙企业不是江湖聚义，不能因为大家感情好，或者有血缘关系，就没有合伙协议。合伙协议对合伙人权责利的正式约定是企业以及企业利益相关者的行为准则，更是合伙企业经营的依据。没有合伙协议也就没有了合伙经营的依据，这是合伙企业实现后续融资的大忌。

在合伙企业中，普通合伙人须为企业亏损负无限连带责任。在无限连带责任的巨大压力下，一方面，对于原合伙人不是十分了解的投资者一般不敢贸然入伙。由于有限合伙人不能参与合伙企业事务的管理，就算以有限合伙人的身份入伙，这种机制上的信息不对称与不完全也会引发有限合伙人对无限责任人即普通合伙人的信任危机。另一方面，在合伙企业分红的时候，普通合伙人往往觉得所有经营都是自己在做，有限合伙人就凭一点资本投入就坐收盈利，又会产生心理上的不平衡。因此，相比于公司企业，合伙企业的“人合性”特点更突出，这也在一定程度上限制了合伙企业对于合伙融资方式的选择。

2. 银行贷款

与个人独资企业相比，合伙企业可以从较多的合伙人处筹集资本，且合伙人需要共同承担偿还债务的责任。这些都减少了银行等金融机构为合伙企业提供贷款的风险，使合伙企业的贷款筹资能力有所提高。此外，合伙的企业组织形式有利于投资者发挥各自在技术、知识、资金、经验、人脉等方面的不同优势，实现资源的优势互补；还可以实现合伙人之间的集思广益，有利于提升合伙企业的综合竞争力。这些也使合伙企业较之于个人独资企业而言，更容易获得银行贷款。

在实践中，合伙企业向银行申请贷款并获得融资有几个诀窍。

第一，随时尝试从本地的银行融资，并通过申请小额贷款来建立信用记录，为未来融资准备良好的信用记录。

第二，以企业或普通合伙人的资产进行抵押来确保获得贷款。

第三，将初创的合伙企业改为公司企业。将合伙企业改制为公司企业，不但有利于通过银行贷款融资，而且有利于通过风险投资基金或天使投资者实现股权融资。当然获得天使投资或风险投资的程序较为繁冗。创业者需要提交商业计划书，还要证明创新创业企业具有稳定的经营管理。大多数投资者还会要求获得较高份额的企业股权（非控股股权），并要求在合伙企业改制为公司企业后加入该公司的董事会。

3. 权益质押

按照《合伙企业法》的规定，有限合伙人可以将其在有限合伙企业中的财产份额出质。但是，一直没有相应的实施细则配套。为了建设最优营商环境，推动“大众创业、万众创新”，2018年浙江省工商局坚持问题导向，从破解企业和群众的堵点痛点出发，在允许以公司股权出质的基础上，进一步扩大政策惠及面，出台《浙江省有限合伙企业财产份额出质登记暂行办法》（下称《暂行办法》），并推出有限合伙企业财产份额出质登记的有关举措，允许有限合伙人以其出资额办理质押登记，以帮助有限合伙企业盘活资产。

《暂行办法》实施后，杭州市萧山区市场监督管理局作为试点，成功办理了浙江省首家有限合伙企业财产份额的质押登记，出质财产份额估值为8亿元。随后，浙江省各级登记机关以及全国各省市登记机关陆续开展了有限合伙企业、普通合伙企业财产份额的质押登记业务。允许合伙财产质押，对于有效解决合伙企业融资难的问题具有重要意义，同时还具有缓解合伙企业融资贵的作用。

第四节 合伙企业的入伙与退伙

合伙企业的普通合伙人需要与创始人共担风险，共享收益。创业者为创新创业企业选择合伙人的过程，类似于找男女朋友的过程。选择合伙人，除却关注其资产背景等硬性条件以外，更重要的是关注其价值观是否能够与创业者的价值观相匹配。良好的管理团队一定是合伙人价值观高度一致、工作风格和特长高度互补的结果。这样所有的合伙人才能一起“正确地做事情”。对于选择合伙这一企业组织形式的创业者来说，如何挑选潜在的合伙人并吸引他（们）加入合伙企业？如何便利团队里不合适的合伙人退出合伙企业？这是两个关乎创业者能否以合伙方式来成功实现创新创业事业的关键问题。本节首先介绍合伙人的入伙，然后介绍合伙人的退伙。

一、入伙

合伙企业正式设立并存续一段时间后，非合伙人申请加入合伙企业，合伙企业予以接纳吸收，这就是入伙。入伙，是合伙企业实现融资的方式之一。

非合伙人可以通过转让合伙财产份额的方式，或者通过投入资本的方式入伙。非合伙人申请入伙时，须经全体合伙人一致同意，并订立书面的入伙协议，同时及时办理合伙人变更登记手续。需要注意的是，新入伙的普通合伙人与原合伙人享有同等的权利，承担同等义务，且须对入伙前的合伙企业债务承担无限连带责任。但是新入伙的有限合伙人，则只以其认缴的出资额为限，对入伙前的合伙企业债务承担有限责任。

二、退伙

在合伙企业存续期间，已经取得合伙人资格的合伙人也可能需要退出合伙企业。原合伙人丧失合伙人的资格，这就是退伙。

对于普通合伙人来说，退伙时须对退伙前的合伙企业债务承担无限连带责任；对于有限合伙人而言，只需对基于退伙前原因发生的有限合伙企业债务以退伙时从有限合伙企业中取回的财产为限承担有限责任。

基于退伙发生的不同原因，退伙可以分为法定退伙、开除退伙、协议退伙和声明退伙这四类。

1. 法定退伙

基于如下法定事由，可以发生当然退伙，并且法定退伙一般自退伙事由发生之日起自动生效。法定退伙的具体事由包括：

（1）作为普通合伙人的自然人，死亡或者被依法宣告死亡。在此情形下，该普通合伙人的合伙人资格是否允许继承，或者是否可以允许转为有限合伙人，都应当根据合伙协议的约定或者经全体合伙人一致同意来决定。无论合伙协议如何规定合伙人资格的继承，该普通合伙人所享有的财产份额可以作为其遗产的一部分。其合法继承人依法可以继承合伙人的财产。如果是有限合伙人发生死亡或者被宣告死亡，那么其继承人通常被默认可以同时取得财产以及有限合伙人的资格。

（2）个人丧失偿债能力。不过，有限合伙人不受此限制。因为有限合伙人是以出资为限对合伙企业债务承担有限责任，因此个人偿债能力丧失并不构成其发生当然退伙的事由。

（3）作为普通合伙人的法人或者其他组织，被依法吊销营业执照、责令关闭、撤销或者被依法宣告破产。

（4）合伙人必须具有相关资格却丧失了该资格的。例如，律师事务所（特殊的普通合伙）的合伙人被吊销律师执照。

（5）合伙人在合伙企业中的全部财产份额被人民法院强制执行的。

2. 开除退伙

经其他合伙人一致同意，可以将某一合伙人予以开除退伙。具体事由包括：

（1）合伙人未履行其应尽的出资义务。

（2）因故意或重大过失造成了合伙企业的巨大损失。

（3）执行合伙企业事务时有不正当的行为。

（4）合伙人存在违背合伙协议中约定规则的行为或者存在其他的除名事由。

3. 协议退伙

如果发生了合伙协议中明确约定的退伙事由，或者约定的经营期限届满，合伙人还可以协议退伙。

4. 声明退伙

根据《合伙企业法》的规定，合伙人是可以单方面声明退伙的。

电影《中国合伙人》中有一句经典的台词：“千万别跟好朋友合伙开公司。”虽然过于极端，但事实确实如此。能做好朋友、好哥们，不等于能做合伙人。找错合伙人，往往是许多合伙企业失败的根源。如果找错合伙人，一旦合伙企业实现盈利，合伙人之间的关系就很可能从刚开始创业求生存的“同甘共苦”，转变为“同床异梦”；随着合伙企业的发展成长，如果创新创业企业的发展前景良好，那么合伙人之间的关系还可能因为相互之间的利益争夺进一步升级为“同室操戈”，甚至是“同归于尽”。

如果创业者真的决定以合伙这一企业组织形式开展创新创业，最好提前学习合伙人入伙和退伙的相关知识与经验，以适时地选择或淘汰合伙人，并且可以积极地以入伙方式为企业融通资金。

开放思考

1. 合伙企业在融资方面有哪些优势和劣势？

2. 为了便利合伙企业实现权益融资和债务融资，合伙协议需要预先约定哪些条款？

实践作业

1. 以指定的创新创业实践小组为单位，到工商行政管理部门，实地了解普通合伙企业、特殊的普通合伙企业、有限合伙企业的设立条件和注册流程。

2. 考虑如果自己作为投资者以入伙方式为一家合伙企业提供资金，可能面临哪些风险，如何提出一些新增的合伙协议条款以规避风险。

第六章
公司企业的设立与融资

公司这一企业组织形式被很多人所推崇，甚至被视为现代社会最伟大的发明之一。在公司这一企业组织形式出现之前，创业者开办创新创业企业是需要承担无限责任或无限连带责任的。即如果创新创业企业发生亏损，那么创业者就可能需要赔上所有的家产和资产，甚至在赔完家产之后还要承担连带赔偿责任。在公司这一企业组织形式出现之后，创业者需要承担极高风险的情况才得到了改变。从经济角度来说，在公司这一企业组织形式下的“有限责任”极大地促进了人类社会经济，尤其是创新创业的发展。本章首先介绍公司企业的注册设立，然后介绍公司企业的股东、股权和公司治理，接着介绍公司企业的融资，最后介绍公司企业的股权设计。

第一节　公司企业的注册设立

注册设立一家公司企业之前，创业者首先需要了解公司企业的两种类型，明白两类公司组织形式之间的异同，以判断哪种类型的公司制度更适合自己创新创业的需要。本节首先介绍公司这一企业组织形式的不同类型及其各自的特征和区别，接着阐述公司企业的两种设立方式，然后解释公司企业的设立条件、登记注册流程、注册出资问题。

一、公司企业的类型特征及区别

从法律层面来讲，公司是具有独立人格的法人。它能够像正常人那样签署合同、履行义务，在达到某些条件时还可以申请破产。[①] 公司股东，以个人对公司的投资为限对企业债务承担有限责任。股东无须以自己的其他资产来偿还公司债务，即股东只承担有限责任。有限责任意味着参与创新创业投资的风险是可控的。这对于创业者和财务投资者来说都是一种很好的保护——不用担心因为企业破产而导致自己的其他资产承担偿还责任。

根据《公司法》的规定，公司可以分为有限责任公司和股份有限公司两类（如图 6–1 所示）。其中有限责任公司又可以被进一步细分为一人有限公司（独资公司）和由 2~50 人投资的有限责任公司两类；股份有限公司也可以进一步被细分为 2~200 人投资的非上市公司和公众投资的上市公司两类。

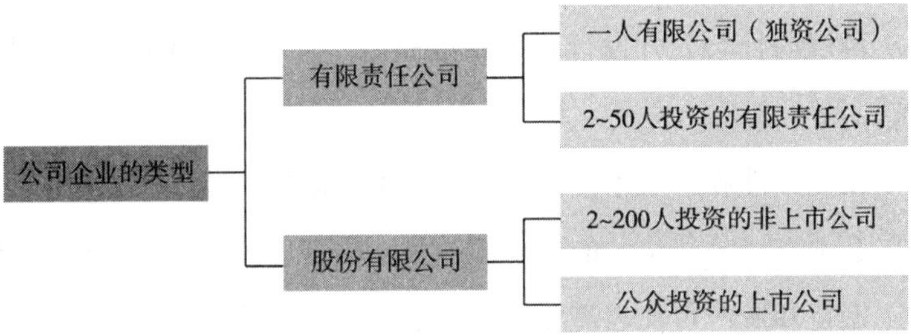

图 6–1　公司企业的类型

1. 有限责任公司

有限责任公司的股东以出资额为限，享受权利，承担义务。有限责任公司这一企业组织形式具有“资合性”的特点，但同时又不能公开招股，股东之间因人数较少而互相熟悉，因此兼具“人合性”的特点。[②]

有限责任公司的特征包括：

（1）股东以出资额为限对公司承担责任，公司以所有资产承担公司债务，债权人不能要求公司外的资产来偿债。

（2）股东人数受限，一般在 2 人以上、50 人以下。

---

① ②刘天善，张力 . 经济法教程（第二版）［M］. 北京：清华大学出版社，2020.

（3）股东转让出资受到限制，转让时需征得其他股东的同意。

（4）不能采用公开方式向社会募集资金，也不能发行股票。

（5）设立条件和注册流程相对股份有限公司而言更为简单。

（6）公司治理和内部机构的设置相对灵活。

（7）公司账目和资产负债表不需要对外公布。

2. 股份有限公司

股份有限公司，是将资本折为等额股份而组建的公司企业。股份有限公司的股东，以其所持有的股份为限对公司债务承担责任或享受收益。

股份有限公司具有非常典型的“资合性”特点。[①] 其特征包括：

（1）资本被划分为金额相等的股份。

（2）股东人数较多。

（3）股东的股份转让具有自由性。

（4）可以向社会公开发行股票筹集资金，只要购买了股票就可以成为公司的股东。

（5）设立条件和解散条件更为复杂，手续繁琐。

（6）必须按《公司法》的要求规范公司治理，即设立“三会一层”。

（7）账目和资产负债表需要定期年审，并对外公布。

3. 有限责任公司和股份有限公司的区别

有限责任公司和股份有限公司的特征，决定了前者更适合中小规模的创新创业企业，后者更适合大规模的创新创业企业。两者之间的区别如表 6-1 所示。

表 6-1　有限责任公司和股份有限公司的区别

项　目	公司类型	
	有限责任公司	股份有限公司
股份是否等额	不等额	等额
股东人数	1 人 /2~50 人	发起人 2~200 人，股东人数无限制
筹集资金	封闭	公开

① 刘天善，张力 . 经济法教程（第二版）［M］. 北京：清华大学出版社，2020.

续表

项　目	公司类型	
	有限责任公司	股份有限公司
股份转让的自由度	需要其他股东同意	自由转让
设立条件的宽严程度	较宽松	较严格
人合性 vs 资合性	兼具人合性和资合性	资合性
是否设立“三会一层”的治理结构	不强制设立	强制设立
是否公开账目	不要求公开	要求定期公开

二、公司企业的设立方式

公司企业的设立可以分为发起设立和募集设立这两种方式。

1. 发起设立

发起设立是由发起人共同出资或者认购公司应发行的全部股份而设立公司，既适用于设立有限责任公司，也适用于设立股份有限公司。

2. 募集设立

募集设立是发起人认购公司应发行股份的一部分，其余部分则按照法律规定的条件与程序向社会公开募集资本，仅适用于设立股份有限公司。当然，由于募集设立涉及向社会不特定对象募集资本，因此融资能力更强，但也受到法律更多的监管和规制。

三、公司企业的设立条件

《公司法》规定了公司成立的要件。当公司的设立者，也称为公司的发起人，根据法律规定准备好相关的法律要件时，就可以直接向登记机关申请设立公司企业。具体来说，设立公司企业应当具备如下条件。

（一）发起人条件

发起人，就是履行公司设立职责的人。发起人需要签署公司章程，并向公司认购出资或者股份，而后需要牵头组织公司的设立过程。自然人或者法人均可作为公司的发起人，但对于自然人仅限于完全民事行为能力人。国家党政机关、军队一般不能成为公司的发起人和股东，除非法律另有规定。国家公务员、法官、检察官等也不得作为公司的发起人和股东；股份有限公司的发起人还须有半数以上在中国境内有住所。

《公司法》对于有限责任公司（除一人有限公司外）与股份有限公司的发起人人数，分别做了限制性的规定。[①] 其中，有限责任公司的发起人必须是2人以上50人以下；设立一人有限公司，只能是1名自然人或者法人。股份有限公司的发起人必须是2人以上200人以下。在实践中，创业者有时会采用职工持股会、代持股份等方式来绕开《公司法》对有限责任公司发起人人数的法律限制。

（二）财产条件

为了确保公司拥有与其生产经营规模相适应的独立财产，并且足以为公司债务提供总担保，《公司法》要求设立有限责任公司要有符合公司章程规定的全体股东认缴的出资额；要求设立股份有限公司要有符合公司章程规定的全体发起人认购的股本总额或者募集的实收股本总额。也就是说，公司设立时，发起人应该在公司章程中明确公司的实收资本总额，并且必须由全体股东或者全体发起人全额认缴。但是注册资本的数额可以由发起人在公司章程中任意设定，也无须限期缴纳，可自行决定缴纳的时间和期限。[②]

需要注意的是，法律虽然不强制规定公司注册资本的缴纳时间和期限，但是发起人协议中对于各投资者具体的出资时间和期限还是必须予以明确约定的，以免出现出资违约等纠纷而影响创新创业企业的后续运营。[③]

此外，采用募集方式设立股份有限公司时，注册资本应当是登记机关登记的实收股本总额，并且发起人认购的股份不得少于公司股份总数的35%，

---

① 中华人民共和国公司法［M］. 北京：中国法制出版社，2020.

② ③刘天善，张力. 经济法教程（第二版）［M］. 北京：清华大学出版社，2020.

法律另有规定的除外。

（三）组织条件

注册设立公司企业的组织条件主要包括公司章程、组织机构、公司名称以及公司住所。

1. 公司章程

公司章程是由公司发起人共同制定，记载公司组织与活动的自治规则，反映全体股东共同意思表示的一种法律文件。公司必须依据其公司章程来规范治理。公司章程可以对内规范公司及其股东和员工的行为，对外彰显公司信用。因此，公司章程是确定公司权利义务的基本法律文件，也是公司设立必须提交的法律文件。

依据法律法规，公司章程必须记载如下事项：公司的名称和住所，经营范围，注册资本，股东的姓名或名称，股东的出资方式、出资额和出资时间，公司的机构及其产生办法、职权、议事规则，公司的法定代表人及其他股东（大）会认为需要记载的重要事项。①

《公司法》对于公司章程的制定与修改规定了严格的程序。公司章程是在公司设立阶段，由公司最初的全体发起人共同制定的，必须采用书面形式；采用募集方式设立的股份有限公司，还需要通过公司创立大会以决议的形式通过公司章程。无论采用哪种方式设立公司，全体发起人都应在正式的公司章程上进行签名盖章。公司章程一经生效不得随意修改。《公司法》第 44 条②规定了修改公司章程的特别议事规则，即须经代表 2/3 以上表决权的股东通过。股东（大）会决议通过公司章程的修改后，须向登记机关申请进行变更登记。不做变更登记的，不得以变更事项对抗第三人。

需要注意的是，公司章程不同于股东协议和发起人协议。通常，在设立公司之前，发起人为了表明设立公司的目的，会签订一份协议以确定各发起人的

---

① 刘天善，张力 . 经济法教程（第二版）［M］. 北京：清华大学出版社，2020.

② 中华人民共和国公司法［M］. 北京：中国法制出版社，2020.

权利义务，这就形成了股东协议（有限责任公司）或者发起人协议（股份有限公司）。它们并不是设立公司的必备的法律文件，只对作为发起人的股东具有法律约束力，是发起人之间的内部协议，不需要对外公示。

对于创业者而言，为了更好地防控发起人在设立公司过程中的违约风险，建议充分用好股东协议或发起人协议。可以考虑在公司设立之前先拟订一份框架性的股东协议或发起人协议；在公司设立时，签订提交公司章程；待公司成立后，股东之间再签订正式的股东协议。这样的程序安排可以使股东协议或发起人协议的生效时间延至公司章程生效时间之后，效力优于公司章程。换句话来说，如果股东协议签订在公司章程之前，那么公司章程的效力高于协议。这是需要创业者注意的地方。不过，需要指出的是，股东协议只适用于股东之间，不能用于对抗第三人。

如上文所述，有限责任公司兼具“资合性”与“人合性”，更适合中小规模企业。因此《公司法》对于有限责任公司的自治规则更多地体现为授权规范。也就是说，允许有限责任公司的发起人股东（意思是作为发起人的股东），对公司的运营管理进行自行设计和安排。作为创业者，一定要有意识地利用《公司法》赋予有限责任公司的公司章程在设计上的自由度，从而使有限责任公司的股权、利益分配以及治理模式更加符合创业者的独特需求和预期。

2. 组织机构

公司作为法律上独立享有权利义务的商事主体，需要借助于内部的组织机构来运作，进而对外实施商业行为。《公司法》规定，公司的内部组织机构主要包括股东（大）会、董事会和监事会。[①]《公司法》规定股份有限公司必须具备股东大会、董事会和监事会；但是允许有限责任公司的股东因地制宜地对组织机构做自行设计和调整，规模较小的有限责任公司在其设立之初甚至可以选择“三会合一”的灵活方式来设置组织机构。

3. 公司名称

公司名称，即公司在生产经营以及经济往来过程中使用的商业名称。它

---

① 中华人民共和国公司法［M］. 北京：中国法制出版社，2020.

表明了公司的独特主体地位，用于对外彰显公司的经营信用。

公司名称是设立公司企业的必要条件。公司对自己依法取得的名称，享有独占排他的专用权。这是保护工业产权、知识产权，防止不正当竞争的重要手段。根据相关法律规定，公司名称需要先通过工商行政管理部门的企业名称预先核准。[①]需要注意的是，关于公司名称的规范性，现有法律规定是在登记主管辖区内不得与已登记注册的同行业企业名称相同或相近。与此同时，公司名称应当依次包括公司所属的行政区划名称，字号（即公司特有名称），公司的行业或营业部类，公司的具体形式（即需要注明是有限责任公司还是股份有限公司）。

4. 公司住所

公司要有能够开展正常业务所需的生产经营场所。

四、公司企业的登记注册流程

1.有限责任公司的登记注册流程

有限责任公司的登记注册流程如图 6–2 所示，具体如下：首先，发起人发起设立；接着，签订发起人协议；再接着，订立公司章程，公司章程须由全体股东同意并签名盖章，并且需要对公司章程中的公司名称进行预先核准；如果有行政法规规定必须报经审批的业务，应当在公司注册登记之前依法办理批准手续；之后，需要按照公司章程的规定缴纳出资，申请设立登记；然后，登记机关审查合格，予以登记，发给营业执照；领取营业执照意味着公司成立，此时还需要登录企业信息公示系统对公司信息进行公示。

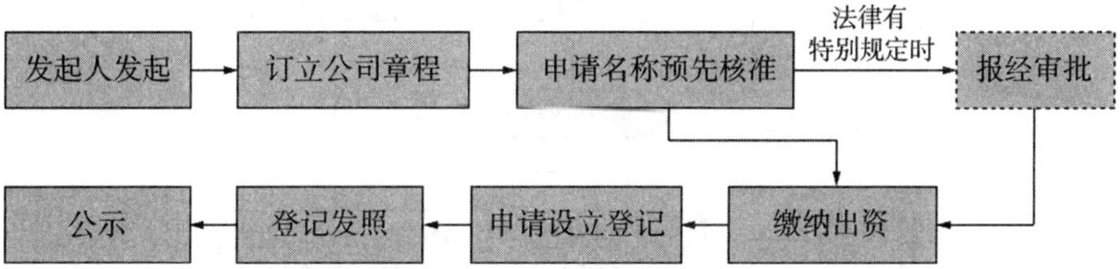

图 6–2　有限责任公司的登记注册流程

① 缪劲翔，孙彤．你的第一本创业书［M］．北京：首都师范大学出版社，2017.

2. 股份有限公司的登记注册流程

如果采取发起设立方式，那么股份有限公司的登记注册流程基本与有限责任公司相同。唯一的不同在于，有限责任公司的投资者在登记注册流程中是按照公司章程的规定缴纳出资，而股份有限公司的股东则是按照公司章程认购股份。

如果采取募集设立方式，那么股份有限公司的登记注册流程（如图 6-3 所示）相对于有限责任公司而言会更为复杂。具体来说，其发起人应认购公司股份总额的 35% 以上，才能公开募集股份。依据相关法律法规，公开募集股份的公司，需要先经国务院证券监管机构核准，制作并公告招股说明书，之后由证券经营机构承销，与银行签订代收股款协议。认购股份环节完成以后，需要建立股份有限公司的组织机构，然后申请股份有限公司的设立登记。以募集设立方式成立股份有限公司的发起人，应当自股款缴足之日起 30 日内主持召开公司创立大会，然后到登记机关进行企业注册设立的审查，领取营业执照，进而通过信息公示系统完成相关信息的依法公告。

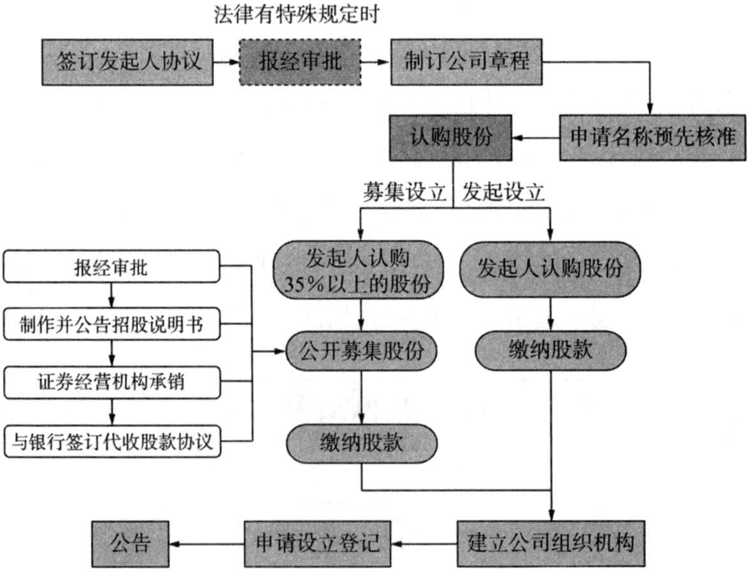

图 6-3　股份有限公司的登记注册流程

资料来源：根据中国国家市场监督管理总局官网提供的注册流程自行整理。

五、公司企业的注册出资

公司的资本，是由股东出资构成的。《公司法》对于公司股东出资的形式、出资履行的程序等做了详细规定，具体如下。

1. 出资的形式

公司资本最终要以货币数额的形式被明确规定在公司章程当中。但是在注册设立时，股东出资形式却可以是多样的。根据《公司法》第 27 条的规定："股东既可以用货币出资，也可以用实物、知识产权、土地使用权等可以用货币估价或者依法可以转让的非货币财产作价出资。"①但行政法规禁止转让的财产除外，不得将其用作股东的出资。

在实践中，投资者所掌握的商业秘密能否作为股东的出资呢？商业秘密属于知识产权的范畴，是可以作为出资的，但其价值需要进行评估。②评估时，拥有商业秘密的投资者需要向知识产权评估机构提供该商业秘密的相关信息，包括商业秘密的状况、技术性能、实用价值等信息，以及与该商业秘密作价有关的技术根据和标准等资料。在评估之前，为了保护拟用于创新创业的商业秘密，投资者应当先与评估机构签订保密协议并约定各自的权利义务和违约责任。如果为了严格确保商业秘密的技术价值不流失，经所有股东一致同意，也可以约定用于作价投资的商业秘密不进行价值评估。以未经价值评估的商业秘密作价出资的，需要由所有股东共同协商其价值，进而确定其在公司股权当中所占的股份。

2. 出资履行的程序

股东应当按期足额缴纳公司章程当中规定的各自所认缴的出资额。以货币出资的，应当将货币出资足额存入公司的银行账户；以非货币财产出资的，应当评估作价，核实财产，不得高估或者低估作价，同时应当办理财产权的转移手续。

《公司法》对股东出资期限没有限定，可以由当事人自己决定。这就需

---

① 中华人民共和国公司法［M］. 北京：中国法制出版社，2020.

② 刘天善，张力 . 经济法教程（第二版）［M］. 北京：清华大学出版社，2020.

要创业者在设立公司的时候，特别注意明确约定其他投资者什么时候履行出资。在创新创业企业的股权融资实践中，财务投资者或者战略投资者往往会要求创业者必须在满足一定条件后才拨付实际出资。所以，创业者需要首先确定自己是否可以独立完成先决条件，并且明确约定在满足出资先决条件后，外部财务投资者或者战略投资者应当在多长时间内完成出资款项的拨付。① 为避免股权出资违约的风险，创业者应尽量在协议中明确要求投资者一次性完成出资。在项目技术前景较好的情形下，创业者甚至可以运用预先支付保证金的方式来预防投资者出资违约。如果创业者在与投资者所签署的股权融资协议中约定了预先支付保证金，那么将来投资者违约时保证金将不予返还。

在以公司这一企业组织形式注册设立创新创业企业时，创业者还需提前考虑公司主要股东或者负责人是否需要提前做好夫妻的财产分配以及继承等相关安排。创业者的配偶相当于创业者的隐名合伙人。基于有限责任公司的“人合性”，如果在创新创业过程中发生了股东夫妻财产分割或者他人继承股东资格的情形，将严重影响创新创业企业的稳定发展。例如，2010 年，土豆网就因为合伙人的婚姻问题而影响了上市计划。因此，在公司创立之初，创业者最好能够提前签署公司实际控制人或者主要负责人的夫妻财产分配协议，可以考虑设置钱权分离的配偶条款。配偶条款，可以一方面约定股权为创业者的个人财产，另一方面约定创业者同意与配偶分享股权变现的利益。也就是说，配偶可以分割股权对应的财产利益，但是不能取得股东的资格。这一条款，自土豆网因创始人离婚而上市失败后日益流行，也称为“土豆条款”②。设置该条款，既可以保障公司股权及创业团队的稳定，又可以保障配偶的合理财产利益。

---

① 杨轩 . 创业时，不可不知的细节［M］. 杭州：浙江大学出版社，2017.

② 郑刚，陈劲，蒋石梅 . 创新者的逆袭：商学院的十六堂案例课［M］. 北京：北京大学出版社，2017.

第二节 公司企业的股东、股权和公司治理

股东的资格认定和权利行使、股权的内外部转让以及公司治理结构都会影响到创新创业公司的股权融资。本节首先介绍公司企业的股东与股权，接着介绍公司企业的治理。

一、公司企业的股东

通常认为，股东是指与公司具有股权投资关系而对公司享有权利义务的人。股东不同于发起人。后者是参与公司设立，并承担公司设立责任的人，自公司成立后，发起人当然转化为股东，但股东却不以发起人为限。

根据《公司法》的规定，股东享有股东权，公司的股东与股东之间地位平等。[①]公司与股东之间的权利义务关系，主要依据公司章程进行调整和约束。公司与股东的关系如图 6-4 所示。

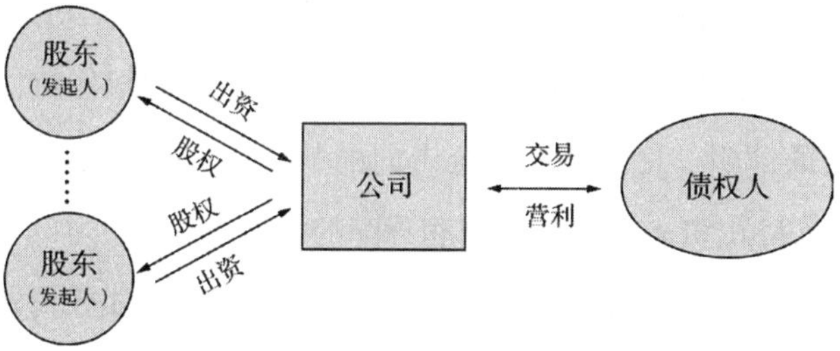

图 6-4 公司与股东的关系

以下分别介绍股东资格的认定、股东的权利和股东的义务这三项内容。

（一）股东资格的认定

按照《公司法》规定，在股东履行出资后，公司应向股东签发出资证明书，然后置备股东名册，将其记载于股东名册上。股东可以依据股东名册行使股

① 中华人民共和国公司法［M］. 北京：中国法制出版社，2020.

东权利。[①] 公司应及时将股东名册或者因股权融资而发生变更的股东名册，向工商行政登记机关申请登记或者变更登记；未经登记或者变更登记的，不得以此对抗第三人。

从法律规定来看，股东资格的认定须同时提供四项证据：出资行为、出资证明书、股东名册以及工商登记。[②] 在创新创业企业的股权融资实践中，有限责任公司有时会出现实际股东与名义股东不一致所造成的纠纷。[③] 尤其是创业者在寻求股权投资者时，有时会遇到投资者要求隐名，即代持股份，或者要求在股权激励中实施股份代持等情形。

在早期融资的隐名股东或者股权代持问题上，创业者应当充分预见到其中所存在的法律风险，提前做好风险防范措施。包括：

（1）可以签订股权代持协议，但是协议中应当明确股权代持的期限、股东权利的行使、股东权益的分配、股权处分权利的约定，以及何时何种情形下可以解除股权代持关系等。[④]

（2）要谨慎选择代持人，并综合考虑代持人的人品、可信赖度、资信情况，甚至是健康状况等，还可以设置较高的违约金来约束代持人。

（3）要保留可以证明代持关系的相关证据，包括股权代持协议、实际出资人缴纳出资的证明、可以证明资金走向的其他证据、实际出资人参与公司经营的证据、实际出资人获得公司利润分配的证据等。

（4）要提前做好退出的预案。在融资实践中，由于部分投资者的最终目的是通过上市来实现退出，或者是根据企业发展情况来判断在若干年后是否要成为公司的实名股东，为此他们在投资之前会与创业者提前约定解除股权代持关系的时间和期限。最高人民法院的司法解释规定如下："实际出资人要请求变更股东，登记为公司的股东，需要经过公司半数以上股东的同意。"[⑤] 因此，实际出资人可以考虑提前准备公司其他股东同意其由代持转为实际股

① 中华人民共和国公司法［M］. 北京：中国法制出版社，2020.

② 刘天善，张力 . 经济法教程（第二版）［M］. 北京：清华大学出版社，2020.

③ ④周磊 . 失败课［M］. 长沙：湖南文艺出版社，2017.

⑤ 刘天善，张力 . 经济法教程（第二版）［M］. 北京：清华大学出版社，2020.

东的书面确认文件。

（二）股东的权利

根据《公司法》的规定，股东的权利包括以下内容。

1. 依法参与公司重大决策、参与公司管理或选择管理者的权利

其具体包括：出席或委托代理人出席股东（大）会行使表决权的权利；选举和被选举为公司董事、监事的权利；少数股东召开临时股东（大）会的提议权与提案权。

2. 知情权

其主要体现为查阅公司章程、股东（大）会会议记录以及财务报表等资料的权利。

3. 监督权

其具体包括：通过股东（大）会和监事会行使监督权；了解公司经营状况并对公司经营进行质询和建议的权利。

4. 利益请求权

其具体包括：股利分配请求权；公司终止后对剩余财产的分配请求权。

5. 股权处分权

6. 新股优先认购权

7. 股东诉权

其具体包括：

（1）股东直接诉权，即股东为维护自身利益，而以自己个人名义向权利侵害人提起诉讼的权利。

（2）股东代表诉权，是指当公司的合法权益遭受侵害而董事会、监事会或股东（大）会怠于诉讼时，符合法定资格的股东为了公司的整体利益，而以自己个人名义对侵害人提起的一种诉讼。股东在行使该项诉权之前，须首先书面请求董事会或执行董事，监事会或者监事提起诉讼，只有当上述机构都拒绝起诉或怠于起诉时，股东才能以自己的个人名义行使派生诉权。除非情况紧急且不立即提起诉讼将造成公司整体利益受到难以弥补的

损害时，股东行使代表诉权才可不受上述前置程序的限制。在行使该项诉权时，股份有限公司的股东还须连续 180 日以上单独或合计持有公司 1% 以上的股份。[①]

（三）股东的义务

股东的义务主要包含以下几个方面的内容：遵守公司章程的义务；履行出资且不得抽逃出资的义务；对公司债务承担有限责任的义务。

二、公司企业的股权

股权，亦即股东权，是指股东基于投资关系而对公司享有的权利。

股权是股东向公司出资，让渡出资财产所有权而交换来的对价。从内容上看，股权包含了请求分配股利和请求财产权的自益权、以及以兼顾自己利益与公司利益为内容的公益权。

股权依法可以转让和继承。原则上，公司的股权可以自由转让，但是对于不同类型的公司，股权转让的规则亦有所不同。以下分别介绍有限责任公司和股份有限公司的股权转让规则。

1. 有限责任公司的股权转让规则

有限责任公司兼具“资合性”与“人合性”。这一特征导致其股权的内部转让与外部转让适用不同规则。[②]

有限责任公司股权内部转让的规则，包括：

（1）股权可以在原股东之间自由转让。

（2）对股东会决议有异议的股东，可以就其股权行使回购请求权。具体来说，《公司法》规定在下列情形对股东会决议投反对票的股东，可以请求有限责任公司按照合理的价格收购其股权：①公司连续 5 年不向股东分配利

---

① 中华人民共和国公司法［M］. 北京：中国法制出版社，2020.

② 刘天善，张力 . 经济法教程（第二版）［M］. 北京：清华大学出版社，2020.

润，而公司该5年连续盈利并符合《公司法》规定的分配利润条件的；②公司合并、分立、转让主要财产的；③有公司章程规定的营业期限届满或其他解散事由出现，但股东会决议修改公司章程以使公司得以存续的。

有限责任公司股权外部转让的规则，包括：

（1）有限责任公司具有“人合性”，强调股东之间的相互信任，向股东以外的其他人转让股权应当经其他股东过半数同意。其他股东在接到股权转让事项的书面通知之日起满30日未答复，视为同意转让；其他股东半数以上不同意转让的，不同意的股东应当购买该转让的股权，不购买的，视为同意转让。这一规定旨在避免因其他股东不同意股权转让而导致欲转让股权的股东无法实现退股自由而导致有限责任公司陷入僵局状态。

（2）经原股东同意转让的股权，原股东有优先购买权。经原股东同意转让的股权，在同等条件下，公司的原股东享有优先购买权，若有两个以上的原股东同时主张优先购买权，可以协商确定各自的购买比例；若协商不成，可以按照各自的出资比例行使优先购买权。

（3）法院强制执行的股权转让，原股东有优先购买权。在这种情形下，法院应通知公司及其全体股东，原股东在同等条件下享有优先购买权，但自接到法院通知之日起20日内不行使优先购买权的，视为放弃优先购买权。

（4）股权可以合法继承。按照《公司法》规定，自然人股东死亡后，其合法继承人可以继承股东资格。但是考虑到有限责任公司的“人合性”，《公司法》将该条规定表述为赋权性规范，即允许有限责任公司在公司章程中做出与《公司法》不同的规定。

无论是内部转让，还是外部转让，有限责任公司股权转让的基本程序都是一样的。在股权转让协议履行完毕后，有限责任公司应当注销原股东的出资证明书，向新股东签发新的出资证明书，然后修改公司章程以及股东名册的有关记载，最后应当办理工商变更登记。

2. 股份有限公司的股权转让规则

股份有限公司的资本被划分为等额的股份。股份金额的均等性，意味着每份股份所代表的股权是平等的。股份是股份有限公司全部资本的基本构成单位，也是划分股份有限公司股东权利义务的基本单位。

等额股份的外在表现是股份有限公司公开发行或未公开发行的股票。股票是一种永久性的且具有一定风险性的有价证券。它是股份有限公司在成立之后签发给其股东，以证明股东所持股份的凭证。因此，股份有限公司的股权转让，表现为股票的流通与交易。

如前所述，股份有限公司具有“资合性”，其股权可依法自由转让。但是依据《公司法》，股份有限公司的股权转让需要满足以下限制条件：

（1）股权转让场所的限制条件。要求股份有限公司的股份转让应当在依法设立的证券交易场所进行或按照法律规定的其他方式进行。

（2）发起人所持股权转让的限制条件。一方面要求发起人所持有的本公司股份，自公司成立之日起 1 年内不得转让交易；另一方面要求在公开发行股份前已发行的股份，自公司股票在证券交易所上市交易之日起 1 年内不得转让交易。该项规定的目的是为了防止股份有限公司出现设立欺诈，并敦促其发起人对企业的经营管理尽职尽责。

（3）对公司董事、监事、经理所持股份转让的限制条件。要求公司董事、监事、高级管理人员向公司申报所持有的本公司的股份及其变动情况，并且在任职期间每年转让的股份不得超过其所持有本公司股份总数的 25%；此外，要求公司董事、监事、高级管理人员所持本公司股份自公司股票上市交易之日起 1 年内不得转让，并且离职后半年内，不得转让。在上述限制条件以外，《公司法》还允许股份有限公司在公司章程中对董监高持股转让约定其他限制条件。

（4）收购本公司股份的限制条件。从原则上来讲，股份有限公司不得收购本公司的股份。但是，法律对此约定了一些除外的情形。例如，减少公司注册资本、与持有本公司股份的其他公司合并、将股份奖励给本公司职工、回应异议股东行使的回购请求权等。

（5）接受股权质押的限制条件。股份有限公司不得接受本公司的股票作为质押权的标的。

（6）股权转让时间上的限制条件。要求在“停止过户期”即股东大会召开前20日内，或者公司决定分配股利的基准日前5日内，不得进行股东名册的变更登记，除非法律另有规定。

股份有限公司的股权转让程序即股票转让程序，会因记名股票与不记名股票而有所区别。记名股票的转让应当以背书的形式或法律规定的其他形式进行转让，转让后公司应将新股东的姓名或名称及住所记载于股东名册；而无记名股票则直接完成股票交付即完成转让。

三、公司企业的治理

所谓公司治理，是指为适应公司多元化的产权结构，以出资者（股东）与经营者分离、分立和整合为基础，连接并规范股东（大）会、董事会、监事会、经理之间权利责任关系的制度安排。公司治理结构通常涵盖了股东（大）会制度、董事会制度、监事会制度以及经理制度，并涉及以上各个组织机构之间的权力制衡。如图6-5所示，我国《公司法》规定的是并列式的公司治理结构，即董事会与监事会均由股东（大）会选举产生，两

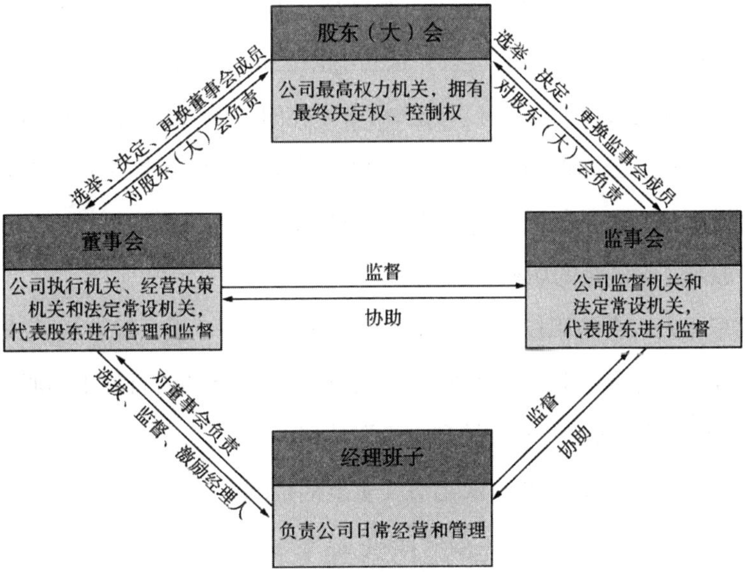

图6-5 并列式的公司治理结构

个机构处于并列地位，遵循资本支配与资本平等、权力分立与权力制衡的法人治理原则。

（一）股东（大）会——最高权力机关

1. 股东（大）会的概念

股东（大）会，是公司内部股东行使股东权的法定机关。公司的内部机构都由它产生，并对它负责。它在有限责任公司中被称为股东会，在股份有限公司中被称为股东大会。

股东（大）会是由公司全体股东共同组成的最高权力机关，也是公司的意思形成机关。[①] 股东（大）会并非常设机构，其权力的行使需要采用召集会议的方式。根据会议召开的时间及方式，股东（大）会可以被分为定期会议与临时会议两类。

（1）定期会议。定期会议的召开时间，在有限责任公司中由公司章程规定；在股份有限公司中依据《公司法》每年召开一次。

（2）临时会议。临时会议是指在法律或者公司章程规定的特殊情形发生时，在定期会议之外，不定期召集和举行的会议。有限责任公司代表 1/10 以上表决权的股东，1/3 以上的董事，监事会或不设监事会的监事如果提议召开临时会议的，应当召开临时会议。股份有限公司在董事人数不足法定人数或公司章程所规定人数的 2/3 时，在公司未弥补的亏损达股本总额的 1/3 时，在单独或合计持有公司股份 10% 以上的股东请求时，在董事会认为必要时，在监事会提议时，都应在两个月内召开临时股东（大）会。

2. 股东（大）会的职权

股东（大）会的职权主要涉及与公司生存发展、重大经营决策或重大财产处分等有关的重要事项。具体来说，股东（大）会通常行使下列职权：

（1）决定公司的经营方针和投融资计划。

（2）选举和更换董事，决定有关董事的报酬。

---

① 刘天善，张力 . 经济法教程（第二版）［M］. 北京：清华大学出版社，2020.

（3）选举和更换由股东代表出任的监事，决定有关监事的报酬事项。

（4）审议批准董事会的报告。

（5）审议批准监事会的报告。

（6）审议批准公司的年度财务预算方案、决算方案。

（7）审议批准公司的利润分配方案和弥补亏损方案。

（8）对公司增加或减少注册资本做出决议。

（9）对公司发行债券做出决议。

（10）对股东向股东以外的其他人转让出资做出决议（有限责任公司股东会的特有职权）。

（11）对公司合并、分立、解散和清算等事项做出决议。

（12）修改公司章程。

（13）公司章程规定需由股东（大）会决定的其他事项。

总体来说，股东（大）会需要负责审议和批准公司的一切重大人事任免和重大经营决策，其中，也包括了审议和批准公司的债务融资决策和股权融资决策。

3. 股东（大）会的召集规则与表决权行使规则

有限责任公司股东会的会议应由出资最多的股东召集和主持。设立董事会的，股东会会议应由董事会召集，董事长主持；董事长不能履行或不履行职务的，由副董事长主持；副董事长不能履行或不履行职务的，由半数以上的董事共同推举一名董事主持。不设董事会的，股东会会议应由执行董事主持；董事会或执行董事不履行职责的，由监事会或不设监事会的公司的监事召集和主持；监事会或监事不召集和主持的，代表 1/10 以上表决权的股东可以自行召集和主持。

股份有限公司的股东大会，原则上由董事会负责召集与主持，当董事会不履行职责时，由监事会负责召集和主持；监事会不履行职责的，则可以由连续 90 日以上单独或合计持有公司 10% 以上股份的股东自行召集和主持。

在股东（大）会上，表决权是股东行使职权的主要方式。行使表决权的一般规则是由出席会议的多数股东表决同意，即同意的表决权数应当占出席会议表决权总数的一半以上。具体而言，股份有限公司的表决权实行一股一票制，有限责任公司的股东则按照出资占比行使表决权，当然其公司章程另有规定的除外。《公司法》允许有限责任公司在公司章程中对股东会的表决权进行特别约定，从而使出资比例和表决权不一一对应。在经股东会决议并写入公司章程的条件下，有限责任公司的股东可以同股不同权。例如，甲和乙按照出资比例 3 ：2（甲出资 30 万元，乙出资 20 万元），设立了一家创新创业的有限责任公司，但是双方在公司章程中特别约定甲的表决权占 30%，乙的表决权占 70%。那么乙可以由此成为该有限责任公司的实际控制人。此外，在不违反《公司法》规定的情况下，有限责任公司的股东还可以自由约定股东会的议事方式和表决程序。①

4. 股东（大）会的决议效力

股东（大）会决议可分为普通决议与特别决议。

（1）普通决议。主要适用于决定公司的普通事项，一般是经出席会议的股东所持表决权过半数即可通过。

（2）特别决议。主要适用于决定公司的特别事项。特别事项一般包括修改公司章程，增资或减资，公司的合并、分立、解散，变更公司形式等。有限责任公司的股东会特别决议要求经代表 2/3 以上表决权的股东通过；而股份有限公司的股东大会特别决议要求经出席会议股东所持表决权的 2/3 以上通过。无论是普通决议，还是特别决议，股东（大）会的决议都应当做好记录，应由主持人、出席会议的董事在会议记录上签名，并与出席股东的签名册等文件一并保存。

《公司法》还规定了股东（大）会决议的无效与撤销制度。“无效”适用于股东（大）会决议内容违反法律或行政法规的情形；如果是股东（大）会的会议召集程序、表决方式违反法律、行政法规或公司章程，或者决议内容违反公司章程的，则应当使用决议的撤销制度，股东可以自决议做出之日起 60 日内提起撤销之诉。

---

① 刘天善，张力 . 经济法教程（第二版）［M］. 北京：清华大学出版社，2020.

（二）董事会——经营决策机关与决议执行机关

1. 董事会的概念

董事会由公司股东（大）会选任的董事组成，是行使公司经营决策权与管理权的常设机关。它是公司的经营决策机关，也是股东（大）会决议的执行机关。

2. 董事会的职权

董事会由股东（大）会选举产生，向股东（大）会负责，需要对内行使经营管理权，对外代表公司参与经济活动。董事会的主要职权包括：召集股东（大）会会议并向股东（大）会报告工作进展；执行股东（大）会的决议；决定公司的经营计划与投资方案；制订公司的年度财务预决算方案；制订公司的利润分配方案与弥补亏损方案；制订公司增资或减资以及发行债券的方案；制订公司合并、分立、解散或变更公司形式的方案；决定公司内部管理机构的设置；决定聘任或解聘公司经理及其报酬的事项，并根据经理的提名决定聘任或解聘公司副经理、财务负责人及其报酬事项；制定公司的基本管理制度；公司章程规定的其他职权。

可以看到，公司的重大人事任免权限在股东（大）会，但是对于公司内部管理机构的设置，以及经理、副经理、财务负责人等的聘用则由董事会决定，并且董事会对以上事项有绝对的自主权。因此，在创新创业企业的股权融资实践中，创业者一定不能忽视董事会的人员构成及其相关权利的界定。

3. 董事会的组成及其会议规则

董事会由股东（大）会选举的董事组成。根据《公司法》的规定，有限责任公司的董事会成员为3~13人；股份有限公司的董事会成员为5~19人；董事任期为每届3年，可连选连任。设董事长1人，董事长可为公司的法定代表人；可设副董事长，董事长与副董事长由董事会以全体董事过半数选举产生。①

---

① 中华人民共和国公司法［M］. 北京：中国法制出版社，2020.

董事会会议也分为普通会议与特别会议。

（1）普通会议。对于有限责任公司，其董事会的普通会议须定期召开，召开时间由公司章程规定；对于股份有限公司，其董事会的普通会议须按照《公司法》的要求每年度至少召开两次。

（2）特别会议。特别会议是针对特别事项而临时召开的会议。股份有限公司的特别董事会会议，可以由代表 1/10 以上表决权的股东、1/3 以上董事或监事会提议召开，董事长应当自接到提议后 10 日内，召集董事会的特别会议。董事会特别会议的主持，原则上由董事长担任，若董事长不能履行或者不履行职责，则由副董事长主持，副董事长不能或不履行职责的，由半数以上董事推举一名董事来主持。每次董事会召集特别会议都应当于会议召开前 10 日通知全体董事和监事。

董事会的会议应有过半数的董事出席方可举行，且董事会的决议实行一人一票制。董事会在会议上所做出的决议，须经全体董事过半数通过。董事会的会议应由董事本人参加，如本人不能出席，可书面委托其他董事代为出席投票，同时应明确其代为投票的权力范围。董事须对董事会的决议承担责任，若董事会决议因违反法律、行政法规或公司章程、股东（大）会决议，致使公司遭受严重损失，那么参与决议的董事须向公司承担赔偿责任，但在表决时曾表明异议并记载于会议记录上的董事，可以免除此责任。

（三）监事会——权力监督机关

1. 监事会以及监事的概念

监事会，是代表全体股东，对公司董事、经理的经营管理行为以及公司的财务状况等进行监督的常设机关。监事会是一个法定的监督机构。

《公司法》对监事会或者监事的设置做了强制性规定。根据《公司法》的规定，有限责任公司设监事会，其成员不得少于 3 人，若公司股东人数较少，可以只设 1~2 名监事；股份有限公司设监事会，其成员不得少于 3 人。[①]《公

① 中华人民共和国公司法［M］. 北京：中国法制出版社，2020.

司法》第 52 条第 2 款还规定："监事会的构成应当包括股东代表和适当比例的公司职工代表，其中职工代表的比例不得低于 1/3。"①

2. 监事的任期和职权

监事每届任期为 3 年，可连选连任。

监事有权列席董事会，并对董事会的决议事项提出质询或者建议。若发现公司经营异常，监事还可以就此开展调查。监事的具体职权范围包括：对公司财务的规范性进行监督；对董事、高级管理人员执行公司职务的行为进行监督；对违反法律、行政法规、公司章程或股东（大）会决议的董事、高级管理人员提出罢免；当董事、高级管理人员的行为损害公司利益时，要求董事、高级管理人员予以纠正；提议召开临时股东（大）会；在董事会的会议上提出提案；公司章程规定的其他职权。

（四）经理——辅助业务执行机关

经理是由董事会聘任的，负责组织日常经营管理活动的公司常设业务执行机关。②

经理可以被选任为公司的法定代表人。

经理的法定职权包括：主持公司的生产经营管理工作；组织实施董事会的决议；组织实施公司的年度经营计划和投融资方案；拟订公司内部管理机构设置方案；拟订公司的基本管理制度；制定公司的具体规章；提请聘任或解聘公司副经理，财务负责人；决定聘任或解聘除应由董事会决定聘任或解聘以外的负责管理人员；董事会授予的其他职权。

---

① 中华人民共和国公司法［M］. 北京：中国法制出版社，2020.

② 刘天善，张力 . 经济法教程（第二版）［M］. 北京：清华大学出版社，2020.

第三节　公司企业的融资

创新创业公司的融资是以公司资产、权益和预期收益为基础，筹集创新创业项目建设、营运以及业务拓展所需资金的行为过程。公司这一企业组织形式，相比于个人独资或合伙的组织形式，具有更丰富的、可选择的融资产品和融资方式。本节首先介绍公司企业的融资目的，然后逐一介绍30多种常见的具体融资方式。

一、公司企业的融资目的

一般创新创业公司的成长都要经过产品经营阶段、品牌经营阶段及资本运营阶段。随着创新创业公司的不断发展，当资金短缺时，公司需要以最小的代价筹措到适当期限、适当额度的资金；当资金盈余时，公司需要以最低的风险、适当的期限将资金贷放出去，以取得最大的收益，从而实现资金供求的平衡。

从公司融资的目的来看，其融资的目的有三类：第一，用于企业扩张；第二，用于还债；第三，混合动机，即同时用于扩张与还债。从公司融资的发展阶段来看，公司融资的目的有四类：第一，在创新创业孕育期用于企业设立；第二，在创新创业发展期用于产品经营；第三，在创新创业成长期用于品牌建设；第四，在创新创业成熟期用于资本投资。

二、公司企业的常见融资方式

公司因股东出资而成立。公司的日常运营离不开现金流，公司的发展壮大亦离不开资金的支持，故融资行为其实贯穿了公司运营管理的始终。

相比于设立个人独资企业或合伙企业而言，以公司这一企业组织形式来设立创新创业企业，可选择的融资方式非常丰富。

如表6-2所示，创新创业公司较为常用的30多种融资方式可以分为三类。以下将依次为创业者介绍这些融资方式。

表 6-2 公司企业常用的融资方式

	内源融资	债务融资	股权融资
融资方式	原股东增资、员工借款、员工持股计划、托管式加盟、融资租赁	民间借贷、网络借贷、典当、银行贷款、仓单质押、保单质押、存单质押、银行承兑汇票、商业承兑汇票、信托贷款、贸易融资（包括信用证、担保提货、进/出口押汇、承兑额度、打包放款、票据贴现、福费廷等）、商业保理、内保外贷、公司债、企业债、前海跨境人民币贷款、上海自贸区跨境人民币境外借款	天使投资、风险投资、私募股权基金投资、股权众筹、股权质押、新三板挂牌、IPO、SPO、优先股

（一）内源融资

1. 原股东增资

原股东增资是指公司的原股东增加其投资并扩大其股权，从而增加创新创业企业的资本。增资扩股会增加公司的注册资本，增加的部分可以由原股东共同按比例或不按比例认购。

2. 员工借款

公司在需要资金时可以向员工借贷。其法律依据是《最高人民法院关于审理民间借贷案件适用法律若干问题的规定》第 12 条："法人或者其他组织在本单位内部通过借款形式向职工筹集资金，用于本单位生产、经营，且不存在合同法第 52 条（已并入新版《民法典》第 144 条、145 条、148 条、151 条和 153 条）、本规定第 14 条规定的情形，当事人主张民间借贷合同有效的，人民法院应予以支持。"① 但创新创业企业要注意向员工借贷也存在被认定为非法集资的可能情形。《最高人民法院关于审理非法集资刑事案件具体应用法律若干问题的解释》的第 1 条主张："未向社会公开宣传，在亲友或者单位内部针对特定对象吸收资金的，不属于非法吸收或者变相吸收公众存款。"②

3. 员工持股计划

员工持股计划，又称员工持股制度或事业合伙人制度，是员工享有公司

① ②最高人民法院关于审理民间借贷案件适用法律若干问题的规定［M］. 北京：中国法制出版社，2015.

所有权的一种实现形式，也是创业者与其员工分享企业所有权和未来收益权进而实现内源融资的一种常见制度安排。① 按照一个较低的优惠价格实施有偿的员工持股计划，不仅可以扩大创新创业企业的资金来源，增加员工收入；还可以奠定企业民主管理的基础，留住人才，并调整企业的收益权，转变企业的约束机制。

创新创业公司实施员工持股计划的一般步骤如下：首先，设立员工持股会，统一管理员工股东的出资；接着，界定员工持股会的职权，规范员工持股会的组织和行为；最后，实施员工持股计划。有资格参与持股计划的员工，可以通过购买创新创业公司的部分股票（或股权）而拥有企业的部分产权，并且还可以获得相应的企业管理权。创新创业公司实施有偿员工持股计划的结果，是使员工在成为公司股东（直接或间接）的同时，实现公司内源融资。

通常情况下，创新创业公司员工持股计划内容包括：

（1）规定收益人的范围与数量，主要是确定持股员工的资格。

（2）规定员工持股的总量和员工股票的分配。

（3）规定员工股票的托管。

（4）规定员工股票的出售。

员工持股计划是西方公司实践经验的舶来品，中国本土创新创业企业能否结合国情和企业文化制订出有中国特色的员工持股计划显得极为关键。不少中国创新创业企业已经对国外企业的员工持股计划进行了移植改造。它们在实践中形成了三种比较有利于中国创新创业企业融资的员工持股计划。

（1）直接激励型。对于创新创业公司的高管以及核心技术人员采取股权激励方式，直接允许高管及技术核心人员以一定的折扣价格购买股份，并将他们登记在公司的股东名册中，再进行工商变更登记。这种方式能够最大限度地激励团队员工，还可以同时获得融资。目前，高新技术类的创新创业公司在设立之初普遍选择这一方式。但这种方式未来也可能因团队成员流动而

① 张诗信，王学敏．合伙人制度顶层设计［M］．北京：企业管理出版社，2018.

存在股权纠纷的隐患。

（2）期权激励型。创新创业公司的原始股权有限，股东人数的不断增加势必稀释核心创始人和核心创始团队的股份。基于此，大部分创新创业公司在进入快速扩张期之后会对中层管理人员采取期权奖励的方式。不过，随着创新创业公司的持续成长，行权期限到来之后，创始人和创始团队股份被稀释的问题还是表现得比较突出。

（3）股票激励型。该激励模式可以面向创新创业公司的所有员工，只要达到公司的一定条件，便给予虚拟股票进行激励。虚拟股票实际上是员工薪酬的延迟支付，对公司股权并无任何侵害。但是该类方案需要缜密设计，最好能够聘请专业的律师进行合规咨询。目前国内创新创业公司还较少采取这一类员工持股计划。此类员工持股计划的典型实践，是华为的员工持股计划。

4. 托管式加盟

不同于标准的商业特许关系（加盟），托管式加盟是指投资者作为加盟方，以自己名义按照融资方（这里指创新创业公司）的要求出资租赁营业场所并负担租金，而后向融资方缴纳加盟费、购货款及装修款。整个商铺的进货、运营、财务、人员均不需要加盟方管理，融资方会在约定日期向出资的加盟方返还利润。创新创业公司可以利用自己的管理能力、市场渠道或品牌形象开展广泛的托管式加盟，从而实现融资。托管式加盟融资的实质是创新创业公司把加盟方作为内部利益相关者，并利用其为企业规模扩张提供资金。

5. 融资租赁

融资租赁是指出租人根据承租人（这里指创新创业公司）对租赁物件的特定要求和对供货人的选择，出资向供货人购买租赁物件，并租给承租人使用，而承租人只需分期向出租人支付租金的融资方式。在租赁期内，租赁物件的所有权归出租人所有，但承租人拥有租赁物件的使用权。[①] 租期届满，租金支付完毕并且承租人根据融资租赁合同的规定履行了全部义务后，对租赁

---

① 珍妮特·K. 史密斯，理查德·L. 史密斯，理查德·T. 布利斯. 创业融资：战略、估值与交易结构[M]. 沈艺峰，等译. 北京：北京大学出版社，2017.

物归属没有约定的或者约定不明的，可以协议补充；不能达成补充协议的，按照合同有关条款或者交易习惯确定；仍然不能确定的，租赁物件所有权归出租人所有。融资租赁，实质上是创新创业公司把出租人转化为利益相关者，并利用其为拟投资的大型成套设备进行融资。

（二）债务融资

1. 民间借贷

民间借贷是指创新创业公司不经金融监管部门批准设立的从事贷款业务的金融机构及其分支机构，而是向员工以外的其他自然人以及向法人或其他组织进行资金融通的行为。

在我国，年息 36% 以内的民间借贷受国家法律保护。这在侧面上反映出民间借贷存在利率成本过高的问题，从而要求创新创业公司在通过民间借贷融通资金时，要注意避免过高的债务融资成本。

创新创业公司在规定利率水平以下开展民间借贷融资，是合法的。但民间借贷的随意性、风险性容易造成诸多社会问题，存在一定的法律风险。

2. 网络借贷

网络借贷指的是在借贷过程中，有关资料与资金、合同、手续等的事务都通过网络来办理的融资方式。它是随互联网发展和民间借贷兴起而兴起的一种融资模式。有人甚至认为，网络借贷将是未来金融服务的发展趋势。P2P 是 peer to peer lending 的缩写，是曾经国内外较为流行的网络借贷方式之一。P2P 网络借贷一般提供两类产品：一类是投资理财产品，另一类是贷款产品。创新创业公司可以比较方便且快捷地到 P2P 网站上申请贷款。但是，根据中国人民银行的要求，到 2020 年 11 月底中国大陆地区的 P2P 平台已全部清零。[①]之后，部分原 P2P 平台获批转型为网络小贷公司。需要通过网络借贷方式融通资金的中国创业者，可以选择更规范的网络小贷平台和网络小贷产品，但

---

① 2021 年 1 月 15 日，央行副行长陈雨露在国新办新闻发布会上发言，他表示 2020 年防范化解金融风险攻坚战已取得重要阶段性成果，P2P 平台已全部清零。

也面临更严格的贷前审查。

3. 典当

典当是指当户（这里指创新创业公司）将其动产、不动产或其他财产权利作为当物质押或抵押给典当行的融资行为。典当融资需要交付一定比例的手续费用，才能取得当金，并且必须在约定期限内支付当金利息、偿还当金，才能赎回当物。

4. 银行贷款

银行贷款是大中型创新创业公司债务融资的最主要方式。优点在于程序比较简单，融资成本相对节约，灵活性强。缺点在于一般会要求企业为其贷款融资提供抵押或者担保。随着银行以及非银行金融机构不断采用大数据、区块链等新技术来辅助信用审核，它们为中小微创新创业公司提供信用融资的成本也在降低。在国家"双创"政策的专项支持下，各家银行纷纷针对中小微创新创业公司提供了特色贷款服务。在资产规模有限的情形下，只要中小微创新创业公司及其创业者的信用良好，中小微创新创业公司也可以从银行等金融机构获得信用资金。不过，与股权融资相比，贷款融资存在还款付息压力，有可能给经营尚不稳定的创新创业公司带来财务风险。

5. 仓单质押

仓单是保管人收到仓储物后给存货人开付的提取仓储物的凭证。仓单除了具有所有权凭证作用外，还可以通过背书转让的方式进行流通，从而作为一种衍生的金融工具使用。仓单的存货人（这里指创新创业公司）可以作为出质人与质权人订立仓单质押合同。存货人以仓单作为质押物进行融资时，其仓单需要背书并经过保管人在上面签字或盖章。将仓单交于质权人后，质押权即产生效力，这就是仓单质押的雏形。相较于传统的实物抵押、质押或者是第三人保证贷款，仓单质押融资在很大程度上是对典型融资担保方式的突破。

6. 保单质押

保单质押是投保人（这里指创新创业公司）把自己所持有的具有现金价值的保单直接抵押给保险公司，并按照保单现金价值的一定比例获得资金的一种融资方式。若借款人到期不能履行债务，当贷款本息积累到退保现金价值时，保险公司有权终止保险合同。

用于质押的保单，其本身必须具有现金价值。人身保险合同一般可以分为两类：一类是医疗费用保险和意外伤害保险，此类保险合同属于损失补偿性合同，与财产保险合同一样，不可以作为质押物；另一类是具有储蓄功能的养老保险、投资分红型保险及年金保险等人寿保险，此类保险合同只要投保人缴纳保费超过 1 年就具有了一定的现金价值，保单持有人可以随时要求保险公司返还部分现金价值以实现融资。因此，后者是可以作为质押物的。

7. 存单质押

存单是权利人（存单的所有人，这里指创新创业公司）的一项特殊财产证明。它赋予权利人随时向出具存单的金融、储蓄机构请求支付存单所载金额的权利。基于此，在现代商业经济活动中，存单常被创新创业公司用于质押融资。存单质押的方式有两种。

（1）以定期存单作质押从金融机构贷款。用于向金融机构质押的存单，贷款机构会在核实存单的真实性以后，通知出具存单的存款银行办理资金冻结，即登记支付手续，俗称“核押”；然后，贷款机构会与借款人签订质押贷款合同，同时将存单保存在贷款机构手中，以防止存单所有人在借款人归还全部贷款本息之前将存款提走。

（2）当自然人之间或者自然人与法人、其他组织之间，法人、其他组织相互之间存在债权债务关系时，可以由债务人以存单作为债权的质押担保。债务人为向债权人（非金融机构）担保自己的履约能力，把自己所有的存单交由债权人占有，以此作为自己的债务能如期履行的担保，并与债权人约定，在债务到期后，如债务人不能全部履行债务，则债权人可以凭此存单上的款项优先受偿。

8. 银行承兑汇票

银行承兑汇票是由付款人委托银行开具的一种延期支付票据，票据到期，银行具有见票即付的义务，并且票据最长期限为 1 年。这种票据可以在其有效期限内背书转让。由于有银行担保，所以银行对委托开具银行承兑汇票的单位有一定的要求。一般情况下，银行会要求企业存入与票据金额等值的保证金，并至票据到期时再解付。对于信用较高的企业，在已获得银行承兑汇票授信的情形下，有时银行只要求其存入票据金额百分之几十的保证金，并在授信额度范围内使用信用额度。

创新创业公司利用银行承兑汇票实现融资时，通常采用三种方式。

（1）以银行承兑汇票支付货款来弥补企业短期资金不足，从而节省现金支出。

（2）开具差额保证金银行承兑汇票，以放大企业信用，从而用更少的钱、更低的融资成本筹集更多的资金。

（3）将收到的银行承兑票据申请贴现或者背书转让，以补充流动资金或支付货款。

9. 商业承兑汇票

商业承兑汇票，是收款人开出经付款人承兑或由付款人开出并承兑的汇票。创新创业公司因规模较小且比较缺乏信用积累，因而通常并不具有开具商业承兑汇票的资格。利用商业承兑汇票进行融资，主要是指创新创业公司利用客户提供的商业承兑汇票向银行贴现而取得资金。它包括债权企业利用商业承兑汇票融资和债务企业利用商业承兑汇票融资两种形式。

（1）债权企业利用商业承兑汇票融资，是指应收票据的债权企业（这里指创新创业公司）为了解决其临时的资金周转困难或者为了获得更多的流动资金，而将所持有的大客户应收票据拿出来，向银行申请贴现，以从银行取得相应的资金。

（2）债务企业利用商业承兑汇票融资，是指在具有良好业务合作关系的企业之间，特别是在关联企业之间，互相开具商业承兑汇票，从而让债权企业用商业承兑汇票先向银行贴现，然后再将从银行取得的贴现款转划给原票据债务企业（这里指创新创业企业），从而达到原票据债务企业从银行融资的目的。

10. 信托贷款

信托贷款是指受托人接受委托人的委托，将委托人存入的资金，按其指定对象（这里指创新创业公司）、用途、期限、利率与金额等发放贷款，并负责到期收回贷款本息的一项金融业务。委托人在发放贷款的期限、用途等方面有充分的自主权，同时又可以利用信托公司在企业资信与资金管理方面的优势，增加资金的安全性，提高资金的使用效率。

11. 贸易融资

贸易融资是指在商品交易中，由银行运用结构性短期融资工具，基于国际商品交易（如原油、金属、谷物等）中的存货、预付款、应收账款等资产而为企业提供融资。贸易融资，可以细分为银行向进口商提供的贸易融资和银行向出口商提供的贸易融资两大类和九种比较常见的具体方式。

第一大类，银行向进口商提供贸易融资的四种常见方式。

（1）提供信用证融资额度。为了对进口商（这里指创新创业公司）提供融通资金的便利，银行通常对一些资信较好、有一定清偿能力、业务往来频繁的进口商核定一个相应的授信额度或开证额度，供其循环使用。进口商开证时只需提供一定比例的保证金，无须缴纳全部货款，差额部分可占用授信额度或开证额度，这就减少了其资金占用。

（2）担保提货。在进出口双方相距较近、货物比单据先到时，为避免缴纳滞港费，加速进口商（这里指创新创业公司）的资金周转，开证银行可向船运公司出具提货担保书并保证赔偿船运公司由此造成的任何损失；进口商先行提货之后，待正本提单到达，再以正本提单换回原提货担保书来注销。这样，既减少了进口商的费用，又可以尽快提货以免因货物品质变化而遭受损失。

（3）进口押汇。在即期信用证项下，开证银行在收到进口单据之后，经审查单证相符，或虽有不符点但进口商（这里指创新创业公司）及开证银行都同意接收，开证银行可以按进口商的需求偿付议付银行或交单银行，银行所垫款项由进口商日后偿还。在进口押汇业务中，释放单据的方式大致有三种：一是凭信托收据放单，二是凭进口押汇协议放单，三是由进口商付清银行垫款后放单。

（4）承兑信用额度。在远期信用证项下，开证银行在收到进口单据之后，经审查单证相符，或虽有不符点但进口商（这里指创新创业公司）及开证银行都同意接收，由开证银行以其自身信用对外承诺在将来某个固定日期或可以确定的日期向受益人付款。

第二大类，银行向出口商提供贸易融资的五种常见具体方式。

（1）打包放款。出口商（这里指创新创业公司）在提供货运单据之前，以供货合同和国外银行开来的以自己为受益人的信用证向当地银行抵押，从而取得用于该信用证项下出口商品的进货、备料、生产和装运所需周转资金的一种融资方式。

（2）票据贴现。在远期信用证项下，出口商（这里指创新创业公司）发货并取得开证银行或其他汇票付款人已承兑汇票后，到当地银行将期票以折扣价格兑现的一种融资方式。不过，在这种贸易融资方式下，银行对已贴现票据有追索权。

（3）出口押汇。出口商（这里指创新创业公司）将全套出口议付单据交其往来银行或信用证指定银行，由银行扣除从议付日到预计收汇日的利息及有关手续费，将净额预先付给出口商，并且向出口商有追索权的一种融资方式。

（4）福费廷（Forfaiting 的音译），又称票据包买或买断，是指出口地银行或金融机构对出口商（这里指创新创业公司）的远期债权（包括远期 / 延期付款信用证、远期商业本票、远期银行本票、远期汇票）进行无追索权的贴现，以使出口商得以提前取得现款的一种融资方式。换言之，福费廷是指出口商将自己未来应收的远期票据转让给买断行，以换取现金。

（5）利用出口信用保险融资。出口信用保险是政府为鼓励出口企业（这里指创新创业公司）扩大出口、保障企业出口收汇安全而开设的政策性保险。该保险的承保险种之一是信用证保险——承保出口企业以信用证支付方式出口的收汇风险。该保险能够保障出口企业在按照要求提交了单证相符、单单相符的单据后，一旦政治风险或商业风险发生，因不能如期收到应收账款而带来的损失。出口企业是信用证保险的受益人，银行则对投保了此险种的出口企业提供相应的融资服务。

12. 商业保理

商业保理指供应商（这里指创新创业公司）将基于其与采购商订立的货物销售 / 服务合同所产生的应收账款转让给保理商，由保理商为其提供应收账款融资、应收账款管理及催收、信用风险管理等综合金融服务而形成的贸易融资工具。商业保理的本质是供货商基于商业交易，将采购商的信用转为自身信用从而实现应收账款融资。

13. 内保外贷

内保外贷是指境内银行为境内企业（这里指创新创业公司）在境外注册的附属企业或参股投资企业提供担保，由境外银行给境外投资企业发放相应贷款。如此一来，境内企业就可以获得境外的低成本资金。在一定额度内，由境内的银行开出保函或备用信用证为境内企业的境外公司提供融资担保，而无须为境外附属企业的融资进行逐笔审批。和以往的融资型担保相比，这大大缩短了融资办理的流程。2010 年，国家外汇管理局发布了《关于境内机构对外担保管理问题的通知》，对内地银行向海外开出外币担保融资函实施额度管理，即“内保外贷”——银行对外担保的融资额度不能超过银行本身净资产的 50%。

14. 公司债

公司债，是股份有限公司以举债方式向社会公众募集资金而形成的记载并表明公司债权的证券。公司债券可以分为有记名公司债券与无记名公司债券两类，或者分为担保债券与无担保债券即信用债券两类。

发行公司债需要由股份有限公司的董事会做出决定，报股东大会审批，而后制定募债说明书，再报主管机关批准。公司债募集资金的对象为不特定的社会公众。公司债的持有人，只是公司的债权人，不能参与公司的经营决策。但是，在公司解散时，债券持有人可比股权投资者就公司财产优先得到清偿。

15. 企业债

企业债是指在中国境内具有法人资格的企业，依照法定程序发行约定在一定期限内还本付息的有价证券。过去，企业债一般是由中央政府部门所属机构、国有独资企业或国有控股企业发行的。近年来，由省级发改委预审、国家发改委核准的企业债券日益增多。有些企业债的发行者，正是处于接近成熟期或者成熟期的在中国境内注册的非上市创新创业公司。

企业债按不同标准可以分为很多种类。

（1）按期限可分为短期、中期和长期三类。短期企业债的期限在1年以内，中期企业债的期限在1年以上5年以内，长期企业债的期限在5年以上。

（2）按是否记名，可分为记名和不记名两类。如果企业债券上登记有债券持有人的姓名，投资和领取利息时要凭印章或其他有效的身份证明，转让时要在债券上签名，随后还要到发行公司办理变更登记，那么它就是记名企业债券；反之则是不记名企业债券。

（3）按有无担保，可分为信用和担保两类。其中，信用债券指仅凭筹资人的信用发行的、没有担保的债券，信用债券一般只适用于信用等级高的债券发行人；担保债券是指以抵押、质押、保证等方式发行的债券。其中，抵押债券是指以不动产作为担保品所发行的债券；质押债券是指以其有价证券作为担保品所发行的债券；保证债券是指由第三者担保偿还本息的债券。

（4）按能否提前赎回，可分为可提前赎回和不可提前赎回两类。如果发行企业在债券到期前有权定期或随时购回全部或部分债券，这种债券就称为可提前赎回企业债券，反之则是不可提前赎回企业债券。

（5）按票面利率是否变动，可分为固定利率、浮动利率和累进利率三类。固定利率企业债券是指在偿还期内利率固定不变的企业债券，浮动利率企业债券是指票面利率随市场利率定期变动的企业债券，累进利率企业债券是指随着债券期限的增加利率累进的企业债券。

（6）按发行人是否给予投资者选择权，可分为附有选择权的债券和不附有选择权的债券两类。附有选择权的企业债券，是指债券发行人给予债券持有人一定的选择权，如可转换的企业债券、有认股权证的企业债券、可退还的企业债券等。其中，可转换的企业债券的持有者，可在一定时间内按规定的价格条件将债券转换成该企业所发行的股票；有认股权证的企业债券持有者，可凭认股权证购买企业股票；可退还的企业债券，在规定的期限内可以退还。反之，若企业债券的持有人没有上述选择权，其所持有的企业债券即不附有选择权的企业债券。

（7）按发行方式，可分为公募和私募两类。其中，公募企业债券指按法定手续经证券主管部门批准公开向社会投资者发行的企业债券；私募企业债券指以特定的少数投资者为对象发行的企业债券，发行手续简单，但不能公开上市交易。

16. 前海跨境人民币贷款

《前海跨境人民币贷款管理暂行办法》允许在前海地区注册成立并在前海实际经营的（内资）企业（这里指创新创业公司），从香港经营人民币业务的银行借入人民币资金。但该跨境人民币贷款仅限于为前海地区的投资业务和建设业务融资。①

17. 上海自贸区跨境人民币境外借款

为贯彻落实《关于金融支持中国（上海）自由贸易试验区建设的意见》，经中国人民银行总行同意，人民银行上海总部于2014年发布了《关于支持中国（上海）自由贸易试验区扩大人民币跨境使用的通知》（以下简称《通知》）。《通知》提出试验区人民币境外借款，区内金融机构和企业从境外借用人民币资金（不包括贸易信贷和集团内部经营性融资）应当用于国家宏观调控方向相符的领域，暂不得用于投资有价证券（包括理财等资产管理类产品）、衍生产品，不得用于委托贷款。

（三）股权融资

如第一章导论所述，股权融资是指股东愿意让出一部分公司所有权，通过增资方式引进新股东，并且使总股本同时增加的一种融资方式。股权融资可以按融资渠道划分为两大类：私募发售和公开市场发售。所谓私募发售，是指企业自行寻找特定的股权投资者，吸引其增资入股企业而募集资金的融

---

① 杜易，赵晓光．创业中国［M］．北京：民主与建设出版社，2019.

资方式。所谓公开市场发售，是指通过股票市场向公众投资者发行股票来募集资金的方式。天使投资、风险投资和私募股权基金投资是处于设立期、创建期以及发展期的创新创业公司较为常用的私募发售方式，新三板挂牌、IPO（首次公开募集股份）和SPO（股票增发配售）是接近或者进入成熟期的创新创业公司较为常用的公开市场发售方式，股权众筹则是新兴的互联网渠道股权发售方式。以下分别介绍这几种常见的股权融资方式。

1. 天使投资

天使投资是自由投资者或者非正式的风险投资机构对原创型创新创业构想或小型初创的创新创业企业所开展的早期权益投资。它是广义风险投资的一种形式，通常是一种个人行为，而不是金融机构的行为。

天使投资者，通常是指投资于非常年轻的创新创业企业，并帮助这些企业实现创业启动的投资者。在股权融资领域，“天使”这个词指的是创新创业企业设立之后的最早期或者第一批投资者。这些投资者通常在创新创业企业的产品和业务成形之前就把资金投入进来。他们通常以个人出资来协助具有专门技术或独特商业模式，但缺少自有资金的创业者进行创新创业。有时，天使投资者还可以是创业者的朋友、亲戚或商业伙伴。他们对创业者的能力和创意深信不疑，因而更愿意在业务远未开展之前就为创业者的设想投入一大笔资金。天使投资者承担了创新创业企业在孕育和成长过程中的高风险，但也因此可以享受其成功后的高收益。

2. 风险投资

风险投资在中国是一个约定俗成的具有特定内涵的概念，其实把它翻译成创新创业投资更为妥当。广义的风险投资泛指一切具有高风险、高潜在收益的投资；狭义的风险投资是指具备资金实力的投资者对具有专门技术并具备良好市场发展前景，但缺乏启动资金的创业者进行资助，帮助其圆创业梦，并因此承担高风险的投资。

风险资本、风险投资者、投资对象、投资期限、投资目的和投资方式构成了风险投资的六要素。从投资者视角来看，风险投资是投资者把资本投向蕴藏着较高失败风险的高新技术及其产品的研究开发领域，旨在促使高新技术成果商品化、产业化，以取得高资本收益的一种投资过程。① 从创新创业公司融资的视角来看，风险投资是股权投资者甘冒高风险以追求较高投资报酬，并将最终退出所投资创新创业公司的，以回收投资资金②、从而再次将资金投入“高风险、高科技、高成长潜力”型企业，进而实现资本增值的一种投资过程。

作为由资金、技术、管理、专业人才和市场机会等要素所共同组成的投资活动，风险投资具有以下六个特点：

（1）以资金换股权的方式，积极参与对创新创业公司的投资。

（2）协助创新创业公司进行经营管理，并参与其重大决策。

（3）投资风险大、回报高，并由专业人员周而复始地开展风险投资。

（4）以追求投资回收为目的，而不以控制被投资企业的所有权为目的。

（5）与创业者的关系是建立在相互信任与相互合作的基础上的。

（6）投资对象一般是高科技、高成长潜力的创新创业公司。

风险投资家，既是投资者，又是经营者。与银行家不同，他们不仅是金融家，而且是企业家。他们在向创新创业公司投资之后，便参与该公司的经营管理。他们不仅积极参与创新创业公司长期战略的制定，还经常参与其短期发展规划、管理体系的建设以及高管人员的雇用和解聘等。也就是说，风险投资家为创新创业公司所提供的不仅是资金，更是资源、人脉和经验。

风险投资家一般在被投资的创新创业公司持有大约30%的股份，其利益是与创新创业公司的利益紧密联系在一起的。从完整的企业生命周期来看，风险投资最终将退出其所投资的创新创业公司。风险投资退出创新创业公司的方式有三种。

（1）首次公开发行。

（2）被其他企业并购。

（3）破产清算。

---

①②珍妮特·K.史密斯，理查德·L.史密斯，理查德·T.布利斯.创业融资：战略、估值与交易结构[M].沈艺峰，等译.北京：北京大学出版社，2017.

以何种方式退出创新创业公司，在一定程度上是风险投资是否成功的标志。很显然，被投资的创新创业公司实现首次公开上市发行，是所有风险投资家的最优奋斗目标。而破产清算则意味着风险投资可能发生一部分损失或全部损失。因此，早在做出是否对创新创业公司进行风险投资的决策之前，风险投资家就需要为自己提前制定退出策略。在没有成功 IPO 的前提下，退出的策略和创新创业公司的利润分配决策紧密相关。创业者在推动创新创业公司股权融资实践时，需要提前考虑风险资金以什么方式和什么时间进入和退出最有利于创新创业公司实现融资和成长。

3. 私募股权基金投资

私募股权基金起源于广义的风险投资。从 20 世纪 80 年代开始，大型并购基金日益风行。这使私募股权基金投资有了新的含义。在广义风险投资不断专业化、细化和分化的情形下，风险投资机构的投资范围通常限于以高新技术为主的中小公司的启动期和扩张期融资，而私募股权基金的投资对象则主要是那些已经形成一定规模的，并产生稳定现金流的成熟企业。由于投入时期不同，相比而言，前者的投资风险更高、投资期更长、投资回报更高，而后者的投资风险更低、投资期更短且投资回报更低。

私募股权基金获得投资回报的方式主要有三种。

（1）公开首次发行，即公开上市。

（2）出售或购并。

（3）企业资本结构重组。

私募股权基金投资是对成熟期的非上市公司进行的股权投资。创业者只有在创新创业公司接近或者已经发展到其生命周期的成熟期时，才可以考虑通过私募股权基金来进行股权融资。私募股权基金投资的常见形式包括发展资本，夹层资本，基本建设，管理层收购或杠杆收购，重组和合伙制投资基金等。

4. 股权众筹

股权众筹是指创新创业公司通过出让一定比例的股份，面向普通投资者，由消费者出资入股并获得产品或服务以及未来收益。这种基于互联网渠道的新兴融资模式被称作股权众筹。其另一种解释就是“股权众筹是私募股权的互联网化”[1]。

创业者在开展股权众筹之前，需要首先了解股权众筹的运行方式。股权众筹的运行中，主要参与主体包括筹资人、出资人和众筹平台。其中，筹资人又称发起人，通常是指股权众筹融资过程中需要资金的创新创业公司或创新创业项目。筹资人通过股权众筹平台发布企业或项目的融资信息，以及可出让的股权比例。出资人为数量庞大的互联网用户，他们利用在线支付等方式对自己觉得有投资价值的创新创业公司或创新创业项目进行小额投资。待筹资成功后，出资人可以获得该公司或项目一定比例的股权。众筹平台是连接筹资人和出资人的媒介，其主要职责是利用网络技术支持，根据相关法律法规，将项目发起人的创意和融资需求信息发布在虚拟空间里供投资人选择，并在筹资成功后负有一定的监督义务。

股权众筹是明确以项目股权作为回报的一种众筹方式，但其本质还是民间融资。与私募股权基金投资相比，股权众筹主要通过互联网完成“募资”。2014 年 5 月 30 日起，股权众筹明确归属于证监会监管。按照监管意见，创新创业公司开展股权众筹融资时，其股东不得超过 200 个，单个股东的投资金额不得超过 2.5 万元，整体投资规模需要控制在 500 万元以内。

5. 股权质押

股权质押是指出质人（这里指创新创业公司的大股东，即创业者）以其所拥有的股权作为质押标的物而设立的质押，以担保主债权实现的一种融资方式。股权质押融资并不属于债务融资。由于它以企业股权作为出质的权利为债务提供担保，所以被认为是创新创业公司常用的股权融资方式之一。

6. 新三板挂牌

新三板市场起源于 2001 年设立的“股权代办转让系统”。最早，它的功能是承接两网公司和退市公司，称为“旧三板”。2006 年，中关村科技园区非上市的股份有限公司进入代办转让系统进行股份报价转让，称为“新三板”。2013 年 12 月 31 日，股权代办转让系统进一步发展为全国中小企业股权转让系统。

---

① 郭春光，赵月阳 . 众筹：互联网 + 时代的融资新思维［M］. 北京：人民邮电出版社，2016.

对于创新创业公司而言，到新三板挂牌定向发行股票融资是一种门槛较低的公开发售股权的融资方式。根据《非上市公众公司监督管理办法》和《全国中小企业股份转让系统有限责任公司管理暂行办法》等规定，新三板简化了挂牌公司定向发行股票的核准程序[①]，允许公司在申请挂牌的同时定向发行股票融资或挂牌后再提出定向发行股票融资。由于挂牌门槛远低于主板市场，新三板被誉为创业板上市企业的孵化器。它正日益成为处于创建期和发展期的创新创业企业常用的融资方式。创业者一方面可以通过新三板挂牌获得股权融资，另一方面可以在适应新三板规范运作、适度信息披露、相关部门监管等的过程中，促使创新创业公司逐渐建立健全公司治理，熟悉资本市场，以尽快达到未来在主板上市的要求。

7. IPO

IPO 是“Initial Public Offering”的首字母缩写，中文意思是首次公开募集股份。IPO 可以为成熟期的大中型创新创业公司提供大规模融资。它是股份有限公司首次向不特定社会公众公开招股的发行方式。

通俗来说，IPO 是一家公司（必须是股份有限公司）成为上市公司，并第一次通过证券交易所将它的股份向公众出售。如果已处于成熟期的创新创业企业采用的是有限责任公司这一法定组织形式，那么在申请 IPO 之前，有限责任公司必须首先进行股改，将自身的法定组织形式变更为股份有限公司。

IPO 不仅可以帮助创业者吸引投资者，募集资金，实现融资；还可以增强企业股票的流通性，提高企业的知名度和员工对企业的认同感。此外，IPO 还有利于促进股份有限公司进一步规范治理、完善制度、提高效率。

8. SPO

SPO 是“Secondary Public Offering”的缩写，中文意思是股票增发配售。股票增发配售是已上市公司（例如高科技型创新创业公司）通过指定投资者（如大股东或机构投资者）或全部投资者额外发行股份而募集资金的融资方式。

股票增发配售的发行价格，一般为发行前某一期间平均价的某一比例。

---

① 刘天善，张力 . 经济法教程（第二版）［M］. 北京：清华大学出版社，2020.

股票增发配售的目的有两个。

（1）大投资者（例如投资机构）欲成为上市公司的战略股东，甚至成为控股股东。投资机构要入股上市公司，可以向大股东购买股权（如摩根士丹利及国际金融公司联合收购海螺水泥 14.33% 的股权）。由于新股东掏出来的钱进的是大股东的口袋，这对为上市公司大规模融资的直接作用不大。

（2）通过定向增发融资后去并购其他企业或扩大规模。上市公司可以向符合条件的指定投资者非公开发行股份从而实现融资。按规定，上市公司定向增发融资的发行对象不得超过 10 人，发行价不得低于公告前 20 个交易日市价均价的 90%，发行股份 12 个月内（认购后变成控股股东或拥有实际控制权的 36 个月内）不得转让。[①] 通过定向增发进行股权融资的优点在于限制条件较少且融资规模较大。因此，已上市公司较多采用此种方式进行股权融资。

9. 优先股

公开发行优先股的发行人，仅限于符合证监会规定的上市公司；非公开发行优先股的发行人，则可以是上市公司（含注册地在境内的境外上市公司）和非上市公司。

虽然符合要求的上市公司和非上市公司都可以发行优先股融资，但是发行优先股对于绝大多数的创新创业公司来说存在门槛过高而并不适用的问题。创新创业公司只能向符合《优先股试点管理办法》第 65 条规定的合格投资者发行优先股，且发行对象累计不得超过 200 人。《优先股试点管理办法》第 65 条列出的合格投资者包括：

（1）经有关金融监管部门批准设立的金融机构，包括商业银行、证券公司、基金管理公司、信托公司和保险公司等。

（2）上述金融机构面向投资者发行的理财产品，包括但不限于银行理财产品、信托产品、投连险产品、基金产品、证券公司的资产管理产品等。

（3）实收资本或实收股本总额不低于人民币 500 万元的企业法人。

---

① 刘天善，张力 . 经济法教程（第二版）［M］. 北京：清华大学出版社，2020.

（4）实缴出资总额不低于人民币 500 万元的合伙企业。

（5）合格境外机构投资者（QFII）、人民币合格境外机构投资者（RQFII）、符合国务院相关部门规定的境外战略投资者。

（6）除发行人董事、高级管理人员及其配偶以外的，名下各类证券账户、资金账户、资产管理账户的资产总额不低于人民币 500 万元的个人投资者。

（7）经中国证监会认可的其他合格投资者。

根据《优先股试点管理办法》的规定，上市公司的创业者在发行优先股融资时，若在公司章程中未明确规定优先股股东的权责利内容，则需要召开股东大会修改公司章程，以提前明确优先股股东参与剩余利润分配的比例、条件等事项，并需要为更改后的公司章程办理工商行政登记的变更。

第四节 公司企业的股权设计

工业化时代，公司企业的成功在于善用经理人；互联网时代，公司企业的成功则在于善用股权。股权设计是采用公司这一企业组织形式的创新创业企业的顶层设计。它主要解决创新创业公司由谁投资、由谁运营、如何分配收益等问题，关系到创新创业公司能否顺利实现股权融资。本节首先阐述股权分配的重要性，其次从便利股权融资的视角剖析股权设计需要考虑的利益相关者，再次介绍创新创业公司股权架构设计的九条生命线，接着介绍创新创业公司的常见股权架构模式，最后给出创新创业公司股权设计的基本原则。

一、股权分配对创新创业公司的重要性

2017 年年初，一篇题为《就算老公一毛钱股份都没拿到，在我心里，他依然是最牛 × 的创业者》的文章在网上疯传，引起了全社会对创新创业公司利益分配与股权设计的热议和关注。文章的作者，自称是某游戏公司技术负责人的妻子。她讲述了丈夫作为该游戏公司的二号员工、联合创始人，辛苦创业 7 年却没有得到任何股权且净身出户的故事。之所以出现这样的问题，原因就在于

创业之初，合伙人之间的股权安排只停留在口头上，而没有具体落实到纸面协议上。

股权分配出现矛盾纠纷，往往是导致创业团队由同甘共苦变为同床异梦，甚至是同室操戈、同归于尽的重要原因。在通常情况下，创新创业公司股权分配的矛盾纠纷是潜藏的、隐晦的。首次开展股权融资，会极大激发股权分配的矛盾纠纷，导致创始团队在经历创业初期的艰苦奋斗之后，陷入利益纷争。例如，之前曾风靡北京的“西少爷”肉夹馍店、自媒体的先行者“罗辑思维”等就是因为股权融资激发了联合创始人之间股权配置不合理的矛盾，而出现股东间相互口诛笔伐，进而导致创新创业陷入困境的典型案例。

搜狐财经在收集分析了近百起失败案例后，对导致创新创业失败的原因进行了统计。如图 6-6 所示，在失败原因中商业模式问题占比为 43%；股权分配问题占比为 23%；团队不和占比为 21%；股东出走占比为 7%；其他问题占比为 6%。可以看到，股权分配问题与团队不和在创新创业企业失败的三大主因中占了两席。

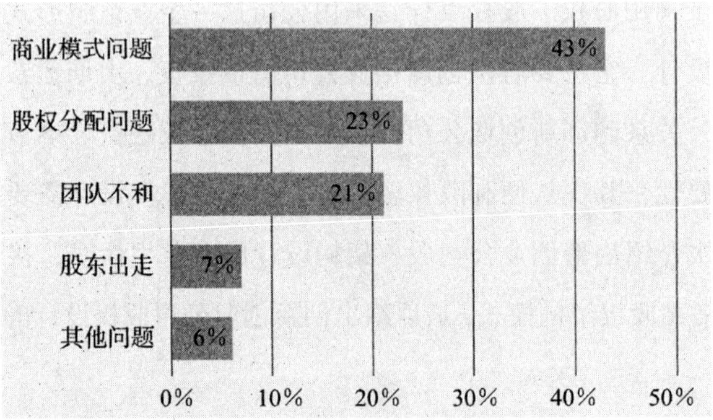

图 6-6　创新创业公司失败的原因

资料来源：数据来自搜狐财经对创业者开展的网上调查。

创立了小米公司的雷军在一次演讲中说：“在今天的互联网创业里，你控制 100% 的股权，把公司做成功的概率近乎为零。”[①] 也就是说，创新创业是 100% 的梦想分享过程，也是权责利分享的过程。创业者必须通过分享

① 郑刚，陈劲，蒋石梅 . 创新者的逆袭：商学院的十六堂案例课［M］. 北京：北京大学出版社，2017.

股权，才能把投资者、员工，甚至是客户紧密地联系起来，以共同推动公司的成长发展。

二、股权设计需要考虑的利益相关者

好的股权设计，应当能将创始人、合伙人、投资者、经理人的利益捆绑在一起。创业初期，创始人一定要慎重选择志同道合的合伙人，并且还要为那些能够与自己实现资源、技能互补的合伙人设计一个科学合理的股权结构。

创业者在设立创新创业公司时，就要认真考虑并慎重确定股权架构设计问题。如果股权架构设计没有做好，那么很可能就为创新创业股权融资的失败，乃至企业的破产解散埋下了伏笔。在股权设计时，是不是只要确保核心创始人控制超过 50% 以上的股权就可以了呢？回答是否定的。

创新创业公司的股权分配，不能实行简单的绝对控股或者平均主义，并且最好能够根据公司不同成长发展阶段的特征进行动态股权结构设计。创始人应随着创新创业公司从启动期，到成长期，再到成熟期的成长发展过程，对股权结构进行持续的动态调整和动态配置。没有动态股权结构规划，创始人和投资者都会因顾忌团队不和的潜在风险而对股权融资犹豫不决。[①] 具体来说，在启动期，股权结构要体现创始人的绝对控制权并团结创业团队，从而既确保决策效率又使创始人的理念能贯彻到组织文化中。同时，股权结构还要提前为风险资本的进入与退出预留合理空间。

越来越多的创业者在注册设立创新创业公司之时，就着手为员工激励以及风险资本的进入与退出预留合理的空间。如果缺乏动态的股权设计，创新创业企业在需要股权资金来实现规模快速扩张的时候，很可能由于顾忌新股东的加入或原股东的退出而错过机会窗口。[②]

股权设计的实质，就是对股东的权益进行分配。在分配股东权益的过程

---

① ②迈克·莫耶．切蛋糕：创业公司动态股权分配全案［M］．王闻，李筱莹，常逸昆，译．北京：民主与建设出版社，2016.

中，最为关键的就是要确定各类资源对于创新创业企业成长发展的价值，进而合理地在提供资源的股东之间分配股权。当然，一个科学的股权设计方案，还需要合理地平衡股东之间的人际关系。维护人与人之间的相互信任，是股权设计必须要考虑的另一个因素。正是在这个意义上，迈克·莫耶在《切蛋糕：创业公司动态股权分配全案》一书中指出，创业者在划分股权时，一定要公平地对待相信你的人。[①] 迈克·莫耶建议创业者在为创新创业企业设计股权结构时，充分考虑并平衡好下列四类利益相关者的诉求，如图 6-7 所示。

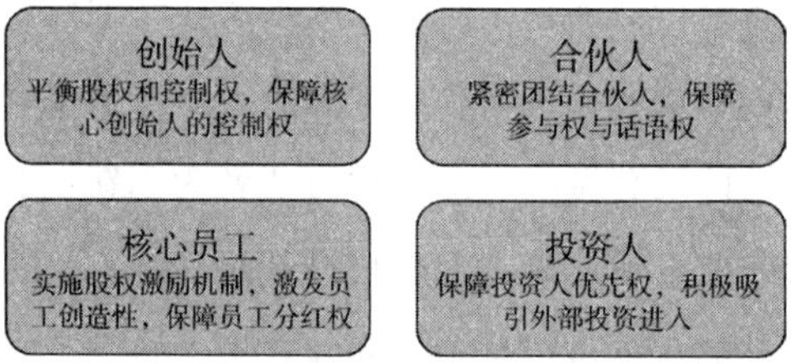

图 6-7　股权分配应考虑的利益相关者[②]

创业者在设计创新创业公司的股权时，应尽量同时平衡好四类利益相关者的不同利益诉求，以激发和释放每位合伙人的善意与潜能。常见的做法如下。

1. 确保核心创始人的控制权

确保核心创始人的控制权，有利于建立高效的公司决策机制，提升团队的向心力，凝聚企业文化的内核以及避免公司决策僵局。但要注意的是，确保核心创始人对公司的控制权，不等于说一定要求核心创始人的持股占比始终超过 50% 或者占比最高。在公司这一法定组织形式下，创新创业公司的权力机关是股东（大）会。随着创新创业公司的持续成长和股权融资，核心创始人的股权会被逐渐稀释。此时，未必要求确保核心创始人的控制权，只需使其能在股东（大）会层面上对公司的重大事项具有决定权或者否决权即可。在股权融资已经过度稀释核心创始人股权，但企业成长又要求进一步开展股

① ②迈克·莫耶．切蛋糕：创业公司动态股权分配全案［M］．王闻，李筱莹，常逸昆，译．北京：民主与建设出版社，2016.

权融资的情形下，核心创始人应该考虑平衡股权和控制权，并通过一些特殊的公司治理安排来实现对创新创业公司表决权的有效控制。例如，可以设置AB股来提高核心创始人的表决权，可以签署一致行动人协议等。

2. 团结创业合伙人

在实践中，联合创新创业的情形居多。将所有合伙人紧密地凝聚在一起，是联合创新创业取得成功的重要保障。不同的商业模式和不同的创业团队，可能会设计不同的股权方案。迈克·莫耶建议创业者在刚刚设立一家创新创业公司时，可以将团队成员在当前创新创业企业或创新创业项目中的贡献按照市场价值进行估值，然后据此折算他们各自的贡献占比，并以此作为设计股权架构和确定各位股东持股占比的依据。[①]在评估合伙人投入要素的价值时，既需要考虑合伙人投入的工作时间、现金与实物等的价值，也需要考虑合伙人所开发的专用技术、知识产权或商业模式等的价值，还需要考虑合伙人投入的采购渠道或销售渠道以及人脉资源等的价值。[②]总之，创业者对团队成员的股权分配要确保所有合伙人的参与权和话语权，并力争做到公平。

从过程公平的视角来看，创业者所提出的股权设计不应是静态的，而应是动态的。因为同样的资源，可能在创新创业公司的创建期和成熟期具有不同的相对贡献度。因此，创业者最好还能够提前约定随着企业成长对团队成员所投入资源的相对贡献度进行重新评估，以始终动态匹配地优化本企业的股权架构。

3. 凝聚核心员工

掌握了技术资源的核心骨干员工，是创新创业公司成长的核心驱动力。他们较为集中的利益诉求体现为要求取得企业成长分红权。若不考虑向员工分红，创新创业公司将难以充分发挥员工的创造力。为了将员工的自身利益与创新创业公司的整体利益紧密捆绑起来，很多创业者都为核心员工制订了

---

① 迈克·莫耶. 切蛋糕：创业公司动态股权分配全案［M］. 王闻，李筱莹，常逸昆，译. 北京：民主与建设出版社，2016.

② 张诗信，王学敏. 合伙人制度顶层设计［M］. 北京：企业管理出版社，2018.

股权或期权激励计划。

学术界和企业界都认为在创新创业初期，不宜过早实施股权或期权激励计划。这不仅会造成创业者持股的过早稀释，还可能引起不必要的股权纠纷。

虽然不宜过早实施股权或期权激励计划，但是创业者仍应当提前为今后可能发生的股权或期权激励计划预留空间。常见的做法是由核心创始人提议在所有初始股东的股权中提前预留期权池（一般做法是预留 15%~20%），然后由核心创始人一并代持，而其他股东则可以在股东协议中明确代持权利和处置限制。需要注意的是，在初次登记注册时，大多数创业者都会选择采用有限责任公司的法定组织形式。此时，其期权池的预留只是提前确定一个股比，至于员工在未来行权时的行权价格不必提前约定。未来的行权价格应由公司成长所对应的不同估值决定。

4. 为股权投资者的进出预留空间

创新创业公司的股权设计，还须充分考虑到外部股权投资者的进入与退出机制。这关系到企业能否及时高效地实现股权融资。一般而言，股权投资者追求的是高净值回报。因此，创业者需要理解其要求设置优先清算权以及优先认购权等的合理诉求，并且最好主动地提前为其设计能够实现快进快出的资本通道。

三、创新创业公司股权架构设计的九条生命线

从创业者如何与其团队分享公司成长、同时又保持对公司的控制力来看，创新创业公司的股权架构设计需要特别注意以下九条生命线。

1. 持股 67% 及以上

若股东持股 67% 及以上，他将拥有对公司的绝对控制权。他不仅有权力修改公司章程，还可以决定公司的分立或合并，变更公司的主营业务，以及制定重大的经营决策等。

2. 持股 50% 及以上但低于 67%

若股东持股 50% 及以上但低于 67%，他将拥有对公司的相对控制权。如

果公司章程无另行规定，他将拥有公司一般事项的决定权（《公司法》规定一般事项需代表1/2以上表决权的股东通过），但不拥有重大事项的决定权（《公司法》规定重大事项需代表2/3以上表决权的股东通过）。例如，股东（大）会的会议做出修改公司章程、增加或减少注册资本的决议时，以及公司合并、分立、解散或者变更公司形式的决议时，都必须经代表2/3以上有表决权的股东通过。除重大事项以外，一般事项都可以由该股东控制。

3. 持股34%及以上但低于50%

若股东持股34%及以上但低于50%，他将拥有对公司的安全控制权，即拥有对公司重大事项的一票否决权。

4. 持股30%及以上但低于34%

对于上市公司，若股东增持股份从而持股超过30%，将触发上市公司的要约收购。

5. 持股20%及以上但低于30%

对于上市公司，若股东增持股份从而持股超过20%则会触发重大同业竞争警示线。例如，某公司的股东拥有该公司20%以上但30%以下的股权，那么按《公司法》的规定，他不能到同行业其他企业工作或者任职，否则违法。

6. 持股10%及以上但低于20%

若股东持股10%及以上但低于20%，他可拥有召开临时股东（大）会，并在股东（大）会上提出质询/调查/起诉/清算/解散公司的权力。根据《公司法》第一百条[①]的规定，“当单独或合计持有公司10%以上股份的股东请求时”，“应当在2个月内召开临时股东（大）会”。如果一个股东所持的股份占公司总股本10%以上的，可以单独请求召开临时股东（大）会。如果该股东所持股份尚未达到总股本10%以上的，也可以联合其他股东，只要合计股份达10%以上即可。

7. 持股5%及以上但低于10%

对上市公司来说，当其股东增持股份从而持股由少于5%变为多于5%时，需要披露权益变动书。

---

① 中华人民共和国公司法［M］. 北京：中国法制出版社，2020.

8. 持股3%及以上但低于5%

若股东持股3%及以上，他将拥有临时提案权，可以在股东（大）会之前提前开小会。

9. 持股1%及以上但低于3%

若股份有限公司的股东持股1%及以上，他将拥有代位诉讼权，即代替企业向侵犯企业权利的董事、高级管理人员等提起诉讼的权利。但是，对于有限责任公司来说，所有股东均有权代替企业向侵犯企业权利的董事、高级管理人员提起诉讼，即使该股东的股权比例小于1%。

四、创新创业公司的常见股权架构模式

基于以上股权“生命线”，核心创始人在设计创新创业公司股权架构时可以考虑如何更好地维护自己对公司的控制权问题。由于缺乏股权设计的知识，一些创新创业公司很有可能采用不太合适的股权架构设计。商务领域存在以下五种常见的股权架构模式。每种模式都既有优点，又有缺点。

1. 股权高度集中模式

大多数家族型创新创业企业，都采用了股权高度集中的模式。此时，公司的核心创始人一股独大，甚至可能出现持股比例高达99%的情形。股权高度集中模式的优势是创业者对公司的大事小情都可以自己说了算，便于绝对控制公司的经营发展，还可以防止控制权旁落和财富外流。但它的缺点在于容易产生大股东独断专行而导致公司陷入故步自封，或者导致投资者担心大股东道德风险而不利于公司实现股权融资。

2. 股权高度分散模式

对于启动期的创新创业公司而言，设计并采用全员持股这样高度分散的股权结构，能够最大限度地调动员工创新的积极性。在知识时代，越来越多的初创企业在成立之初就制定了全员持股制度，以使员工为企业成长发展群策群力。但是，采用高度分散的股权结构，也可能为未来公司治理问题埋下隐患。因此，在大多数情形下，创新创业公司并不会在创立之初就采用高度

分散的股权结构，而是在发展过程中出于股权融资以及激励员工的需要逐渐形成了高度分散的股权结构。华为就是因实施全员持股制度而导致股权高度分散的典型代表。建议读者通过网络搜索，来了解华为的全员持股制度以及该制度在华为成长发展过程中的历次重大调整。

3. 股权平分模式

创业团队所有成员平均分配股权的情形，在商务实践中也较为常见。它的优点是操作简单，缺点则是公司决策效率低下。在股权平分模式下，公司的经营管理以及股权融资都易因个别股东的意见分歧而陷入僵局。从提高决策效率尤其是股权融资效率出发，建议创业者尽量避免在创业之初就采用股权平分模式。特别是由两人组成的创新创业团队，股权架构设计应避免平分模式。如果两位创业者出资相等，建议结合他们各自贡献的资源和在公司任职的劳动时间，确定 1 人为团队的核心创始人，进而将其持股占比调高至 50% 以上。如果是由 3 人组成创业团队且 3 位创业者出资相等，那么也要避免 1 ∶ 1 ∶ 1 的平分模式。考虑《公司法》所规定的股东（大）会一般议事规则与特殊议事规则所需达到的股权占比条件，1 ∶ 1 ∶ 1 的持股结构会导致任何一位股东都无法拥有公司的绝对控制权、相对控制权以及一票否决权。建议出资相同的 3 位创业者，确定 1 人为核心创始人，并参考公式 6–1 搭建公司的股权架构。

二股东持股 + 三股东持股 > 大股东持股 > 二股东持股 > 三股东持股

（公式 6–1）

4. 资本占大头模式

资本占大头模式，实际上是股权高度集中模式的一种特例。一些创业者对于股权设计缺乏专业的知识，并且在创新创业初期就开展了股权融资，随着公司的发展壮大，创始人及其创新创业团队的持股会被不断稀释，从而日益形成资本占大头的持股模式。

在创新创业企业的股权融资实践中，常会发生这样的情形：创始人有很好的商业点子，甚至有了较为全面的商业计划，但是缺乏资金。于是，创始人不得不在非常早期就实施股权融资，并完全按照现金出资多少来分配初始股权。事实上，这样的做法非常不合理！创始人在决定创新创业团队成员的贡献时，不能只考虑现金投入，还要考虑自己或其他合伙人所投入劳动时间的价值（例如在创新创业公司担任全职职务的工资）、知识产权的价值（例如秘方、配方、工艺诀窍、技术专利等的评估价值）、销售渠道或人脉的价值（例如供需资源的贡献度）等。

一旦创新创业公司的第一大股东不是核心创始人，而是外部新进入的股权投资者，创始人很可能会被驱逐出自己一手创立的公司。雷士照明的创始人吴长江，就曾 3 次被资本驱逐。1998 年，吴长江创办了惠州雷士照明有限公司，并梦想把雷士照明打造成为一家世界级的照明用具企业。由于性情豪放，颇具山城袍哥义气，吴长江被媒体称为草莽英雄。在他把雷士照明做到中国第一的过程中，从 2005 年到 2014 年，短短 9 年期间，他曾 3 次被驱逐出自己一手创建的公司。第一次是被两位创始合伙人驱逐，第二次是被投资方赛富亚洲阎焱驱逐。吴长江第二次被阎焱驱逐的事件，亦是中国商业史上的一次标志性事件。该事件曾经引发了社会舆论的大争论，更曾招来了京东刘强东的助阵。吴长江与资本方代表阎焱“互撕”，甚至还写下一封“炮轰”风险资本的公开信。尽管前两次被驱逐的事件，都夹杂着理不清的股权纷争与道德指责，但最终吴长江依靠渠道商和供应商的支持，还是踉踉跄跄地闯了过来，没有丢掉 CEO 职务。2014 年 8 月 8 日，吴长江第三次被驱逐。这一次他被董事会罢免了 CEO 职务。8 月 29 日，雷士照明召开临时股东大会，占投票股东所有持股数 95.84% 的股东均赞成罢免吴长江董事及董事会下属委员会的所有职务。从此，吴长江彻底从雷士照明出局。如果他在前两次被驱逐时，能注意对雷氏照明的股权架构进行梳理和调整，也许有可能避免被最终驱逐的命运。

为避免在多轮次股权融资中被稀释股权而失去对创新创业公司的控制，建议核心创始人在首次股权融资的协议中就明确设置一致行动人条款、启动 AB 股制度的条件等内容。尽管当时并不需要执行这些条款，但提前约定可以确保创业者对创新创业企业的控制，确保在未来多轮次股权融资后不会形成资本占大头的股权结构。

5. 股权适度均衡模式

所谓股权适度均衡，是指股权既分散又不分散。在此种股权结构下，一方面股东人数较多，另一方面第一大股东的持股占比也相对较高。这也是业界较为推崇的一种持股模式。它既能够充分考虑到核心创始人、创业团队、核心员工以及投资者等不同人群的利益诉求，也能够在确保核心创始人控制权、体现团队合伙人参与权、保证核心员工分红权以及保障投资者资本变现增值权等前提下，根据创新创业公司成长发展的不同阶段，实现股权架构的动态调整，从而便利创新创业企业的股权融资。

五、创新创业公司股权设计的基本原则

股权架构设计，并没有一定之规，但是还是可以总结创新创业公司股权设计的实践经验，进而提出可供借鉴的基本原则。有利于创新创业公司融资的股权设计应遵循以下一般原则。

1. 确保创始团队的控制权

为了确保创始团队的控制权，要严格控制天使投资等早期进入资本的持股占比。当核心创始人或创始团队的持股无法实现绝对控股时，要及早运用股东协议或公司章程将股权和表决权进行分离。核心创始人还可以与创始团队成员及早签署一致行动人协议，以确保对公司决策的控制权。

2. 做好资本进入和退出机制的设计

为了给创新创业公司未来的成长发展，预留股权融资的空间，并避免核心创始人及其创始团队的股权因多轮融资而日益稀释，可以在创业之初就做好资本进入和退出机制的设计。例如，可以提前设计好资本进入的筛选条件和持股占比范围，以及退出时的股权处置方案等。

3. 着眼于公司长远发展

创新创业公司在设计其股权时，一定要充分认识到自身在未来不同发展阶段必然对于人才、技术、资本等资源有不同程度的动态需求。可以据此进行动态股权设计，将公司的发展划分为不同阶段，而后分别测算出各发展阶

段的成长里程碑，并约定每达到一个里程碑就重新评估团队成员所提供资源的贡献度，并切出相应的股权重新分配给新合伙人或者回购部分股权。本书通过图 6-8，总结了从 0 到 1 设计动态股权分配方案所需的七个步骤。①

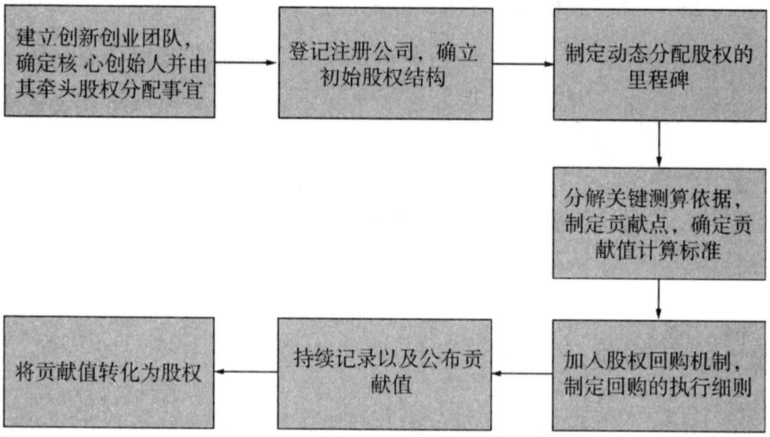

图 6-8　创新创业公司的动态股权分配方案设计步骤

从组建创新创业团队到实现动态的股权分配设计的步骤如下：

第一步组建创新创业团队，确定一个初始的团队领导者，即核心创始人，由核心创始人牵头组织股权分配的动态设计。

第二步登记注册一家公司制企业，确立该公司的初始股权结构。

第三步划分公司的不同发展阶段，提出各发展阶段用于重新分配股权的里程碑。

第四步分解里程碑的关键测算依据，制定贡献点，确定贡献值的计算标准。每一发展阶段的股权分配标准和回购标准都应当是具体的、可操作的，并且要落实于正式的契约文本，以约束所有创新创业团队的成员。

第五步加入股权回购机制，使资源贡献度很低的股东或者有必要退股的股东都能及时退出创新创业公司，给出回购价格的计算模型，制定回购的执行细则。

第六步每到一个里程碑就根据团队成员所提供资源的贡献度重新测算其贡献值，持续记录并公布团队成员的贡献值。

---

① 蔡聪．创业公司的动态股权分配机制［M］．北京：机械工业出版社，2017.

第七步将每个发展阶段的贡献值转化为对应的股权。

以上是创新创业公司进行股权设计时，应当了解的相关基础知识。正如本章一开篇所提到的，创新创业公司的股权设计非常重要，会直接关系到创新创业的成败。

动态股权设计，对公司的股权融资和规模扩展都具有重要的现实意义。建议创业者在设计创新创业公司的股权时，首先多了解最新的互联网企业的组织变革方向，例如可以结合最新的合伙模式、创客模式、众筹模式来设计本企业的股权结构。在实践中，创新创业公司的股权结构没有一定之规，也没有一套放之四海而皆准的方案，需要根据不同公司进行因地制宜的设计。一般而言，资源驱动型企业（如水电气等政府垄断行业的企业）以及资金驱动型企业（如银行、信托机构、保险公司等），其股权设计的基本原则是资源或资金占大股，人才和技术占小股；而人才驱动型企业（如互联网企业、高新技术企业等）则是人才和技术占大股，资源或资金占小股。不过，不同的股权设计方案最终都会反映为每位股东对自我价值和他人价值的评估与定位，体现为股东的核心利益与物质财富。也就是说，在不同的商业模式下，各方参与创新创业的利益诉求各不相同，需要将其合理地体现到股权设计当中。只有这样，才能最大限度地团结和凝聚创业伙伴，分享和实现创新创业的梦想。

总之，股权设计就是一个梦想分享、利益分享的过程。创始人的远见、气量在很大程度上决定了创新创业企业股权设计的结果和创新创业企业发展的格局。要发挥出本章所介绍股权设计知识的实际效力，其重点不是机械化地照搬知识来拟订股权分配方案，而是需要在创新创业实践中不断践行动态股权设计并总结经验。

开放思考

1. 公司登记注册需要满足哪些条件？需要提供哪些资料？

2. 哪些人不能作为投资者成为公司企业的股东？

3. 创新创业公司常见的融资方式有很多，哪些因素会影响创业者对融资方式的选择？

实践作业

1. 请结合网络资料、图书以及学术论文等全面了解华为股权融资和债券融资的信息，学习并总结华为公司的融资经验，尤其是其员工持股制度。

2. 请分析华为在创业之初为何实施内部员工持股计划。

3. 请分析华为为何会对其员工持股计划进行多次革新。

4. 请结合自己前期提出的创新创业构想思考：自己拟设立的创新创业企业是否适合设立为公司企业？是否适合采用员工持股计划？

第三篇

创新创业企业融资预算

创新创业企业的融资，须以其启动资金的预算和开业初期的现金流预算为起点。有些创业者可能会认为新注册的创新创业企业规模比较小，还没有开展正常的生产经营活动，不需要详细的启动资金预算，更不需要完整的现金流预算。这一观点并不可取。不少创新创业企业在初创阶段因无钱支付启动资金，或因流动资金不足而无法采购客户订单的原材料，导致了创新创业的失败。还有一些创新创业企业明明业务蒸蒸日上，却因为现金流断裂而导致运行不下去。系统性地预测创新创业企业对启动资金和未来1~3年经营净现金流的需求，对于提高创新创业的成功率非常重要。在创新创业企业融资预算这一篇章之中，创业者或准创业者需要首先学习如何编制预算清单，然后学习如何编制预算报表。

第七章
创新创业企业的融资预算清单

从融资的角度来看，创新创业企业在启动之初就应该编制启动资金清单，然后才是编制预算的资产负债表、现金流量表和利润表。所谓启动资金是指用来投资一个合理的生产经营企业的资金，以及支付其运营至盈亏保本时所产生的日常开支的资金，包括创新创业企业为经营场地、办公家具和设备、生产技术和机器、原材料和商品库存、营业执照和许可证、开业前广告和促销、工资以及水电和电话网络等支出的成本和费用。以上启动预算的明细支出可以被细分为对固定资产的投入、对流动资金的投入和对一次性开办费用的投入三类。

第一节 固定资产投入预算

固定资产投入预算，是以货币为表现形式的、与创新创业企业在一定时期内建造和购置固定资产有关的费用预算。一般包括创新创业企业购置房产、建筑物、机器、机械、运输工具的资本投入，以及用于基本建设、更新改造和其他固定资产投资的资本投入。本节主要针对创新创业企业在设立启动初期的情形，介绍固定资产投入预算的编制。

一、启动期固定资产投入的内容

启动期固定资产投入，包括了创新创业企业在设立之初为购买固定资产而支付的费用。固定资产一般指价值较高、使用寿命较长的资产。有些创新创业企业可以投入很少的固定资产就实现开办运营，而另一些创新创业企业却需要投入大量的固定资产才能开办运营。

在创新创业企业设立的启动期，比较明智的做法是把必要的固定资产投资降到最低限度，以降低创业的风险。也即，启动期的固定资产投入只应包括生产经营所必备的机器、设备和运输工具等。

二、启动期的固定资产投入预算

在创新创业企业刚刚注册设立的启动期，其固定资产投入可以分为两类：一是为取得经营场地，在用地和建筑上所投入的资金；二是为取得机器设备所投入的资金。

（1）取得经营场地的预算。开办创新创业企业必须得有经营场地，可以是用来开工厂的土地或整个建筑，也可以是租赁的铺面，还可以是在家营业。如果创业者对场地和建筑物有特殊的要求，最好自己建造房子，但这需要大量的资金和时间。如果创业者能在合适的地点找到合适的建筑，则可以选择购买现成的建筑，这既简单又便捷。但现成的房子往往需要经过改造才能适合创新创业企业的具体需求，而且需要花费装修的资金。如果创业者资金较少，租赁就比建造和购买更加合适，并且租赁在更换经营地点时也更加灵活。不过租房不像自己有房产那么安稳，而且也得花些钱进行装修才能使用。需要注意的是，租赁时花费在改造、装修等方面的支出属于固定投资支出预算，而花费在房租上的支出则属于流动资金支出预算。在创业者无法确定创新创业企业能否成功之前，在家开业最便宜，甚至无须支付装修的费用和租金。创业者可以等到创新创业企业取得初步经营成功之后再租房或买房也不晚。不过，在家工作的缺点在于业务和生活难免互相干扰。创业者应当根据自己的情况，选择一个取得经营场地的方式，并预先估计大概需要投入多少固定资产支出。

（2）取得机器设备的预算。添置机器设备的支出，包括了开办创新创业企业在购买机器、工具、工作设施、车辆、办公家具等方面的支出。对于制造业的创新创业企业而言，启动阶段最大的固定资金需求往往来自其对生产机器以及专用设备的购置。在预算约束下，选择机器设备不应一味要求高性能、高产能，而需要从启动阶段的实际较低业务需求出发选择合适的机器设备。即便是只需要少量机器设备的创新创业企业，也要慎重考虑哪些机器设备是确实需要而不得不买的，最好只把在启动期实现生产经营所不得不买的那些机器设备写入固定资产的投资预算中。

第二节 流动资金投入预算

流动资金是指创新创业企业在正常生产运营过程中，为购买原材料或燃料，支付工资以及其他经营费用等所准备的周转资金。启动期创新创业企业开展生产经营所需要的净流动资金越多，表示其净流动资产投入预算越高。本节主要针对创新创业企业启动期的情形，介绍其流动资金投入预算的编制。

一、启动期流动资金投入的内容

广义的流动资金，是指企业全部的流动资产，包括现金、存货（材料、在制品以及产成品）、应收账款、有价证券、预付款等项目。以上项目的流动资金还有一个通俗的名称，即营业周转资金。狭义的流动资金，是指流动资产减去流动负债后剩下的净额，即所谓的净流动资金。

在创新创业企业刚刚登记注册并启动经营的初期，其不可或缺的必要的流动资金投入，是指企业日常运营所必须支出的资金，通常包括员工雇用与激励的支出、产品成本的支出、销售广告与佣金的支出、保险费用的支出、利润的分配与税收的缴纳等。

二、启动期的流动资金预算

在创新创业企业注册设立的启动阶段，其流动资金投入主要涉及以下三种日常开支：一是产品销售之前的日常经营资金；二是从有第一笔销售开始，至销售量达到盈亏平衡保本点且销售收入全额进账之前的所有支出；三是风险承受、赊销没按时足额进账、扩大销量等产生的对流动资金的额外需求。

从创新创业企业注册设立，到实现销售，到销售量上升至盈亏平衡点，需要一段时间。也就是说，在创新创业企业登记注册到开始经营后的一段时间内，其经营净现金流量是负数。例如，制造型创新创业企业在销售之前必须先把产品生产出来；贸易型创新创业企业在销售之前必须提前进货；服务型创新创业企业在提供服务之前必须提前雇用和培训员工。此外，在招揽到第一批顾客之前，企业还要进行广告宣传并支付宣传费用。

创业者可以按流动资金的具体支付方向，分项目逐步完成启动阶段的流动资金投入预算。常见的启动期流动资金支付方向有：购买并存储原材料和成品所形成的库存、促销、工资、租金、保险及其他。据此，创新创业企业在启动期的流动资金预算一般包括如下内容。

（1）库存预算。对库存进行预算，不仅要考虑创新创业企业在启动阶段对于原材料或半成品的可能需求，也要考虑如何确定企业应付账款的支付期限。预计的库存越多、应付账款的周期越短，需要用于库存的流动资金就越大。

（2）促销预算。如果创业者提前规划了细致的促销方案，那就需要对创新创业企业开张的促销活动进行预算。促销预算就是根据促销方案，为多个渠道的促销活动准备好充足的流动资金。

（3）工资预算。创新创业企业在实现盈亏平衡之前，必须给雇用的员工以及创业者自己支付工资。测算盈亏平衡之前的工资支付总额时，一般可以用每个月的工资总额乘以还没达到收支平衡的月数即可。由于不同行业的创新创业企业实现盈亏平衡所需的时间差异较大，建议创业者提前通过多种渠道了解本行业企业取得盈亏平衡所需要的平均时长，进而以此平均时长来大概测算达到盈亏平衡之前的工资支付总额。

（4）租金预算。采用租赁方式取得经营场所的创新创业企业，一旦租约生效就要支付用地用房的租金。计算用于支付房租的流动资金时，一般用月租金额来乘以还没达到盈亏平衡的月数即可。但是，要注意租金可能要求 3 个月或 6 个月一付，而这种支付方式可能导致占用更多的流动资金。因此，创业者需要在租金预算中提前考虑租金的支付方式。

（5）保险预算。创新创业企业一开始运转，就需要按月或按年投保并支付相关保险费，这也属于流动资金预算的范畴。

（6）其他预算。在创新创业企业刚刚经营起步的启动期，它可能还需要支付水、电、物业管理、交通等其他费用。可以采用综合打包的方法，对其他费用进行大概预算。

为了完成以上分项预算，创业者需要多方了解该行业创新创业企业取得盈亏平衡所需的平均时长。建议创业者多与业内人士交流，并且在此基础上再将流动资金预算做得富余一些。因为市场竞争存在很多不确定性，可能导致创新创业企业达到盈亏平衡的时间发生不利变化。

第三节　一次性开办费用预算

根据《国家税务总局关于企业所得税若干税务事项衔接问题的通知》（国税函〔2009〕98 号）规定："开（筹）办费未明确列作长期待摊费用，企业可以在开始经营之日的当年一次性扣除，也可以按照新税法有关长期待摊费用的处理规定处理，但一经选定，不得改变。"根据这一法规，创新创业企业在注册登记阶段所发生的费用，通常被作为一次性开办费进行扣除。本节针对创新创业企业在启动期的情形，介绍一次性开办费用预算的编制。

一、启动期一次性开办费用的内容

开办费用也叫组建成本，是指为设立一家企业（个人独资企业、合伙企业或公司企业）而发生的成本，通常包括法律费用、发起人费用、取得执照的费用、验资费、技术（专利）转让费、加盟费等。

首次注册设立一家创新创业企业时，可以把这些成本费用借记到一个名为“开办费”的费用类账户。[①] 由于创业者很难确定这些费用什么时候会带来收益，以及它们未来能带来多少收益，所以通常是在这些成本费用发生时将其全部确认为一次性开办费用。

二、启动期一次性开办费用的预算

首次登记注册设立一家创新创业企业时，对一次性开办费用的预算较为简单，可通过市场调研，咨询同行亲友，查阅媒体报道等多种渠道进行了解，逐项列支预算，然后进行加总。常见的一次性开办费用包括登记注册的开办费和验资费，前期的市场调查费和培训费，开业的仪式费，取得技术的授权费或加盟费等。

但是，以下开支不得列入一次性开办费用预算。

（1）取得各项资产所发生的费用，包括购建固定资产和无形资产所支付的运输费、安装费、保险费和相关人工费用，不得列入一次性开办费用。

（2）规定应由投资各方负担的费用，如投资各方为筹建企业进行调查、洽谈所发生的差旅费、咨询费、招待费等支出，不得列入一次性开办费用。

（3）为培训职工而购进的固定资产、无形资产等支出，不得列入一次性开办费用。

（4）自行筹措款项所支付的利息，不得列入一次性开办费用。

（5）投资者以外币现金存入银行而支付的手续费，不得列入一次性开办费用。

---

① 朱瑞丰．从 0 到 1 开公司［M］．北京：人民邮电出版社，2020.

开放思考

1. 制造业与服务业创新创业企业的启动资金预算可能存在哪些不同之处?

2. 你认为创新创业企业启动资金的预算是越多越好，还是越少越好?为什么?如果你认为两者都不够好，是否可以明确提出自己的其他看法?

实践作业

1. 基于自己之前提出的创新创业设想以及所选择的企业组织形式，编制一份启动期的固定资产预算。

2. 基于自己之前提出的创新创业设想以及所选择的企业组织形式，编制一份启动期的流动资金预算。

3. 基于自己之前提出的创新创业设想以及所选择的企业组织形式，编制一份启动期的一次性开办费用预算。

第八章

创新创业企业的融资预算报表

对于固定资产、流动资金和一次性开办费用的粗略预算，能够帮助创业者大概了解创新创业企业启动期的资金缺口，从而可以促使创业者提前做好融资规划。在基于资金缺口寻求外部融资时，创业者需要测算不同融资方案的融资成本，向所选融资方案的投资者承诺未来 1~3 个财政年度的经营规划、投资计划和利润目标，并且需要估计实现以上计划目标所带来的对经营性现金流量的总需求。对融资成本进行测算为编制财务预算报表提供了内容，而财务预算报表的编制又成为创新创业企业寻求外部融资必备的文件之一。通常投资者会要求创业者能够为创新创业企业提前编制未来 1~3 个财政年度的财务预算报表。本章首先介绍创新创业企业融资成本及测算，然后介绍创新创业企业融资所需提供的预算财务报表应如何编制，最后基于预算财务报表介绍如何控制创新创业企业的融资风险。

第一节　融资成本及测算

融资成本是企业为筹集和使用外部资金而付出的代价。[①] 除了显性的财务成本以外，创新创业企业的融资还存在着时间成本和机会成本等。机会成本亦称隐性成本，是指把某种资源用于特定用途而放弃的所有其他各种用途中

① 珍妮特·K. 史密斯，理查德·L. 史密斯，理查德·T. 布利斯 . 创业融资：战略、估值与交易结构［M］. 沈艺峰，等译 . 北京：北京大学出版社，2017.

的最高收益。创新创业企业融资的机会成本特指其因选择某一融资渠道、融资方案和融资产品，而放弃了所有其他融资渠道、融资方案和融资产品所带来的融资成本的增加，融资效率的降低，甚至是企业控制权的流失等。由于隐性成本因情境而异，本节只介绍显性融资成本即财务成本的测算。

一、融资成本的概念

创新创业企业的融资行为，是一种资本市场的投资交易行为。有交易，就会有交易费用。为了能够获得资金的使用权，创新创业企业必须支付相关的融资费用。例如，为了发行股票或债券需要向金融机构支付注册费和代理费，为了贷款需要向银行支付申请借款的手续费，为了实现私募股权融资需要向委托的财务顾问支付佣金费用等。不同的融资渠道、融资方式和融资产品，融资成本差异很大。

融资成本是影响创新创业企业融资决策的重要因素。[①] 创新创业企业的显性融资成本，包括资金筹集费用（也称融资费用）和资金使用费用两个部分。其中，资金筹集费用是企业在资金筹措过程中发生的各种费用；资金使用费用是企业因使用资金而向资金提供者支付的报酬，如股票融资需向股东支付股息 / 红利、发行债券或者贷款需支付利息等。计算长期资金使用费用，还需要考虑资金的时间价值。目前，国内大多数关于创新创业企业融资成本的研究都是从上述角度进行测算的。

二、融资成本的测算

创新创业企业选择何种融资渠道、融资方式和融资产品往往同时受到融资成本、融资期限、资本市场状况以及企业自身资信与营收规模等条件的综合性

---

① 珍妮特·K. 史密斯，理查德·L. 史密斯，理查德·T. 布利斯．创业融资：战略、估值与交易结构［M］．沈艺峰，等译．北京：北京大学出版社，2017.

影响。一方面，不同的融资渠道、融资方式和融资产品，对于资金需求方（这里指创新创业企业）有不同的要求。另一方面，创新创业企业不仅在规模上、业务上和技术上差异较大，在资金的需求量和需求期限上也各不相同。因此，创业者通常需要自行测算融资成本，并据此编写用于申请融资的预算报表。

创新创业企业对融资成本的测算，可以分为对资金筹集费用的测算和对资金使用费用的测算两个部分。

（一）资金筹集费用的测算

资金筹集费用是创新创业企业在资金筹集过程中支付的各种费用总和。这些费用通常为一次性支出，且有合同依据。实际测算，可以结合创新创业企业的融资规模和资本市场的平均融资费率等信息，对资金筹集费用进行粗略测算；或者也可以按意向的融资合同，对资金筹集费用进行较准确的测算。

例如，某创新创业企业在首次开展股权融资时，由于缺乏人脉和经验，选择雇用财务公司的专业商务顾问帮助撰写《商业计划书》和提供投资者中介服务。双方在合同中规定：①甲方为乙方撰写普通《商业计划书》（不含英文），不经律师审核，不用国际会计师事务所审核签章，高级铜版纸印制50册，配有20幅以上的图片，收费10 000元人民币，乙方需按甲方的收费标准分两次支付费用（预付40%，验收后支付60%）给甲方。②甲方为乙方引进投资者的财务顾问费用，按由乙方引进的投资总融资额（包括但不只限于股权融资、其他方式融资）的3%提取。此投资总融资额包括：由乙方引进的投资方（含与投资方有关联的并参与该项目投资行为的公司或个人）参与的直接投资或间接投资的融资额，以及对此项目未来追加投资的融资额。此时，该创新创业企业的资金筹集费用包括：按合同规定一次性支付的10 000元和按融资总额3%计提的财务顾问费。

（二）资金使用费用的测算

资金使用费是指使用他人资金应支付的费用，或者说是资金所有者凭借其对资金所有权而向资金需求者索取的报酬。对创新创业企业融资资金的使用费用进行预算，较为复杂，需要根据特定资金提供者的索取要求，如利率要求、汇率要求等进行测算。创业者可以首先逐一核算不同类型资金提供者的个别融资成本，然后再测算方案的整体综合融资成本。

1. 个别融资成本的计算

个别融资成本可以用融资成本率来表示。它是企业实际融资使用费即资金占用费与融资净额的比率。个别融资成本率应按年计算，其基本的计算公式为：

$$\text{个别融资成本率}=\frac{\text{资金占用费}}{\text{融资净额}}=\frac{\text{资金占用费}}{\text{融资总额}-\text{资金筹集费}} \qquad \text{（公式 8–1）}$$

在公式 8–1 中，资金占用费指的是使用资金过程中向资金提供者支付的费用，包括借款的利息、债券的利息、优先股的股息、普通股的红利等。资金筹集费则指的是资金筹集过程中发生的各种费用，包括律师费、资信评估费、证券印刷费、发行手续费、担保费、佣金、银团贷款管理费等。公式 8–1 是测算个别融资成本的一般公式，在计算不同融资产品的个别融资成本时可以对其进行灵活套用。

例如，测算银行贷款融资成本率（需考虑贷款利息的节税效益）的具体计算公式为：

$$\text{贷款的融资成本率}=\frac{\text{资金占用费}}{\text{融资净额}}=\frac{\text{利息总额}\times(1-\text{所税率})}{\text{贷款总额}\times(1-\text{贷款融资费率})}$$

$$=\text{年利率}\times\frac{(1-\text{所税率})}{(1-\text{贷款融资费率})} \qquad \text{（公式 8–2）}$$

计算优先股的融资成本率时，其融资总金额可按照优先股发行价格乘以发行量来确定，具体计算公式为：

$$\text{优先股的融资成本率}=\frac{\text{资金占用费}}{\text{融资净额}}$$

$$=\frac{\text{优先股的年股利}}{(\text{优先股发行价格}\times\text{发行量})(1-\text{优先股融资费率})}$$

（公式 8–3）

在计算普通股的融资成本率时，可以将股东对公司的预期收益（由投资的必要报酬率来决定）视为普通股筹资的资金成本。对于那些已经成功上市的创新创业企业而言，可以直接使用资本资产定价模型测算融资成本率，普遍适用的计算公式为：

$$\text{普通股的融资成本率}=\text{无风险报酬率}+\text{贝塔系数}\times(\text{市场平均报酬率}-\text{无风险报酬率})\qquad\text{（公式 8-4）}$$

在创新创业企业尚未上市公开发行股票，但又需要通过风险投资、私募股权基金投资等开展股权融资的情形下，若股权融资协议规定了固定股利，此时融资成本率的计算公式为：

$$\text{普通股的融资成本率}=\frac{\text{资金占用费}}{\text{融资净额}}=\frac{\text{普通股的固定股利}}{\text{普通股融资额}\times(1-\text{普通股融资费率})}\qquad\text{（公式 8-5）}$$

在创新创业企业尚未上市公开发行股票，且普通股的股权融资协议规定了股利政策和股利固定增长率的情形下，其融资成本率的计算公式为：

$$\text{普通股的融资成本率}=\frac{\text{资金占用费}}{\text{融资净额}}=\frac{\text{普通股的固定股利}}{\text{普通股融资额}\times(1-\text{普通股融资费率})}+\text{累计股利增长率}\qquad\text{（公式 8-6）}$$

2. 综合融资成本的测算

创新创业企业的融资方案，有时是多种融资渠道、融资方式和融资产品的组合，例如，可以采用股权融资与银行贷款相结合的融资方案，或者可以采用多种不同期限、不同利率银行贷款产品相互组合的融资方案等。在对不同融资方案进行选择时，创业者需要计算各方案的整体综合融资成本以做出合理选择。综合融资成本的计算公式为：

$$K_w=\sum_{i=1}^{n} K_i w_i \qquad \text{（公式 8-7）}$$

其中，K_w 为综合融资成本；K_i 为第 i 种资金的个别融资成本；W_i 为第 i 种资金在全部融资中所占的比重。

第二节　融资预算报表

财务报表是企业经营的晴雨表。对于创业者而言，他们可以通过财务报表来指导创新创业企业的运营，进而谋划企业成长发展的愿景宏图；对于战略投资者和财务投资者而言，他们可以依据财务报表了解创新创业企业的现状和发展前景，并决定是否进行投资。

通常投资者会要求创业者对创新创业企业未来 1~3 年的资产负债表、利润表和现金流量表编制正式的预算，并提供预算报表。创新创业企业想要对外融资，尤其是开展股权融资，就必须提前编制出预算的现金流量表、资产负债表和利润表。在对预编预算型财务报表有实践操作需求时，创业者可以参考“会计原理”“基础会计”“公司理财”等课程的教材。本节只简单介绍预算财务三表的编制方法。

一、预编现金流量表

现金流量表通常用于反映企业现金收支的情况，能够反映出企业在一定时期内的现金来源和现金使用情况。其中，销售收入是企业现金的主要来源。销售收入预算应以市场调研为基础，首先预估产品的平均售价，然后预估产品的销售量，之后预算销售收入。

在预编现金流量表时，创业者一方面需要预估企业现金流入的状况，另一方面需要预估企业经营现金流出的状况。现金流量的具体预算内容与企业的行业特征以及商业模式有关。一般来说，生产型企业需要重点预算产品成本和期间费用，贸易型企业需要重点预算采购成本、销售佣金和物流成本，服务型企业需要重点预算获客成本和人工成本。创业者对现金流量的预算，还可以在未来被用于对企业现金的异常流入或异常流出进行预警。

二、预编资产负债表

资产负债表,反映了到某一时点为止企业资产、负债和所有者权益的状况。资产负债表是一个“平衡”表，遵循会计原理的基本公式：资产 = 负债 + 所有者权益。

预编资产负债表时，创业者可以根据创新创业企业对固定资产投资的年度计划、对销售产品的付款条件、对原材料采购的支付条件、对存货盘点和价值调整的会计方法等，来完成固定资产和流动资产的预算；根据创新创业企业未来发展的资金缺口和融资产品以及融资期限等，来完成长期负债、短期负债和股东权益的预算。资金提供者，可以阅读预算的资产负债表，将资产负债表上各项目的期末数和期初数进行对比，从而在总体上掌握创新创业企业财务状况的走势，进而对其营运能力和发展潜力做出判断。

三、预编利润表

资产负债表反映了企业在某一时点上的状态，而利润表（也称损益表）则是一段过程的记录，通常被用于反映企业在过去一年中的运营状况。

预编利润表时，收入的预算和利润的预算不仅依赖于创业者对企业销售量的估计，也依赖于创业者对企业运营成本的估计。估计运营成本时，要特别注意应付账款等科目。它们虽然还没有导致现金流出，却是企业为获得其他企业的产品或服务而已签订的合同。也即，它们还没有形成现金流，不需要反映在现金流量表中，但需要被纳入预估的利润表中。

第三节 融资风险

创新创业企业在融资过程中，面临融资风险。不同的融资渠道、融资方式和融资产品，各有其优缺点，有不同的融资风险。本节将简要介绍如何基于预算财务报表，来判断和控制创新创业企业的融资风险。

一、融资风险的概念

融资风险是指在融资活动中，由于无法实现融资规划而引起企业收益变动的风险。创新创业企业的融资风险主要有以下两种。

1. 支付风险

支付风险是指取得债务资金后，创新创业企业因经营不善而不能进一步获得资金来偿付到期债务或利息的风险。资金的支付需求和资金的实际供应，是影响创新创业企业支付能力的两大因素。只有在资金实际供应大于支付需求时，创新创业企业融资的支付风险才能被控制在合理范围内。

2. 财务杠杆风险

财务杠杆风险是指创新创业企业运用负债及优先股等方式筹资后，其股东所需负担的额外风险。如果创新创业企业的全部资金均来自创业者和其他普通股的股东，企业的经营风险则由所有股东按投资额或股份比例均摊，不存在额外风险。为了扩大生产经营规模，有些创新创业企业可能运用债务和（或）优先股等方式筹集资金。由于提供这些资金的投资者将获得固定收益，而整个企业扩大的经营风险却仍由创业者和其他普通股股东承担。他们承担的融资风险要比未使用债务融资和（或）优先股筹资时高，并且其风险提高的幅度取决于企业的举债规模和（或）优先股资金占比。此风险可以通过公式 8–8 所示的财务杠杆系数（DFL，Degree of Financial Leverage）来衡量。

$$DFL=\frac{\Delta EPS}{EPS}\bigg/\frac{\Delta EBIT}{EBIT} \qquad （公式 8–8）$$

DFL 为财务杠杆系数；Δ EPS 为普通股每股利润变动额；EPS 为变动前的

普通股每股利润；ΔEBIT 为息税前利润变动额；EBIT 为变动前的息税前利润。

DFL 表示当 EBIT 变动 1 倍时 EPS 变动的倍数。它用来衡量筹资所引发的经营杠杆风险，DFL 越大，表明财务杠杆风险越大；反之，则越小。这意味着，融资的财务杠杆是一把“双刃剑”，如果使用不当，就会引发财务杠杆风险。同时也表明，负债率是需要被谨慎控制的。一旦负债率超过一定的水平，继续开展融资时，贷款机构或者优先股股东就会要求获得与高风险相匹配的更高利息，从而增加创新创业企业的融资成本。[①] 因此，创业者需要注意随融资规模扩大而同步上升的融资成本率。一旦贷款或发行优先股融资所获得的报酬率低于融资成本率，继续增加融资就不再现实，并且还会给创新创业企业带来损害。

二、融资风险的成因

当创新创业企业采用优先股融资和（或）贷款融资方案时，由于财务杠杆对普通股股东的收益具有扩张性作用，普通股股东收益的波动性会变大。普通股股东所承担的总风险大于经营风险，其差额即为创新创业企业的融资风险。

创新创业企业的融资风险通常是多种内部和外部因素共同作用的结果。以下分别介绍其融资风险的内部成因和外部成因。

1. 融资风险的内部成因

（1）债务融资和（或）优先股融资的规模。债务融资和（或）优先股融资的规模是指企业负债和发行优先股的总额大小或者占比高低。随着这两种方式融资规模的扩大，创新创业企业的利息和固定股息费用支出也相应增加，创新创业企业因收益降低而导致丧失偿付能力或破产的可能性也因此增大。这表现为企业的负债占比越高和（或）优先股占比越高，其财务杠杆系数越大。

（2）债务的利息率和优先股的股息率。在融资规模同样的条件下，债务

① 珍妮特·K. 史密斯，理查德·L. 史密斯，理查德·T. 布利斯 . 创业融资：战略、估值与交易结构［M］. 沈艺峰，等译 . 北京：北京大学出版社，2017.

的利息率和(或)优先股的股息率越高,创新创业企业所负担的固定利息和(或)股息支出就越多,企业面临的支付风险也越高。同时,债务的利息率和(或)优先股的股息率对股东收益的变动幅度也有影响。在税息前利润一定的条件下,利息率和(或)股息率越高,财务杠杆系数越大,融资风险也就越高。

(3)债务的期限结构。债务的期限结构是指企业所使用的长短期借款的相对比重。若债务的期限结构安排不合理,例如,应筹集长期资金却采用了短期借款或者相反,会增加创新创业企业的融资风险。原因在于:如果创新创业企业大量将短期借款用于长期资产投资,那么当短期借款到期时,可能会出现难以筹措到现金来偿还短期借款的风险。此时,若债权人由于创新创业企业一时的财务状况较差而不愿意将短期借款展期,则企业有可能被迫宣告破产。此外,如果创新创业企业只需要短期资金却使用长期借款来筹资,那么它的利息费用在相当长的时期内将固定不变,且和短期贷款相比而言,长期贷款不仅融资速度慢、利息成本高,还附带更多的限制性条款。因此,期限错配也会一定程度上提高创新创业企业的融资风险。

2. 融资风险的外部成因

(1)经营风险。经营风险是创新创业企业生产经营活动本身所固有的风险。它直接表现为企业息税前利润的不确定性。经营风险不同于筹资风险,但又影响筹资风险。如果创新创业企业经营不稳定,一时之间营业利润不足以支付利息费用,则不仅股东收益可能化为泡影,还可能要用股本支付利息,严重时创新创业企业甚至可能丧失偿债能力被迫宣告破产。

(2)预期现金流入量和资产的流动性。债务的本息一般要求以现金(货币资金)偿还,因此即使创新创业企业的盈利状况良好,其能否按期偿还本息,还取决于其现金的净流入量以及资产的流动性和变现能力。现金流入量反映了企业的现实偿债能力,资产的流动性和变现能力则反映了企业的潜在偿债能力。当企业资产的流动性较强且变现能力强的资产较多时,其财务风险就较小;反之,当企业资产的流动性较弱且变现能力强的资产较少时,其财务风险就较大。很多企业破产不是因为没有收入和资产,而是因为其收入未形成充足的现金流入或者资产不能在较短时间内变现,并且由此导致企业无法按时偿还本息，只好宣告破产清算。

（3）金融市场。创新创业企业的融资会受宏观金融市场运行情况的影响。例如，其债务利息率的高低取决于取得借款时金融市场的资金供求情况。金融市场的波动会引发利率、汇率的变动，从而引发企业的融资风险。当创新创业企业主要采取短期贷款方式融资时，一旦遇到银根抽紧且利率大幅度上升的情形，就会面临利息费用剧增和利润下降的双重压力。一些企业也许会由于无法支付高涨的短期融资利息费用而陷入破产清算。

创新创业企业融资风险的内因和外因相互联系、相互作用，它们共同诱发了企业的融资风险。一方面，经营风险、预期现金流入量和资产的流动性及金融市场等因素，只有在创新创业企业采用债务融资和（或）发行优先股融资的条件下，才有可能引发企业的融资风险。例如负债占比和（或）优先股占比越高，债务的利息率和（或）优先股的股息率越高，债务的期限结构越不合理，创新创业企业的融资风险越大。另一方面，虽然有些创新创业企业的负债占比较高，但只要该创新创业企业已进入快速发展或平稳发展阶段且经营风险较低，其融资风险仍相对较小。

三、融资风险的防范

融资风险一旦发生，就会严重影响企业资金的正常运转，造成资金链断裂。因此，对融资风险加以防范，对于确保创新创业企业健康持续发展有着重要的影响作用。

从创新创业企业融资风险的成因出发，可以利用一些预警指标对创新创业企业的融资风险进行预先防控。

1．“潜伏期”融资风险的防控

“潜伏期”的融资风险主要涉及创新创业企业是否可以融到资和是否能够正确地融资。识别“潜伏期”融资风险警兆所需的信息资料包括两个方面：一是需要通过企业的财务三表了解企业内部经营管理的信息；二是需要搜索与企业相关的外部市场信息和行业竞争信息。以“潜伏期”的债务融资风险为例，可以将有关警兆分为：外部融资市场的成熟度不高；融资主体的自由度不高；不关注资金成本；融资活动不符合融资的优序排列；企业平均资产收益率低于债务融资成本率；等等。

2.“发作期”融资风险的防控

“发作期”融资风险的警兆一般包括反映财务景气程度和经营健康状况的警兆，通常分为财务警兆与经营警兆这两个方面。

其中，财务警兆包括：

（1）资不抵债。此时企业面临着严重的偿债危机，有被清算重组、变卖资产的可能。

（2）经营活动现金净流量出现负数。这很可能表明企业的获利能力出现“问题”，没有新经济来源以抵消资金成本。

（3）存在大额的逾期利润。这会导致企业无法保障资本投入者的投资回报。

（4）信用等级下降。这会阻碍企业后续的融资活动，使其难以继续获得资金的支持。

经营警兆包括：

（1）主营产品核心竞争力下降。这表明企业没有发展前景。

（2）员工流失，人才短缺。这表明企业的经营管理难以得到内外部人员的认可。

3.“恶化期”融资风险的防控

如果融资风险“发作期”的警兆未能得到识别和控制，那么创新创业企业的融资风险很可能进一步转化为“恶化期”的财务危机。“恶化期”融资风险的警兆包括：

（1）主要财务指标显示财务状况严重恶化。例如，资产负债率急剧上升且超过 100%，净资产收益率为负数等。

（2）已经不具备偿债能力。企业不仅无法偿还借款，也得不到债权方的展期许可，并且很可能会被借款人接管企业或进行清算。

（3）出现非季节性的异常停工、停产现象。这是企业即将破产的先兆之一。

开放思考

1. 债务融资的成本是利息和手续费，股权融资有成本吗？有成本的话如何计算？

2. 创新创业企业应如何控制融资风险？

实践作业

1. 基于之前所提出的创新创业设想、所选择的企业组织形式和所测算的启动资金，为你设立的创新创业企业编制一份对外融资所需的未来一年的预算三表。

2. 分析你所编制的预算三表中暗含了哪些可能存在的融资风险。

第四篇

创新创业企业融资实践

在创新创业企业融资实践篇中，首先向创业者或准创业者们介绍创新创业企业开展债务融资的操作性知识，然后介绍开展股权融资的操作性知识。由于股权融资谈判过程通常长达6~12个月，且流程复杂，而投资条款清单的签署是达成股权融资协议的重中之重，故单独另辟一章来介绍投资条款清单的谈判。最后给出创新创业企业股权融资的典型成功案例，并从创业者的视角出发总结出维持绝对控制权、维护与投资者关系和积极准备下一轮融资的几点实践经验。

第九章 创新创业企业的债务融资实践

债务融资是市场经济条件下创新创业企业融资的主要选择之一。本章首先介绍创新创业企业债务融资的注意事项和一般流程，然后介绍创新创业企业签订债权融资协议的条款内容，最后介绍创业者应当如何在债务融资实践中维护债权债务关系，从而不断提高债务融资的质量和效率。

第一节　创新创业企业债务融资

一般而言，所得税的税率越高，利息支出的抵税效果也就越明显，而企业举债融资的愿望也越强烈。创新创业企业在决定选择何种类型的债权融资产品时，不仅需要了解国家的“双创”政策、产业政策、税收政策、货币政策、信贷政策以及有关的各类规定，还需要广泛了解各类债权融资产品及其优缺点。在掌握以上知识的基础上，创业者才能做出使创新创业企业从举债融资中真正受益的决策。本节首先介绍创新创业企业常用债权融资产品类型，然后阐述创新创业企业债务融资的注意事项，最后介绍创新创业企业债务融资的特征和优缺点。

一、创新创业企业常用债权融资产品类型

创新创业企业常用的债权融资产品可以分为七类。

1. 创业者的私人信用类产品

这是创新创业企业举债融资的独特方式。随着国家提出“大众创业、万众创新”，在各级政府牵头下，银行为便利创新创业企业融资提供了多种形式的个人创业贷款类产品。

个人创业贷款是指具有一定生产经营能力或已经从事生产经营活动的个人，因创业或再创业而提出资金需求申请，经银行认可有效担保后而发放的一种专项贷款。目前中国工商银行、中国农业银行、浦发银行、中信实业银行、交通银行等都已推出了个人创业贷款业务。例如，农行在四川省成立了中国第一家个人创业贷款中心，该中心可以通过商铺、住房、有价证券等抵押、质押，以及有实力人士的担保等方式为个人创业者提供贷款，最高贷款额度可达200万元。再如，创业者可以用自有的营业商铺或开着的车辆来申请抵押贷款。在把商铺或车辆的产权抵押给银行之后，创业者可以获得所需的融资，但仍拥有商铺或车辆的使用权。

具体来看，以汽车抵押所获得的创业贷款金额一般不超过抵押物评估价的70%，贷款期限最长不超过5年，最高限额为30万元；以商用房屋抵押所获得的创业贷款的金额一般不超过商业用房评估价值的60%，贷款期限最长不超过10年；以存单质押获得贷款时，存单金额的起点一般为5 000元，每笔贷款不超过质押存单面额的80%，且一般到银行网点当天即可取得贷款。除此之外，以国库券、人寿保险单等也可以轻松从银行取得创业贷款。《凭证式国债质押贷款办法》规定，1999年（含）后发行的凭证式国债均可办理国债质押贷款。国债质押贷款的起点为5 000元，每笔贷款不超过质押国债面额的90%。当然，如果征得亲朋的书面同意，并同时出示本人和亲朋的有效身份证件，也可以用亲朋的存单、凭证式国债和人寿保险单办理质押贷款。

2. 银行或其他金融机构的贷款类产品

对于以创新创业企业为主体而开展的融资来说，金融机构所提供的常规贷款类产品可分为短期、中期和长期三类。通过对公的贷款类产品，创新创业企业也可以从金融机构获得融资。然而，要大量且及时地从金融机构取得贷款却是一件十分困难的事情。这是因为银行等金融机构特别重视资金的安全性，并为此对申请贷款的创新创业企业在资产负债率、增长率、利润率等方面提出了严格的要求。大多数刚成立的中小规模的创新创业企业，很难满足银行对贷款者的严格要求。

3. 融资租赁类产品

融资租赁的本质是一种债权。作为一种商品信贷和资金信贷相结合的融资方式，融资租赁具有利用租赁业务“借鸡生蛋，以蛋还钱”的特点，可以解决创新创业企业发展初期资金不足的问题，也可以减少创新创业过程中生产设备的大量资金占用等问题。

对于缺乏资金而无法购买机器设备等固定资产的创新创业企业，融资租赁所提供的融资，从期限上看，通常会接近标的物的使用寿命。这个期限通常被界定为设备使用寿命的 75%~100%。从租金额度上看，通常会接近标的物的购买价格，租金总额一般被界定为购买价格的 90% 左右。从厂房、设备、运输工具，到软件、信息系统等，创新创业企业对固定资产的绝大多数投资，都可以采用融资租赁方式获得融资。但融资租赁不是“万灵药”，其融资实践具有以下局限性：

第一，不允许创新创业企业“空手套白狼”。融资租赁要求融资方或承租方能提供一定数量的保证金，额度相当于总融资额度的 20% 左右。

第二，具有比较强的风险收益特征。作为金融工具的一种，融资租赁的综合融资成本通常高于同期银行贷款利率。

第三，有一套严格的审核手续。融资租赁机构对申请企业在规模、资产、经营状况等方面有硬性指标要求，通常而言，融资租赁的审核程序是：首先对创新创业企业及其融资项目的风险进行充分的评估，接着对项目盈利能力进行判断，这个判断的结果将与租赁公司提供的租金和收取的利率，以及设定的租赁期限紧密相关。

第四，具有行业指向性。目前，中国融资租赁市场相对侧重的行业是医疗、公用事业和装备制造类。不是任何领域的创新创业企业都可以使用融资租赁的融资方案。

4. 企业间的商业信用类产品

这是以应付购货款和应付票据的方式，从供货厂家筹集短期流动资金的一种方法。即创新创业企业可以通过企业间的商业信用，利用延期付款的方式来购入自己所需的产品，或利用预收货款、延期交付产品的方式来获得一笔短期的流动资金。

5. 资本市场的债券类产品

在经过初步成长而发展为新兴领域的市场主导者（例如，行业领先企业、瞪羚企业或独角兽企业）之后，创新创业企业可以考虑通过资本市场发行债券融资。一般来说，债券主要被用于满足成熟期创新创业企业的长期资金需求。目前中国债券市场的进入门槛较高，还无法广泛支持处于创新创业初期的中小微企业的融资需求。

6. 外币的贸易信贷类产品

其形式主要有卖方信贷、买方信贷、补偿贸易、外国政府贷款、国际金融机构贷款等。这些具体方式，已经在第六章公司企业的常见融资方式当中做了详细介绍，本节不再赘述。

7. 针对特定目标群体的政策类信贷产品

针对特定目标群体的政策类信贷产品，是指将金融资源、金融手段注入“双创”全过程，支持特定目标群体开展“双创”，并且能够实现“双创”政策、精准扶贫政策、产业政策、财政政策以及信贷政策等无缝对接的信贷类产品。例如，随着国家“大众创业、万众创新”政策和精准扶贫政策的不断推进和深化，金融同时支持“双创”和扶贫的力度也在不断提高。

能够同时支持“双创”和精准扶贫的信贷产品，通常采用贴息担保的方式，给建档立卡的贫困户提供小额贷款，以帮助其开展“双创”并发展特色产业，从而实现脱贫致富。农户小额信用贷款，正是这一类政策性信贷产品的典型代表。

为了支持回乡开展创新创业的大学生，这里对农户小额信用贷款产品做一个简单的介绍。农户小额信用贷款是农村信用社基于农户信誉，在核定的额度和期限内向农户发放的不需抵押、担保的贷款。目前，该类贷款的金额一般不超过 5 万元。申请农户小额信用贷款时，应首先向当地农村信用社申请办理贷款证。农村信用社在接到申请后会对申请者的信用等级进行评定，根据评定的信用等级，核定相应等级的信用贷款限额，并颁发贷款证。农户在需要小额信用贷款时，可以持贷款证及有效身份证件，直接到农村信用社申请办理。农村信用社在接到贷款申请时，对贷款用途及额度进行审核，审核合格即可发放贷款。

中国各级政府每年都会拨出创新创业专项贴息资金，以支持创新创业企业发展。创业者以及创新创业企业应当主动了解国家以及当地政府的产业政策、扶贫政策和创业政策，并尽可能地善用政府提供的政策类贷款产品。在通过传统银行渠道申请政策类贷款时，可以重点关注四大国有商业银行的中小企业信贷部，以及光大银行、广东发展银行、中信银行等金融机构推出的专为创新创业企业打造的贷款品种。涉农的创新创业企业，还可以关注农村信用社、村镇银行的政策类信贷产品。

二、创新创业企业债务融资的注意事项

对于创新创业企业来说，在债务融资过程中有两点需要特别注意。

第一，要货比三家。按照金融监管部门的规定，各家银行以及其他金融贷款机构在发放商业贷款时可以在一定范围内上浮或下浮贷款利率。因此，办理贷款也和去市场买东西一样，须货比三家才能“物美价廉”。

相对来说，国有商业银行的贷款利率要低一些，但手续要求比较严格。如果创业者或创新创业企业信用较好并且贷款手续完备，那么在贷款融资过程中，就可以对各银行的贷款利率以及其他额外收费情况进行比较，从中选择一家成本低的银行来办理个人创业贷款。

第二，要合理选择贷款产品的期限。银行贷款产品可以分为短期、中期和长期三类。通常贷款的期限越长，利率也就越高。如果创新创业企业对资金的需求期限不太长，应尽量选择短期贷款，这样可以节省利息支出。另外，在选择贷款期限时，需要关注利率的走势。如果利率趋势是走高，则应抢在

加息之前办理贷款，这样可以在当年度内享受加息前的低利率；如果利率走势是趋降，则应在资金需求不急的情况下暂缓办理贷款，等降息后再适时贷款。对于创新创业企业而言，可选的贷款产品及其期限和利率都是多种多样的，应根据企业的融资预算、经营状况（如资金周转率、现金净流量等）、资产状况及其他条件（如有无抵押和担保品等），来决定本企业的举债方案。

三、创新创业企业债务融资的特征

债务融资的特征决定了其用途主要是解决创新创业企业营运资金的短缺问题，而较少用于支持资本项下的开支。债务融资的特征如下。

1. 需要还本付息

债务融资获得的只是资金的使用权而不是所有权，因此资金的使用是有成本的，必须支付利息，并且债务到期时须归还本金。

2. 具有财务杠杆的作用

在利润表中，企业债务的利息可以作为财务费用于税前扣除。因此，适度负债可以给创新创业企业带来节税的利益，从而发挥财务杠杆的正向效益。但需要注意的是，当负债率超过一定水平之后，继续增加债务融资很可能会发挥财务杠杆的负向效益。

3. 改变资产负债的结构

为了生产经营的需要，创新创业企业常需要向银行或其他金融机构申请借款。每当企业通过贷款融资获得了借款资金，其资产负债结构也就随之而改变。资产负债结构是指一个企业负债的数量以及比例，可以用来表明在企业资产中有多少是债务，并进而检查企业的当前财务状况是否稳定。

4. 不影响控制权

与股权融资相比，债务融资除在一些特定的情况下（例如破产清算）可能带来债权人对企业的控制和干预问题，一般不会影响原所有者对企业的控制权。

四、创新创业企业债务融资的优缺点

对创新创业企业而言，债务融资既有优点，也有缺点。

1. 优点

与股权融资相比，债务融资的成本较低、融资速度也较快。由于债务融资要求按时还本付息，它还有利于控制经营者的道德风险。在众多可选的债权融资产品中，融资租赁对于创新创业企业来说最为适用。具体地说，利用融资租赁方式进行创新创业企业融资有以下几个突出的优点：

第一，可以同时获得融资和使用设备。

第二，可以节省资本性投入。

第三，无须额外的抵押和担保品。

第四，可以降低企业现金流量的压力。

第五，可以起到一定的避税作用。

第六，从某种意义上来说，可以用作长期贷款的一个替代品。

2. 缺点

债务融资的缺点是，当企业陷入财务危机或者企业战略不具竞争优势时，按时还款付息的压力很可能会增加创新创业企业失败的风险。与此同时，债务融资虽然有利于控制经营者的道德风险，但也可能导致股东的道德风险。

第二节　创新创业企业债务融资的流程和要件

如果创新创业企业在完成启动预算和财务报表预编后，决定选择以举债方式进行融资，那么接下来应当主动与资金供给方联系，并且按照债务融资的一般流程与之建立信贷关系、提出贷款申请、进行谈判沟通，最终签订债权融资协议。本节以银行贷款为例，首先介绍创新创业企业申请债务融资的一般流程，然后详细介绍其中的提出贷款申请这一环节所需满足及准备的各种条件和书面资料。

一、债务融资的一般流程

这里以银行贷款融资为例，介绍创新创业企业债务融资的一般流程。银行贷款融资的一般流程如下。

1. 建立信贷关系

为了与银行建立正式的信贷关系，创新创业企业须首先向银行提交《建立信贷关系申请书》一式两份。银行在接到申请书后，会指派信贷员对提出申请的企业进行调查。信贷员的调查范围主要包括：

（1）调查企业经营的合法性。主要是调查企业是否具有法人资格。这要求向银行申请贷款的创新创业企业最好是登记注册为有限责任公司或股份有限公司。对具有法人资格的申请企业，还要检查其营业执照的营业范围与实际经营范围是否符合等。

（2）调查企业经营的独立性。主要是调查企业是否实行独立经济核算、单独计算盈亏，是否有独立的财务计划、会计报表等。

（3）调查企业及其生产的主要产品是否属于国家产业政策发展序列。

（4）调查企业经营的效益性。主要是调查企业会计决算是否准确、是否符合有关规定，企业财务成果的现状及其趋势等。

（5）调查企业资金使用的合理性。主要是调查企业的流动资金和固定资金是否分口管理，流动资金占用水平及结构是否合理、有无被挤占或挪用等。

（6）调查新建扩建项目的情况。主要是调查企业是否已筹足新建或扩建项目所需流动资金的30%，如暂时尚未筹足，是否已制订在短期内补足的计划等。

银行信贷员在对上述情况进行调查了解之后，会出具一份书面报告，并签署是否建议银行与该企业建立信贷关系的意见，然后将报告提交给科（股）长、行长（主任）进行逐级审查批准。经行长（主任）同意与企业建立信贷关系之后，银行会与申请建立信贷关系的企业正式签订《建立信贷关系契约》等文件。

2. 提出贷款申请

已经与某银行正式建立信贷关系的创新创业企业，可以根据其生产经营过程中合理的资金需求，向银行提出贷款申请。

以制造行业的创新创业企业为例，提出流动资金贷款申请时，该企业必须同时提交《工业生产企业流动资金借款申请书》。银行会依据国家产业政策、信贷政策以及有关制度，结合上级行批准的信贷规模计划和信贷资金来源，对该企业的借款申请进行认真审查。案例 9-1 和案例 9-2 展示了两家不同行业创新创业企业借款申请书的范本，供创业者和潜在创业者阅读与参考。

案例 9-1

创新创业企业借款申请书范本 1

××××银行：

本公司是贵行的忠实客户，也是贵行的重点扶持对象，长年信用良好。多年来一直从事××加工，经营业绩良好，从商经验丰富，现流动资金达××万元。

由于××县政府对××产业的多年大力扶持和国家产业政策的支持，并享有少数民族特需用品企业的优惠政策，这使得作为××县支柱产业之一的我们面临巨大的发展机遇。为抓住发展机遇并扩大商机，本公司决定扩大再生产，而这需要强有力的资金保证作为后盾，需要金融部门的大力支持。本公司需贷款××万元，作为补充流动资金，望贵行给予批准。

由于本公司经营状况良好，管理能力较强，营运能力和盈利能力较强，信誉度高，发展前景可观，为了扩大经营规模，做大做强企业，现向贵行申请补充流动资金的短期贷款××万元。本公司经营项目好，效益佳，具有充足的销售收入和现金流入，且承诺按期偿还贵行的贷款和利息，并保证贵行资金的安全。

一、公司的基本情况

本公司成立于2015年。在××工业园占地××亩，建筑面积××平方米，机器××台（套），生产线××条。公司被国家民委确定为少数民族用品定点生产企业，发展成为××县××产业的优势骨干企业和“2321”劳务实训基地。自成立以来，本公司的经营一直非常稳健，且具有先进的经营理念和较高的管理水平，销售收入的复合年均增长率达到15%。

二、公司的资产负债状况

目前本公司总资产为××××万元，其中固定资产×××万元，存货×××万元，应收账款××万元，其他资产×××万元，应付账款××万元，在××××银行贷款××万元，在××××信用社贷款××万元，资产负债率为35%。

三、公司的经营情况

本公司在发展过程中，积极调整经营策略，注重销售市场的开发与维护。2019年已经实现了100%的订单化经营，完全摆脱了盲目扩张的被动经营局面。与北京××有限公司、上海××有限公司和深圳××有限公司建立了长期的购销合作关系。

本公司在生产中严把质量关，以优质的产品赢得了众多的客户。自2015年成立以来，在短短五年内，取得了很好的市场口碑和市场效益。2015—2020年，经济效益良好，企业平均利润率为××%。上一年度的总营业收入达××××万元，向国库上缴税金××万元。

四、公司的管理情况

本公司按照《公司法》建立现代制度，目前现代化企业构架已经形成，注重诚信建设、技术进步、制度创新。多年来公司管理完善，在市场价格忽高忽低的情况下，始终在稳步前进，在经营过程中严把收售关，密切关注市场行情，灵活经营，再加上风险意识很强，诚信度高，多年来生意蒸蒸日上，越做越大。本公司的生产经营已进入一个良好的循环状态，资金运营正常，管理过程有序，发展稳步持续，现已具备了良好的获利能力。

五、贷款用途及还款来源

本公司申请贷款用于补充流动资金，主要是用于收购原材料。还款来源为销售回笼资金。

我们相信，在贵行的支持下，本公司将会继续做大做强，成为××行业领头羊。

特此申请!

企业法人：×××

××有限公司

2020年××月××日

案例 9-2

创新创业企业借款申请书范本 2

××农村信用社：

申请人×××，男，现年30岁，身份证号××…××（18位），住××镇石家寨村王家组，现有家庭人口两人，从事三道水乡便民服务中心的工程修建工作。因资金周转困难，特向农村信用合作联社申请借款15万元，期限3年，用申请人位于××镇石家寨村的一处房产作为抵押。房产编号：思房权证塘头字第096××号，面积380平方米；土地编号：思土集用〔2014〕字第0201××号，面积351.84平方米。还款来源：工程收入。并做如下郑重承诺：

一、保证借款用途真实性，不作他用。

二、认真履行借款合同中的相关约定。

三、由夫妻及财产共有人共同偿还。

四、愿以家庭共有财产作为连带责任担保。

五、保证按季结息，否则自愿计收复利，到期还本。

六、当发生遗产分割时，遗产继承人同时承担被继承人在信用社的债务。该财产不能再与其他个人、单位或经济组织进行债务抵押。若有抵押，则是无效抵押。

七、以上承诺如不能履行，自愿承担一切经济、法律责任。

八、还款计划：2020 年年底一次性付清。

此致

敬礼！

申请人：×××

2017 年 ×× 月 ×× 日

3. 贷款审查

在通常情况下，银行须对创新创业企业提出的贷款申请开展审查。贷款申请审查的主要内容有：

（1）贷款的用途。以制造业的创新创业企业申请流动资金贷款为例，符合制造业企业流动资金贷款支持范围的直接用途有：①合理进货支付的货款；②承付的应付票据；③经银行批准的预付货款；④其他符合规定的用途。

（2）近期的经营状况。主要包括物资购、耗、存及产品供、产、销的状况，流动资金占用水平及结构的状况，信誉的状况，经营效益的状况等。

（3）经营改进的计划。主要包括挖潜计划、流动资金周转加速计划、流动资金补充计划的执行情况等。

（4）发展的前景。既包括企业所属行业的发展前景，企业的发展方向，新产品的开发以及现有产品的结构和生命周期等，也包括创业者的个人能力、决策水平和开拓创新能力等。

（5）负债的能力。主要指企业自有流动资金的实有额及流动资产负债的状况，一般通过自有流动资金占全部流动资金的比例和企业流动资产负债率这两项指标来评价。

4. 签订银行贷款合同

银行贷款合同是一种经济合同。它是银行作为贷款人，将一定数量的货币交给借款人（这里指提出贷款申请的创新创业企业或者创业者个人）按约定用途使用，借款人承诺到期还本付息，并据此而共同签订的经济合同。

贷款合同有自己的特征。合同的标的是货币，贷款方是银行或其他金融组织。贷款利率由国家规定的标准利率波动范围决定，当事人不能超出范围随意商定。但是，当事人双方可以依法就贷款合同的其他主要条款，如是否有抵押物、是否有第三方担保等，进行协商。创新创业企业提出贷款申请后，经银行审查认可，并提供银行所要求的各种要件后，双方才会签订贷款合同。贷款合同必须由银企双方的代表或法定代表授权证明的经办人签章，并加盖双方的公章。双方经办人在签订贷款合同时，应注意填写准确，文字要清楚工整，不能涂改。对保证贷款来说，借、贷、保三方都要加盖公章，并且三方法人代表都要签章。

从内容来看，贷款合同一般包括下列条款：①借款种类；②借款用途；③借款金额；④借款利率；⑤借款期限；⑥还款资金来源及还款方式；⑦保证条款；⑧违约责任；⑨其他条款。

贷款合同关键条款的协议内容解读，将在下一节中再做详细介绍。

5. 发放贷款

在创新创业企业申请银行贷款的审查获得批准，并且银行和企业双方签订贷款合同之后，银行经办人员还需要审查贷款申请书、贷款合同等各项内容是否无误，内容是否相互印证或符合要求。经审查无误后，银行经办人员会填制放款放出通知单，交由信贷员和科（股）长“两签”或行长（主任）“三签”，然后送银行会计部门办理贷款拨入借款方账号的手续。贷款申请书和放款放出通知单经银行会计部门入账后，其最后一联还需要返回信贷部门作为登记贷款的台账凭证。至此，发放贷款的流程才算结束。

二、债务融资的要件

从完整的贷款流程来看，创新创业企业要成功获得银行贷款，应当首先在银行开户，然后向该银行申请建立正式的信贷关系。一般来说银行到企业考察认为贷款风险较小，就会批准授信。接下来，企业可以根据银行授信额度选择相关贷款品种并办理贷款手续。如果因贷款金额较高而选择抵押贷款，那么还需要进行抵押物的评估，然后签订抵押合同，再到相应机关办理他项权证，最后才能到银行办理抵押贷款手续；如果选择办理保证贷款，那么还要到保证单位签订保证合同，然后才能到银行办理贷款手续。在以上贷款流程中，创新创业企业需要准备并达到一定的条件和提交一系列的文件。以下详细介绍债务融资需要的常规要件和需要提交的书面文件。

1. 申请贷款企业需具备的基本条件

在债务融资过程中，借款方通常必须具备以下基本条件。

（1）须经国家工商行政管理部门批准设立，登记注册，持有营业执照，并及时年检。

（2）实行独立经济核算，自主经营、自负盈亏。即可以独立从事生产、商品流动和其他经营活动，有独立的经营资金、独立的财务计划与会计报表，能够依靠本身的收入来补偿支出，能够独立地计划盈亏，能够独立地对外签订购销合同等。

（3）有一定的自有资金。

（4）遵守政策法规和银行贷款结算管理制度，并按规定在银行开立基本账户和一般存款账户。

（5）产品有市场。

（6）生产经营有效益。

（7）恪守信用，不挤占和挪用信贷资金。

（8）有按期还本付息的能力，即原应付贷款本金和利息已偿还，没有偿还的能够提供银行认可的偿还计划。

（9）资产负债率符合银行的要求。

（10）填写并提交《贷款申请书》一式两份，加盖公司公章，提供法人的名章以及法人的概况。

2. 提交《贷款申请书》要求附加的其他书面材料

在填写申请书的过程中，还要按其要求准备如下附加的书面材料。

（1）贷款情况说明书。说明书通常需要载明：企业的基本情况，包括注册资金、企业性质、隶属关系、办公地点、联系电话、联系人、主营业务及企业的简要介绍；企业法人的概况，包括姓名、性别、文化程度、专业职称、曾经从事的职业及职务等；企业的财务情况，包括货币资金、存货量、负债总额、所有者权益合计、总资本、本期净利润、最近一年的利润总额以及重要的购销合同等。

（2）财务报表。包括上一年度的财务三表以及本期预编的资产负债表和利润表。

（3）有关证明文件。包括营业执照的副本及其复印件，法人身份证及其复印件，如由他人代替法人签字，还需要提交代签者的本人身份证复印件及法人授权委托书（授权委托书需要法人亲笔签字并加盖公章）。

（4）保证贷款所需提交的其他附加书面材料。包括保证单位营业执照的副本及其复印件，保证单位上一年度和本期的财务三表，以及保证单位同意保证的证明书，并且证明书需要加盖保证单位的公章。

（5）抵押贷款、质押贷款所需提交的其他附加书面材料。包括抵押物、质押物的详细目录和产权或所有权的证明文件，经银行指定中介机构出具的抵押物和质押物价值评估报告等。

以上是《贷款申请书》所要求提交的常规附加书面资料。有些银行在提供贷款时可能还会要求申请企业提供开户银行的对账单，上一年度的税单、电费、销售发票的记录等。

3. 签订贷款合同要求提交的书面材料

提交《贷款申请书》及其附加书面材料之后，由银行对创新创业企业进行贷款审查。如果审查合格，银行就会与其签订贷款合同，并完成放款。一般情况下，除前期所提交的附加书面材料以外，创新创业企业还需要在签订贷款合同的时候，按照贷款合同的规定，补充提交如下书面材料。

（1）银行授信权证。通常银行会要求贷款企业在本行获得并提交 AA 级及以上的授信权证，但对创新创业企业该要求可以适度放宽。

（2）抵押贷款、质押贷款需要提交抵押或质押的登记手续和他项权证。

（3）保证贷款需要提交保证人（保证企业）与银行签订的保证合同。

（4）股东（大）会对贷款事项的决议。

第三节　债权融资协议

债权融资产品的供应主体是银行。银行贷款合同是最为正式和规范的债权融资协议。其他类型的债权融资产品，其融资协议皆可视为在此基础上按具体产品特点而进行了局部调整。本节以银行贷款合同为例，介绍创新创业企业在债务融资过程中所要签订的债权融资协议。

一、债权融资协议的构成

以银行贷款合同为例，债权融资协议的条款可以分为三种类型：第一种是业务类条款，主要规定贷款所涉及的货币、贷款数量、提款、计息、还款、税费等条件；第二种是约定限制性条款；第三种是当事方权利义务责任条款、争议解决条款、管辖权条款等基础法律事项条款。其中，业务类条款和权利义务责任条款通常为银行提供的格式化内容，不得更改。

二、约定限制性条款的解读

银行贷款合同的约定限制性条款主要包含三大内容。

（一）先决条件条款

先决条件是指贷款合同中规定的在贷款开始执行前或开始执行后每次放款前，借款人需要满足的条件。这是为了减少银行风险而设立的必要的法律条件。

银行贷款合同中的常见先决条件包括两类：一是涉及协议中全部贷款义务的先决条件，也称为总括先决条件；二是每笔贷款发放的先决条件。

1. 总括先决条件

总括先决条件一般是规定借款人应向贷款人提供符合协议规定的一系列文件，通常包括：①各类担保文件；②一切必需的授权书和政府批准文件的副本；③借款人组织机构的成立文件，例如公司章程等；④其他法律意见书。

2. 每笔贷款发放的先决条件

发放每笔贷款之前的先决条件，通常包括：①营业执照；②一切必要的授权书及其副本，包括其间发生的股东（大）会或董事会决议等；③组织文件，尤其是发生重大变更的组织文件，例如变更后的公司章程等；④可能引发还款违约或有可能构成违约事件的说明文件；⑤借款人的承诺书，一般是承诺在签订贷款合同时所做的陈述与保证，在此次提取贷款之日仍然保持正确，没有发生任何实质性的不利变化；⑥其他法律意见书。

（二）陈述与保证条款

银行贷款合同中的陈述与保证条款，是借款人向贷款人就借款合法性、自身财务状况、商务状况以及合同履行情况等方面所进行的声明。

陈述与保证条款的主要作用在于保证借款人所做声明的真实性、准确性、完整性，以便贷款人能准确及时了解借款人的状况，做出正确的贷款决策。借款人的声明是否详尽和真实，对保障贷款人利益有重大影响。

银行贷款合同中的陈述与保证条款，一般要求借款人做两类重要程度不同的声明：一类是借款人对有关法律事项所进行的声明，作用是使贷款人确信借贷交易的效力在法律上不会遇到来自借款人方面的阻碍；另一类是借款人对有关财务和商务状况的声明，作用是使贷款人确信借款人有良好的资信和还款能力。

（三）约定事项条款

借贷协议的约定事项条款，是要求借款人保证按约定对自己诸多方面的活动或行为进行自我限制的条款。约定事项条款主要包括有作为的保证和不作为的保证两类。

1. 有作为的保证

有作为的保证一般包括如下内容：

（1）借款人应尽一切必要努力维持其自身的正当合法存在，须按法律规定进行活动（包括纳税、缴费等）。

（2）借款人一旦知道发生以下情况应立即通知贷款人：①发生了违约事件；②有根据认为可能发生会对借款人的业务或财务状况以及履行借贷协议的能力产生实质性不利影响的情况；③发生了针对借款人的诉讼或仲裁及其他威胁。

（3）借款人应将公司财产按贷款人满意的或经营同类业务公司惯常投保的险别与保险金额向保险公司投保。

（4）借款人应定期向贷款人提供有关借款人财务状况的各类报表，并随时按贷款人的合理要求提供有关借款人的营业信息和财务信息。

2. 不作为的保证

不作为的保证一般包括如下内容：

（1）借款人的资产净值不得低于某一约定的水准，即借款人的全部资产用来偿付债务后，所剩余额必须保持在一定水准之上。

（2）借款人的流动负债（即短期债务）不得超过其同期流动资产的一定比例。

（3）借款人分配股息或做其他分配，不得超过从贷款合同签订开始的财务年度的净收入的一定百分比。

（4）除业务需要的正常交易外，借款人不得以出售、转移、出租或其他方式处分其资产的全部或实质部分。

（5）借款人除正常交易外，不得向他人提供贷款或为他人的债务提供担保。

（6）借款人不得与其他公司合并或采取解散公司的行动。

（7）借款人如非必要不得修改公司章程等组织文件。

（8）借款人不得把贷款用于协议规定的用途范围之外。

（9）借款人在偿还本贷款以前，不得以其资产为其他债权人设立担保物权等。

第四节 债权债务关系的维护

创新创业企业在成长发展的过程中，需要始终重视对投资者关系的管理。投资者关系管理包含相当广泛的内容。它既包括公司与股东，债权人和潜在投资者之间的关系管理，也包括在与投资者沟通过程中，公司与资本市场各类中介机构之间的关系管理。对于创新创业企业的债务融资实践来说，做好投资者关系管理就是要做好融资前的信用积累、融资中的关系建立和融资后的定期联系。

一、债务融资前的信用积累

信用是企业的立足之本，是企业重要的无形资产。积累并取得良好的信用，是创新创业企业开展债务融资的有效“身份证”和可靠的“通行证”。

创新创业企业，尤其是中小型的创新创业企业，普遍存在融资困难。原因之一是它们缺乏基础的信用积累和信用管理制度。良好的信用记录，需要创新创业企业自成立之日起就努力地不断累积沉淀。创新创业企业一定要有意识地主动参与政府征信体系的建设。建议首先依托人民银行或第三方征信机构的征信系统，积累属于自己的信用档案，不断提高企业的信用等级。此外，国家企业信用信息公示系统，也为所有创新创业企业积累信用提供了一个权威的和规范的平台。创新创业企业可以通过依法、按时、真实、完整、连续地公示其年报信息，从而快速地积累企业信用。

在积累企业信用的过程中，创新创业企业需要注意以下事项。

第一，要持续关注自身的信用记录。

企业信用报告的应用范围日趋广泛，已成为企业的“经济身份证”。创新创业企业应对自身的信用记录进行持续关注，并适时到中国人民银行查询自身的信用报告。

第二，要遵纪守法、信守约定、按时偿还之前的贷款。

通过信息共享，政府部门的监管信息、银行的还贷信息都已经归集到中国人民银行征信系统中，企业的违法违纪、拖欠贷款等事项将导致其信用状况的不良。创新创业企业一定要注意养成合法经营、主动按时偿还已有债务的习惯。只有保持和提高自身的信用记录，才能维护和优化企业的信用形象。

第三，要积极采取措施来修复不良的信用记录。

虽然创新创业企业并不希望出现失信的结果，但是仍可能因某些意外的经营情况，产生不良信用记录，此时企业要积极采取措施进行补救。如因一时周转困难而拖欠了还款，一旦具备偿还能力，就应主动偿还拖欠的债务，使拖欠债务这一严重失信记录转变为逾期偿债的记录，以减轻曾经失信的行为的影响，并在一定时期后使其能够得到修复。

第四，要主动参与信用评级，加强信用风险管理。

创新创业企业可以主动付费进行信用评级。第三方的信用评级机构会运用独立、客观的分析方法，对受评企业的综合素质、经营能力、获利能力、履约情况和发展前景等进行全面调研，进而对其偿债能力和偿债意愿做出客观、公正的综合评价，并以简单明了的符号表示其信用等级。较高的信用等级将成为创新创业企业优良信用形象的标志，成为企业巨大的“无形资产”。如果在信用评级过程中，评级机构揭示了创新创业企业的信用风险，那么企业就可以据此提出加强信用风险管理的改进措施。

二、债务融资中的关系建立

由于资金少，规模小，经营时间短，创新创业企业很难提供银行需要的抵押、质押物，同时也难以取得第三方的信用担保，因而要取得大额银行贷款非常困难。如果创新创业企业能和银行方面建立良好的关系，把融资之前的关系建立工作提前做到位，那么它向银行申请贷款会更容易获得批准，也更容易获得较大的利率下浮。

许多创业者表示，融资难最直接的表现是在债务融资过程中与银行、担保机构等建立正式贷款关系困难。银企关系难建立的主要原因有企业信用积累有限、信用水平偏低，且银企之间存在严重信息不对称等。银企信息不对称的意思是，作为借款人的创新创业企业一般比银行等金融机构更清楚投资项目成功的概率和偿还贷款的条件。

信息不对称导致了金融机构与企业关系的疏远，影响了创新创业企业的债务融资。它一方面容易在债务融资过程中导致银行等金融机构的逆向选择——为了避免信息不对称所导致的利益损失，银行等金融机构极可能选择不发放或者少发放贷款；另一方面可能导致企业的道德风险——创新创业企业的技术产品和客户市场存在较大的不确定性，它们很可能改变贷款承诺的资金用途而将其投入预期收益更高的其他项目。

解决债务融资信息不对称最重要的方法是完善企业信用平台。但是，在依靠国家企业征信平台的基础上，创新创业企业依然感到贷款不易，特别是很多创立不久的创新创业企业因从未和金融贷款机构打过交道，一片茫然之下不知道如何走出建立贷款融资关系的第一步。

本书建议创新创业企业分步骤与银行建立正式的信贷关系。建立银企关系的第一步，是与银行建立正式且良好的交往关系。以银行贷款为例，良好的银企交往关系有时比抵押物是否充足更重要。因为银行在对企业进行考察时往往是从企业资金的使用、周转和财务核算等方面入手。所以，创新创业企业要注意抓好资金的日常管理，苦练内功，真正提高经营管理水平，以使银行基于企业的日常资金往来关系对贷款的安全性放心。

建立银企关系的第二步，是在申请贷款的过程中，经常主动地向提出贷款申请的一家或多家银行汇报公司的经营情况，使银行在与企业的经常沟通中，提高对企业的信任度。

建立银企关系的第三步，是与意向最强的银行建立紧密的业务关系。即在办理各项相关业务时最好认准一家银行。很多创新创业企业误认为在多家银行开立账户可以方便将来借款，其实这样反而不利于放贷银行全面了解该企业的资金状况。最好的方法是认准一家满意又方便的银行来办理所有的相关业务。这样可以集中资金和结算，既能提高企业对银行的贡献率，又有利于让银行了解企业的经营成果和资金状况。让银行对企业知根知底，并且看到企业的红火生意，才能真正地有利于贷款申请的审批。

建立银企关系的最后一步，是耐心、主动、热情地配合银行开展的各项贷前工作，包括积极配合银行开展的各种调查，认真填写和报送企业的财务报表，主动提供企业的经营计划等。创新创业企业可以通过主动配合银行的贷前调查，及时提供规范的资料，用实际行动为企业在银行内部建立良好的信誉。

三、债务融资后的定期联系

一旦获得贷款，创新创业企业不仅应按时还款或办理展期手续，还应主动配合银行等金融机构对贷后资金的使用情况开展调查。贷后检查就是贷款发放之后，银行对借款人执行借款合同（或贷款协议）内容及贷款使用效果的追踪调查和检查。贷后检查包括定期检查和不定期检查两类。其审查的主要内容有：

（1）是否按借款合同规定的用途使用借款。主要检查借款人是否按合同规定用途使用资金，是否存在挪用等情况。

（2）市场情况有无意外的变化。需要重点分析外部宏观经营环境是否会对借款人的生产经营产生较大影响。

（3）产供销的情况即生产经营情况有无意外的变化。重点检查借款人的原料供应、生产、销售等情况。

（4）贷款是否能收到预期的效益，即对财务状况进行检查。重点检查企业的财务报表及其财务比率，以及时掌握借款人的偿债能力、盈利能力、营运能力的现状和发展趋势等。

（5）流动资金是否存在缺口。一般是根据借款人提供的财务报表，测算其流动资金的缺口。对于申请流动资金贷款的创新创业企业来说，这是贷后调查必备的一项硬指标。

（6）内部管理水平是否存在瑕疵。重点检查借款人的内部管理情况、主要经营管理人员的情况，以评估其可能对偿债产生的影响。

（7）本期是否有重大事项。重点检查借款人的重大投资决策、重大体制改革、重大债权债务纠纷、重大事故和赔偿等情况。

（8）保证人是否保持其保证能力或抵押品是否保持完好。对保证人保证能力的检查一般参照对借款人还款能力的检查。对抵押物的检查，主要检查抵押物是否完好无损、价值是否发生变化、是否被抵押人擅自处理、抵押登记是否继续有效等。

贷后检查是事后信贷监督，与贷前调查、贷时审查相互联系、相互补充，对贷款质量管理起着重要的作用。通过贷后检查，银行等金融机构可以发现创新创业企业在建项目或生产经营中存在的问题，并及时反馈给借款人，进而督促和帮助借款人改善经营管理，提高其效益，以保障自身信贷资金的安全回收。在获得贷款之后，创新创业企业应主动加强与贷款机构信贷部门的协作和沟通，帮助贷款机构的信贷部门完成定期或不定期的贷后检查。

总的来说，创新创业企业在贷款融资的过程中，首先要增强企业的竞争能力，完善各项管理制度，依法合规经营，努力做大做强，积极创造条件取得信贷的支持；其次要切实加强企业信用建设，树立诚信意识，增强法制观念，以良好的信誉赢得银行的认可；最后要在获得贷款之后主动与信贷部门沟通，加强联系，真正建立长期、良好的银企合作关系，以取得银行对企业未来贷款融资的再次支持。

开放思考

1. 若创新创业企业在注册设立阶段就决定开展债务融资，你会建议它选择何种融资渠道和融资产品？

2. 创新创业企业向银行等金融机构申请债务融资时，一般需要提前准备哪些资料？一般按什么流程完成申请？

3. 创业者为何要主动维护创新创业企业与投资者之间的良好债权债务关系？

实践作业

1. 基于之前所提出的创新创业设想、所选择的企业组织形式和所测算的启动资金，筛选一款你认为最恰当的债权融资产品。尝试和其他同学交换意见，并就大家对选择债权融资产品的不同意见展开辩论。请详细解释你为何选择某种债权融资产品，而不选择其他产品。

2. 请以小组协作的方式，以小组为单位，尝试联系中国工商银行、中国农业银行、浦发银行、中信银行、交通银行等银行的个人创业贷款业务中心，了解申请大学生个人创业贷款需要提交哪些材料，并向银行提交一份《贷款申请书》。

3. 请分小组收集个人独资、合伙和公司制创新创业企业开展债务融资的实际案例，进而比较在这三种企业组织形式下，创新创业企业债务融资行为的异同。

第十章
创新创业企业的股权融资实践

与债务融资相比，股权融资所获得的资金无须还本付息，但新股东将与老股东同样分享创新创业企业的盈利与增长。这一特点决定了股权融资在创新创业企业融资领域的广泛使用。它既可以被用于充实创新创业企业的营运资金，也可以被用于支持创新创业企业的长期投资。本章首先介绍创新创业企业股权融资及流程和注意事项，然后介绍股权融资实践中的最优股权结构设计、股权融资谈判和最佳投资者筛选，最后介绍股权融资协议的内容。

第一节　创新创业企业股权融资

创新创业企业股权融资是指创业者通过出让部分所有权，引进新投资者为企业增加权益投资，即增加企业总股本的一种融资方式。绝大多数中小规模的创新创业公司企业，较难达到上市公开发行股票的要求。它们通常选择私募发售的方式开展股权融资。本节首先介绍股权融资的两种类型，然后阐述其特征和优缺点，最后说明股权融资与非法集资的区别。

一、股权融资的类型

按股权融资的资金来源渠道来划分，股权融资主要有私募发售和公开市场发售两种类型。

（一）私募发售

所谓私募发售，是指创新创业企业自行寻找特定的投资者，吸引其增资入股的股权融资方式。从创新创业企业注册设立到成长为上市公司的过程来看，私募发售这一股权融资方式的使用通常出现在公开市场发售方式之前。绝大多数股票市场对于申请发行股票的企业都有一定的条件要求。哪怕是在中小板上市，也要求企业最近三个会计年度经营活动所产生的现金流量净额累计超过人民币 5 000 万元，或者最近三个会计年度营业收入累计超过人民币 3 亿元。因此，对绝大多数的创新创业企业来说，它们较难达到上市公开发行股票的要求，私募发售才是它们进行股权融资的早期方式。

在当前的融资环境下，私募发售是创新创业企业在所有可考虑外部融资方式当中，最占优势的融资方式。但是，私募发售不仅仅意味着获取资金，也意味着引入新股东，即新合作伙伴将进入创新创业团队来参与企业的运营管理。新股东能否成为一个理想的合作伙伴，无论对创新创业企业的当前还是未来，影响都是显著且深远的。

在私募领域，不同类型的投资者对创新创业企业发展的影响也不同。我国创新创业企业通常选择以下四类投资者开展私募股权融资。

1. 个人投资者

个人投资者，一般是天使投资者。虽然其投资的金额不大，一般在几万元到几十万元之间，但他们可以在创新创业企业的注册设立阶段和早期发展阶段（即启动期）提供至关重要的资金支持。这类投资者的投资行为很复杂，有的会直接参与创新创业企业的日常经营管理，有的只作为股东关注企业的重大经营决策。他们往往与创新创业企业的创始人有密切的私人关系。随着创新创业企业的成长发展，他们通常在获得相应的回报之后，会早于企业上市或被并购之前而提前退出创新创业企业。

2. 风险投资机构

风险投资机构是 20 世纪 90 年代后期在我国发展最快的投资力量，其涉足的领域主要与高新技术相关。在 2000 年前后互联网电商企业的发展狂潮中，

几乎每一家 .COM 公司的背后都有风险投资机构的身影。国外的 IDG、Softbank、ING 等，国内的上海联创、北京科投、广州科投等都属于典型的风险投资机构。它们通常会为创新创业企业提供几百万元、上千万元，乃至上亿元的股权融资。

风险投资机构追求资本增值的最大化，投资的最终目的是通过被投资企业上市、转让或被并购而实现获利退出。其中，上市后退出是它们投资所追求的最理想的退出方式。

上述特点决定了通过风险投资机构实现创新创业企业股权融资的好处在于：①没有控股要求；②有强大的资金支持；③通常不参与日常管理；④能改善企业的股东背景，有利于二次融资；⑤可以帮助企业规划未来的上市融资及寻找上市渠道。

但是，硬币总有两面。通过风险投资机构实现股权融资也有不利之处。风险投资机构主要追求创新创业企业在短期内的资本增值，容易与创始人的长期发展战略决策形成不一致，甚至是冲突。另外，有些风险投资机构并不具备帮助企业提升竞争力的管理资源和业务资源。

3. 产业投资机构

产业投资机构，又称策略投资者。它们的投资目的与风险投资机构差异很大。产业投资机构一般是希望被投资的创新创业企业能与自身的主业实现融合或达成互补，从而获得协同效应。通过产业投资机构实现股权融资的好处非常明显：①产业投资机构具有较强的资金实力和后续资金支持能力；②产业投资机构可以与创新创业企业共享其主业领域的品牌号召力；③在双方业务互补的条件下，创新创业企业可以取得业务协同效应；④在产业投资机构的企业文化、管理理念与被投创新创业企业比较接近时，双方更容易长期合作；⑤产业投资机构可以向被投企业输入优秀的企业文化和管理理念。

通过产业投资机构实现股权融资也有不利之处。

①产业投资机构有可能要求控股权；②若产业投资者的经营出现问题，可能会影响被投企业的后续融资；③产业投资机构可能会根据自身发展需要，

对被投企业的业务领域进行限制；④产业投资机构可能会要求限制新投资者进入。

4. 上市公司

上市公司是私募股权发售融资的重要参与者。由于在上市时募集了大量的资金，它们参与私募股权发售大多是为本企业寻求并注入新概念或购买利润，以达到伺机抬高股价或维持上市资格或再次圈钱等目的。当然，也不乏一些有长远战略眼光的上市公司，因为看到了创新创业企业的广阔市场前景和巨大发展空间而投资。

无论是哪类投资目的，上市公司在对创新创业企业进行股权投资时一般都会要求取得控股权，以合并对方财务报表。对于这样的股权投资者，创业者必须十分谨慎。因为一旦出让创新创业企业的控股权，又无法与控股股东达成一致，创业者很可能被驱逐出自己一手创建的企业，而创新创业企业的未来发展也会面临巨大危机。

对于以上四类私募股权投资者，创业者可以根据创新创业企业自身的业务特点、技术方向和管理理念进行选择。

（二）公开市场发售

所谓公开市场发售，就是通过公开的证券市场向公众投资者发行企业的股票来募集资金。企业上市、上市公司增发和配股等都是利用公开证券市场进行股权融资的具体形式。

通过公开市场发售方式来进行股权融资，是创新创业企业梦寐以求的股权融资方式。上市融资，一方面可以为创新创业企业募集到巨额资金；另一方面可以通过资本市场给创新创业企业一个市场化的定价，使企业价值为市场所认可，从而为创新创业企业的股东带来巨额财富。

与其他融资方式相比，通过上市公开募集资金有四个优点。

第一，募集资金的数量巨大。

第二，原股东的股权和控制权稀释较少。

第三，有利于提高企业的知名度。

第四，有利于利用资本市场进行后续融资。

不过，公开市场发售门槛较高，创新创业企业只有发展到一定规模，且有了较好的盈利时，才可能考虑使用这种融资方式。根据政策意见，在满足部分特殊条件的情形下，一些创新创业企业也可以在不盈利的条件下选择通过科创板或创业板上市。例如，新冠肺炎疫情期间，康希诺生物就在A股科创板实现了无盈利上市。

表10-1是根据最新文件，对A股主板、创业板、中小板和科创板上市条件所进行的总结与比较。准创业者和潜在的创业者可以对其进行阅读和学习。

表10-1 A股主板、创业板、中小板和科创板的上市条件

条件	主板	创业板	中小板	科创板
主体资格	股份有限公司	股份有限公司	股份有限公司	股份有限公司
经营年限	持续经营时间应当在3年以上（有限公司按原账面净资产值折股变更为股份公司可连续计算）	持续经营时间应当在3年以上（有限公司按原账面净资产值折股整体变更为股份公司可连续计算）	持续经营时间应当在3年以上（有限公司按原账面净资产值折股整体变更为股份公司可连续计算）	持续经营时间应当在3年以上（有限公司按原账面净资产值折股整体变更为股份公司可连续计算）
盈利要求	（1）最近3个会计年度净利润均为正数且累计超过人民币3 000万元，净利润以扣除非经常性损益前后较低者为计算依据	（1）最近2年连续盈利，净利润累计不少于人民币1 000万元，且持续增长；或者最近1年盈利且净利润不少于人民币500万元，营业收入不少于人民币5000万元，且最近2年营业收入增长率均不低于30%	（1）最近3个会计年度净利润均为正数且累计超过人民币3 000万元，净利润以扣除非经常性损益前后较低者为计算依据	发行人申请在本所科创板上市，市值及财务指标应当至少符合下列标准中的一项： （1）预计市值不低于人民币10亿元，最近2年净利润均为正且累计净利润不低于人民币5 000万元；或者预计市值不低于人民币10亿元，最近1年净利润为正且营业收入不低于人民币1亿元 （2）预计市值不低于人民币15亿元，最近1年营业收入不低于人民币2亿元，且最近3年累计研发投入占最近3年累计营业收入的比例不低于15%

续表

条件	主板	创业板	中小板	科创板
盈利要求	（2）最近3个会计年度经营产生的现金流量净额累计超过人民币5 000万元；或最近3个会计年度营业收入累计超过人民币3亿元 （3）最近一期不存在未弥补亏损	（2）净利润以扣除非经常性损益前后较低者为计算依据 （3）上述要求为选择性标准，符合其中1条即可	（2）最近3个会计年度经营活动产生的现金流量净额累计超过人民币5 000万元；或者最近3个会计年度营业收入累计超过人民币3亿元 （3）最近一期不存在未弥补亏损	（3）预计市值不低于人民币20亿元，最近1年营业收入不低于人民币3亿元，且最近3年经营活动产生的现金流量净额累计不低于人民币1亿元 （4）预计市值不低于人民币30亿元，且最近1年营业收入不低于人民币3亿元 （5）预计市值不低于人民币40亿元，主要业务或产品需经国家有关部门批准，市场空间大，目前已取得阶段性成果。医药行业企业需至少有一项核心产品获准开展二期临床试验，其他符合科创板定位的企业需具备明显的技术优势并满足相应条件
资产要求	最近一期末无形资产（扣除土地使用权、水面养殖权和采矿权等后）占净资产的比例不高于20%	最近一期末净资产不少于人民币2 000万元	最近一期末无形资产（扣除土地使用权、水面养殖权和采矿权等后）占净资产的比例不高于20%	无要求
股本要求	发行前股本总额不少于人民币3 000万元；发行后股本总额不少于人民币5 000万元	企业发行后的股本总额不少于人民币3 000万元	发行前股本总额不少于人民币3 000万元；发行后股本总额不少于人民币5 000万元	发行后股本总额不低于人民币3 000万元
主营业务要求	最近3年内主营业务没有发生重大变化	发行人应当主营业务突出。同时，要求募集资金只能用于发展主营业务	最近3年内主营业务没有发生重大变化	最近2年内主营业务未发生重大不利变化；重点支持新一代信息技术、高端装备、新材料、新能源、节能环保、生物医药领域等高新技术产业和战略性新兴产业，推动互联网、大数据、云计算、人工智能和制造业深度融合

续表

条件	主板	创业板	中小板	科创板
董事及管理层要求	最近3年内没有发生重大变化；董事会下设战略、审计、薪酬委员会，各委员会至少指定1名独立董事担任委员；至少1/3的董事会成员为独立董事	最近2年内未发生重大变化；具有完善的公司治理结构，依法建立健全股东大会、董事会、监事会以及独立董事、董事会秘书、审计委员会制度，相关机构和人员能够依法履行职责	最近3年内没有发生重大变化；董事会下设战略、审计、薪酬委员会，各委员会至少指定1名独立董事担任委员；至少1/3的董事会成员为独立董事	最近2年内董事、高级管理人员及核心技术人员均没有发生重大不利变化
实际控制人要求	最近3年内实际控制人未发生变更	最近2年内实际控制人未发生变更	最近3年内实际控制人未发生变更	最近2年实际控制人没有发生变更

2021年9月3日，北京证券交易所（简称北交所）注册成立。北交所是经国务院批准设立的我国第一家公司制证券交易所，受中国证监会监督管理。尚未满足主板上市条件的创新创业企业可以考虑先到北交所申请公开市场发售。

设立北交所是实施国家创新驱动发展战略的重要举措，也是对推动创新创业企业高质量发展做出的新的重大战略部署，对于支持中小型创新创业企业的成长发展具有重要意义。2021年9月2日，习近平总书记在2021年中国国际服务贸易交易会全球服务贸易峰会上致辞宣布："我们将继续支持中小企业创新发展，深化新三板改革，设立北京证券交易所，打造服务创新型中小企业主阵地。"

在正式设立后的第三天，也就是2021年9月5日，北交所就发布了《北京证券交易所关于上市规则、交易规则和会员管理规则公开征求意见的通知》，起草了《北京证券交易所股票上市规则（试行）》（征求意见稿）、《北京证券交易所交易规则（试行）》（征求意见稿）和《北京证券交易所会员管理规则（试行）》（征求意见稿）等业务规则。9月10日，北京证券交易所官方网站（网址：www.bse.cn）上线试运行。自从北交所正式设立以来，各级地方政府积极努力将本地"专精特新"企业引导培育为北交所上市的申报主力军。北交所也努力围绕“专精特新”企业的发展需求完善政策制定和资本服务。9月24日，已有235家新三板创新层和基础层的企业向北交所申请到精选层公开发行。[①] 截至2022年3月1日，已有86家企业成功在北交所上市交易。

按照当前试行政策的要求，申请在北交所公开市场发售的发行人，应当符合下列条件。

（1）发行人为在全国股转系统连续挂牌满12个月的创新层挂牌公司。

（2）符合中国证券监督管理委员会规定的发行条件。

（3）最近1年期末净资产不低于5 000万元。

（4）向不特定合格投资者公开发行的股份不少于100万股，发行对象不少于100人。

（5）公开发行后，公司股本总额不少于3 000万元。

（6）公开发行后，公司股东人数不少于200人，公众股东持股比例不低于公司股本总额的25%；公司股本总额超过4亿元的，公众股东持股比例不低于公司股本总额的10%。

（7）市值及财务指标符合本规则规定的标准。

（8）本所规定的其他上市条件。

发行人向北交所申请公开市场发售的市值及财务指标应当至少符合下列标准中的一项。

（1）预计市值不低于2亿元，最近两年净利润均不低于1 500万元且加权平均净资产收益率平均不低于8%，或者最近1年净利润不低于2 500万元且加权平均净资产收益率不低于8%。

（2）预计市值不低于4亿元，最近两年营业收入平均不低于1亿元，且最近一年营业收入增长率不低于30%，最近一年经营活动产生的现金流量净额为正。

（3）预计市值不低于8亿元，最近一年营业收入不低于2亿元，最近两

① 券商中国．多地吹响北交所“集结号”！挖掘和培训后备资源，畅通渠道，预备队已超230家?［N］．［2021-10-3］，https://www.163.com/dy/article/GLBV4QQK0519JFL1.html?clickfrom=w_money.

年研发投入合计占最近两年营业收入合计比例不低于8%。

（4）预计市值不低于15亿元，最近两年研发投入合计不低于5 000万元。

鉴于北交所发行人须为在全国股转系统连续挂牌满12个月的创新层挂牌公司，发行人在全国股转系统创新层挂牌直接进入创新层或者挂牌后申请进入创新层，应当符合下列三个条件之一。

（1）最近两年净利润均不低于1 000万元，最近两年加权平均净资产收益率平均不低于8%，股本总额不少于2 000万元。

（2）最近两年营业收入平均不低于6 000万元，且持续增长，年均复合增长率不低于50%，股本总额不少于2 000万元。

（3）最近有成交的60个做市或者集合竞价交易日的平均市值不低于6亿元，股本总额不少于5 000万元；采取做市交易方式的，做市商家数不少于6家；或者在挂牌时即采取做市交易方式，完成挂牌同时定向发行股票后，公司股票市值不低于6亿元，股本总额不少于5 000万元，做市商家数不少于6家，且做市商做市库存股均通过本次定向发行取得。

同时其还应当符合下列条件。

（1）公司挂牌以来完成过定向发行股票（含优先股），且发行融资金额累计不低于1 000万元；完成挂牌同时定向发行股票，且融资金额不低于1 000万元。

（2）符合全国股转系统基础层投资者适当性条件的合格投资者人数不少于50人。

（3）最近一年期末净资产不为负值。

（4）公司治理健全，制定并披露股东大会、董事会和监事会制度，制定并披露对外投资管理制度、对外担保管理制度、关联交易管理制度、投资者关系管理制度、利润分配管理制度和承诺管理制度，设立董事会秘书。

（5）中国证监会和全国股转公司规定的其他条件。

与在A股主板、创业板、中小板和科创板公开市场发售相比，北交所公布的上市条件无疑更加适合较早期的创新创业企业。

即使如此，想要在北交所上市的创新创业企业，也还是需要尽早做好股权融资的长期规划。根据北交所公布的上市条件——发行人为在全国股转系统连续挂牌满 12 个月的创新层挂牌公司，创新创业企业要实现公开市场发售至少需要提前 1 年准备。若创新创业企业选择先到全国股转中心挂牌，然后申请进入创新层方式，再申请到北交所公开市场发售，那么这一过程的总体筹备时间预计在 2~3 年。

二、股权融资的特征

相比于债务融资来说，股权融资具有三大特征。

第一，长期性。长期性是说股权融资筹措的资金具有永久性，无到期日，不需归还。

第二，不可逆性。不可逆性是说投资者在完成股权投资后即成为企业的股东，股东资格一经获得不可撤销。

第三，无负担性。无负担性是说股权融资没有固定的股利负担，股利支付与否和支付多少视经营需要而定。当然股权投资者收回本金或获得收益不只依赖股利，还可以借助流通市场进行股份套现。

三、股权融资的优缺点

股权融资的特征决定了其特别适合用于满足创新创业企业对长期和大规模资金的融资需求。对于创业者的权益而言，股权融资方式既有优点，也有缺点。

1. 优点

（1）有利于创新创业企业建立较为完善的公司治理结构。公司治理结构一般由股东（大）会、董事会、监事会、高级经理层组成，俗称“三会一层”。“三会一层”相互之间能够形成多重风险约束的机制和权力制衡的机制，从而降低创新创业企业的经营风险。

（2）有利于提高创新创业企业信息的公开性与可得性。在现代金融理论中，证券市场又称公开市场。它指的是在比较广泛的制度化的交易场所，对标准化的金融产品进行买卖活动，并且相关的买卖活动都是在一定的市场准入、信息披露、公平竞价交易、市场监督制度下规范进行的。与之相对应的贷款市场，又称协议市场，在这个市场上贷款者与借入者的融资活动是通过直接协议达成的。在金融交易中，证券市场在信息公开性和资金价格的竞争性两方面都优于贷款市场。

（3）股权融资有利于创新创业企业降低经营风险。如果股权资金的投资者在企业股权结构中占有较大份额，那么他运用企业借款从事高风险投资和产生道德风险的可能性就将大为减小。因为，如果这样做，投资者自己也会蒙受巨大损失。所以投资者投入的股权资金越多，创新创业企业因拖欠银行债务而破产倒闭的可能性也越小。

2. 缺点

当创新创业企业在利用股权融资开展对外筹资时，企业的经营管理者可能产生道德风险和逆向选择。Jensen 和 Mecking（1976）认为，当融资活动采取股权契约时，由于存在委托（股东）—代理（经理人）关系，代理人的目标函数并不总是和委托人相一致，这会产生代理成本。因此，代理成本高是股权融资最突出的风险和缺陷。对于解决经营者的这种道德风险，采用复杂的综合融资方案，即在股权融资以外，同时增加债务融资被认为是比较有效的方法。

四、股权融资与非法集资的区别

股权融资是创新创业企业出让所有权从而实现融资的一种常见方式。它能够帮助创新创业企业筹集其成长发展所需要的大量资金和长期资金，解决创新创业企业发展面临的资金瓶颈问题。但是，股权融资跟非法集资看起来有一定的相似之处。两者有何区别？

依据国务院发布的 247 号令，可以给非法集资做出这样的定义：“所谓非法集资是指，单位和个人未按照法定的程序经有关部门批准，以发行股票、债券、彩票、投资基金证券或其他债权凭证的方式向社会公众筹集资金，并承诺在一定期限内以货币、实物及其他利益等方式向出资人还本付息给予回报的行为。”[①]非法集资通常未经有关部门依法批准（包括没有批准权限的部门批准的集资，以及有审批权限的部门超越权限批准的集资），并且承诺在一定期限内给出资人远高于银行的利息。有些非法集资，会以合法形式掩盖其非法集资的性质。一些单位和个人，以貌似合法的形式假冒金融机构，以高于同期银行利率若干倍的高息为诱饵，吸收公众存款，用于投资或非法放贷。非法集资活动与股权融资的实质性差别，就在于非法集资通常都承诺一定期限内还本付息，且承诺的利息往往远高于银行利息。创新创业企业的股权融资通常不承诺固定的股利回报，并且创新创业企业的投资者作为股东不可随意取回所投入的权益资金。从回报方式来看，两者有非常大的差别。

股权融资是资本经营行为，可以在一定程度上起到扩张资本市场的作用而非扰乱市场秩序。只有行为人非法吸收公众存款，用于货币资本经营（如放贷）时，才会被认定扰乱金融秩序。

股权融资的资金通常是投向一个特定的实体项目，这也是其与非法集资的区别所在。[②]更为重要的区别是，该项目的股权融资最终会在有限责任公司或股份有限公司中形成股权。即使股权融资是以有限合伙企业的形式去汇集资本，然后再对创新创业企业进行股权投资，该有限合伙企业作为创新创业公司的股东，其股权也同样受到法律的保护。在有限合伙的股权投资形式下，股权融资采取的是以“领投人 + 跟投人”方式。领投人应当在收到跟投人委托尽职调查的情况下出具报告，对跟投人负责，双方在平等自愿的情况下成立有限合伙企业来开展股权融资，信息公开透明、风险各自承担、收益分配清晰。这与非法集资过程中的风险不确定性和信息不对称性完全不同。

---

①②刘天善，张力 . 经济法教程（第二版）［M］. 北京：清华大学出版社，2020.

第二节 创新创业企业股权融资的流程和注意事项

股权融资可以有效解决创新创业企业长期资金和大规模资金不足的难题。股权融资，不仅需要取得原股东的同意和授权，还需要遵守法定的基本流程。本节首先为创业者或潜在创业者推荐常见的寻求股权融资的渠道，然后解释创业者与股权投资者（包括天使投资者、风险投资机构、私募股权投资机构等）谈判时常用的英文术语，接着介绍创新创业企业股权融资的基本流程，最后提示在该流程中需要特别注意的重要事项。

一、如何寻找股权融资的投资者

股权融资，是创业者在创新创业过程中不得不承担的最迷茫却又最为重要的工作之一。在创新创业企业拟开展初次股权融资的情形下，许多创业者都会在黑暗中默默恳求：上帝呀，请告诉我该去哪儿找到天使投资者（或风险投资机构，或私募股权投资机构）。

其实，股权投资者离创业者并不遥远。本书为那些初次开展股权融资实践的创业者总结了接洽投资者的十四条渠道。

1. 刊登媒体广告

一个合格的商业人士要养成阅读广告的习惯，以从最不起眼的地方找到自己的机会。拟开展初次股权融资的创业者，一方面可以留意财经类专业报刊和网站等媒体上所刊登的投资者寻找项目的广告，以获得投资者的联系方式，并主动投递商业计划书等到对方的邮箱或直接电话联系对方；另一方面可以在财经类专业报刊和网站上主动投放本企业产品的宣传广告或本企业寻求股权融资的广告，以吸引投资者主动联系自己。建议创业者关注 36 氪、创业邦、创业家等专业媒体，它们都提供帮助创业者寻找股权投资者的服务。

2. 搜索投资机构及其协会和中介服务机构的网站

很多大型的天使投资机构、风险投资机构以及私募股权投资机构，例如天使汇、IDG、红杉、软银等，都有自己的网站。这很容易在网上搜索出来。

创业者可以首先通过微博找到知名投资者，再找到他们的个人主页或所在机构的官网，进而主动投递商业计划书。一般来说，股权投资机构的官网都留有接收商业计划书的邮箱。如果想要联系天使投资者，创业者可以检索其个人信息，将商业计划书发到个人邮箱，也可以直接通过社交媒体发私信联系天使投资者。

此外，不同类型的机构投资者，都会作为会员参加本行业协会或中介服务机构的活动，创业者还可以试着检索投资机构的协会或其中介服务机构的网站。例如，股融易（网址：www.gurongе.com），定位于服务全球的天使投资者。创业者只要在网站上录入本企业的信息，股融易的会员即大量的天使投资者就会立刻得知这一信息。在股融易注册会员的许多天使投资者表示，他们经常通过线上投融资平台给从未谋面的创新创业企业和创业者指点迷津。

3. 通过会计师牵线搭桥

会计师事务所的合伙人，对其客户的资产情况一清二楚，也了解他们擅长投资的方向和领域。创业者可以尝试通过会计师牵线搭桥来接触那些期望做天使投资的个人投资者，或者期望做风险投资或私募投资的机构投资者。

4. 找到股权融资领域的资深律师

全球商务领域到处都活跃着律师的身影。一大批律师，要么在跟天使投资人、风险投资机构或私募股权投资机构一起商量如何拟定投融资协议，要么在为上市公司的并购投资事务东奔西走。很显然，他们知道天使投资者、风险投资机构以及私募股权投资机构在哪里，知道哪些项目是投资者所喜欢的，也知道哪些领域是投资者不感兴趣的，因为他们见证过对方一笔笔的股权投资。创业者如果能够找到股权融资领域的资深律师，也可以尝试通过律师找到合适的投资机构。

5. 主动结识商业顾问

有些商业顾问专门代创业者撰写商业计划书，并同时为创业者提供介绍天使投资者、风险投资机构、私募投资机构的服务。其中，私人顾问收费相对低廉，服务积极；顾问公司人脉相对多一些，但是收费偏高。相比而言，撰写商业计划书的服务通常收费并不算高，而介绍投资机构并成功实现股权融资的服务收费较高，通常是按融资达成金额来抽取佣金（一般是融资金额的 3 到 5 个点）。创业者可以通过广告、朋友推荐或商务聚会等渠道主动结识商业顾问。

6. 通过银行大客户经理推荐

银行大客户经理是专门给有钱人管理资产的专家，他们当然知道谁手里有钱。他们不会让他们的客户投资高风险的项目或减少投资数额，因为这会降低他们的收入。他们也可以帮助创业者牵线搭桥，将其项目介绍给自己的大客户投资者。

7. 向投资银行家寻求帮助

许多投资银行家也为富人打理家庭财产。尤其是成功的企业家们喜欢把钱交给投资银行家，然后通过他们找到好的创新创业项目并在其中担任董事。

8. 结识成功的企业家

有实力的企业家，尤其是那些曾经成功获得股权投资的企业家，经常会出现在新闻头条或出版物上。如果创业者能结识成功的企业家，并得到他们对项目的认可，那么他们可能成为直接的投资者，也可能成为创业者和投资者之间理想的介绍人。

9. 参加专业会议

天使投资者、风险投资者、私募投资者，往往是各种专业会议的演讲嘉宾，他们会出现在创业会议、商务论坛、技术转移会议以及学术研讨会上。创业者可以多多参加会议，以结识潜在的投资者。

10. 联系促进经济发展的地方行政主管部门

各级政府都有促进本地区经济发展的行政组织，这些组织知道谁有钱，并且会把本地区的好项目介绍给这些人，以吸引他们到当地进行投资。创业者可以主动联系当地促进经济发展的行政主管部门，并提交企业信息和融资项目的信息。

11. 主动联系就业服务指导中心

中国高校都设立了就业服务指导中心这样的机构，以为学生提供创新支持、创业咨询、教练实训等教育服务。就业服务指导中心经常会邀请校外的成功企业家、投资银行家、天使投资者、风险投资者、私募投资者等来担任学生创新创业的辅导导师和实训导师。大学生开展创新创业时，一定要主动与本校就业服务指导中心建立联系，以争取通过其多接触潜在的投资者。

12. 参加创新创业比赛

除了政府官方的创新创业比赛以外，几乎所有设立了商学院、科技学院或工程学院的高校，都会在校内组织创新创业比赛。普通创业者可以参加各级政府组织的创新创业比赛，大学生创业者还可以参加学校组织的创新创业比赛。天使投资者、风险投资者和私募投资者往往出现在比赛的评委席中，他们如饥似渴地寻找着下一个马克·扎格伯格。创业者可以选择合适的赛事，主动报名参赛，通过比赛增强个人影响力，让更多的投资者关注自己，同时也可以认识到更多的投资者并获得他们的联系方式。

13. 联系大学商学院的兼职教授

很多天使投资者、投资银行家、成功的企业家会在大学任兼职教授并开设创新创业课程。张朝阳的导师，也是他的天使投资者。创业者可以尝试联系当地大学商学院的兼职教授，很有可能他就是潜在的投资者。

14. 关注并参加集体或公益性路演

路演为创业者提供了一个可直接跟投资者面对面沟通的机会，创业者可以有较为充分的时间向投资者阐述自己的项目。经常会有机构定期主办创新创业项目的路演活动。创业者可关注各新闻网站和媒体的相关报道来主动了解路演活动。此外，微链APP以及很多财经类社交媒体上也有定期的路演大赛。创业者可以主动去了解，如果有合适的路演活动，则可主动申请参加。只要项目足够好，投资者就会在路演之后主动联系创业者。

“众里寻他千百度，蓦然回首，那人却在灯火阑珊处。”愿每一位创业者在初次股权融资实践中，都能联系到投资者并获得投资者的支持。不过，创业者要为漫长的寻觅和谈判做好心理准备，要有“为伊消得人憔悴，衣带渐宽终不悔”的决心、耐心和毅力，要明白实现股权融资必须依靠或者是借助别人的力量，光靠自己的力量是不够的。建议创业者主动结交各界朋友，多个朋友多条路。朋友越多，意味人脉圈子越大，联系到合适投资者的机会也越大。

二、股权融资谈判必备的英文术语

与股权投资者建立联系之后，双方需要开展漫长的谈判。例如，风险投资者可能会说："我们研究了一下你的 Deal，有创新的 Business Model，健康的 Cash Flow 和 Revenue，Founder 和 Team 也不错。稍后我会给你一份 Term Sheet，你们看看。签字后我们就开始做 DD，顺利的话两个月就都搞定了。"

翻译如下：我们研究了一下你的项目，有创新的商业模式，健康的资金和收入情况，创业团队也不错。稍后我会给你一份投资条款清单，你们看看。签字后我们就开始做尽职调查，顺利的话两个月就都搞定了。

夹着英文单词说话，这是创投圈的常态。创业者跟投资者打交道，不学点英文术语是不行的。下面介绍十个基本的英文术语。

1. Deal（项目）

如果投资者说"我们有很好的 Deal 资源"，意思是"我们有很好的项目资源"。

Deal 指的是项目。对于投资者而言，排队等待自己挑选的创新创业企业实在太多了，用企业的名字去称呼它们太麻烦了，将其统称为"项目"不失为一个简单的称呼方法。就像综艺选秀节目一样，不到最后，所有参赛者对评委和唱片公司来说都只是选手，他们不会记住每个选手具体叫什么。在创业者心里，自己一手创建的企业就像自己的孩子一样。不管规模大小，盈利状况好坏，创业者都会全心全力地经营企业。当然，创业者通常会给企业取一个好听的名字。但在投资者那里，所有等待自己选择的创新创业企业都是"项目"。

除了项目，Deal 的另外一个意思是"交易"。也就是说，投资者的每一次投资行为都是一笔交易，即用钱买股份。所以，通常财务投资者倾向于将投资项目称作"Deal"，而战略投资者有时也将被投资公司称为"Project"。因为战略投资者的投资行为是基于长远战略考虑的，被投资公司能否产生直接的投资回报倒是次要。他们的投资行为更像是一个系统工程，所以将被投资公司称为“Project”更贴切。

2. Business Model（商业模式）

如果投资者说“给我讲讲你们的 Business Model”，意思则是“给我讲讲你们的商业模式”。

Business Model 指的是商业模式。“Business Model”这个单词听起来有些高深和陌生，但如果知道它的意思就是商业模式，就很好理解了。要想获得股权融资，创业者必须用最短的时间告诉投资者你打算怎样从用户那里获得盈利。不同的企业、不同的业务，商业模式也有所不同。有的商业模式比较简单，如携程的订房、订票，是向入驻企业收取提成；有的商业模式比较复杂，如当当网的图书业务，需要有库存、运输等；还有的商业模式很直接，如电子商务网站等。

创业者在介绍商业模式的时候，首先需要描述业务流程，告诉投资者自己的客户是谁，产品或服务是如何运转到用户端的。接着，需要介绍有哪些业务合作伙伴，他们分别有什么作用，以及大家对收入如何分配。之后，需要说明商业模式的可行性。这是最关键的问题。因为投资者希望知道创业者所设计的商业模式是不是已经得到市场验证，现在有没有盈利。如果没有，投资者想要知道还需要多长时间才能盈利。任何商业模式的实质都是买和卖。创业者在描述商业模式时要简单清晰，不要说得天花乱坠。如果你向投资者宣称商业模式是全球首创，那往往意味着你的商业模式很复杂，投资者可能会离你远远的。

3. Cash Flow（现金流）

如果投资者说“你们的 Cash Flow 还太小”，他的意思是“你们的现金流还太小”。

Cash Flow 指的是现金流。“现金流”的全称为“现金流量”，是指企业在一定时期的现金和现金等价物的流入和流出的数量。最优质的现金流表现，应当是保持流动性与收益性之间的平衡。现金流的来源主要有三个渠道。

第一，经营活动，如销售产品、市场推广、人员工资等，产生的现金流。

第二，投资活动，如购买或变卖固定资产等，产生的现金流。

第三，融资活动，包括银行贷款、股东投入等，产生的现金流。

下面以京东为例说明现金流的重要性。来自京东的对外公开数据显示，2009 年到 2012 年京东的净收入分别为 29.19 亿元、85.83 亿元、211.29 亿元和 413.81 亿元。在这 4 年里，京东净亏损分别为 1.03 亿元、4.12 亿元、12.84 亿元和 17.29 亿元，累计亏损高达 35.28 亿元。2013 年前三季度，京东依旧大幅增收，较 2012 年同期增长 71%，由 288.07 亿元增长到 492.16 亿元。2013 年前三季度，京东终于扭亏为盈，实现盈利 6 000 万元。然而，京东 2014 财年的报告显示，其 2014 年营收 1 150 亿元，同比增长 66%，但还是亏损 50 亿元。刘强东非常懂得保持现金流为正的重要性。相关数据显示，京东的净现金流从 2009 年到 2014 年始终保持为正值。京东在连年亏损下依旧保持高速成长的案例表明，决定一家创新创业企业生死的并不是盈亏，而是现金流是否为正。

对于创新创业企业来说，应当如何维持稳定为正的现金流呢？下面总结了两种方法。

第一，通过经营活动保证现金流入源源不断。企业要想长期正常运转，需要保证现金流入的速度大于流出的速度。试想一下，如果创新创业企业业务还在经营，但是已经没有钱给员工发工资，没有资金用来交房租，那其维持持续生存所面临的问题就大了。

第二，通过融资获得更多的现金流入。投资者做决定之前，必定会看企业的经营活动是否能够产生收入，即现金流入。如果是，那么说明公司的商业模式是被市场认可的，投资者会更愿意投资这样的创新创业企业。如果企业目前一点收入都没有，投资者不太可能会为企业注入现金。所以说，投资者为企业带来的现金流入更像是锦上添花，想指望外部股权资金来救急通常是不太现实的。

4. P/E（市盈率）倍数法

如果投资者说“我们只能给 10 倍 P/E”，意思是“我们只能给企业 10 倍市盈率的估值”。

P/E 指的是市盈率。市盈率，是公司市值（或每股价格）除以公司利润（或每股盈利）所得出的比率。计算公式为：

投资后估值（P）=P/E 倍数 × 上一个年度公司的利润（E）　（公式 10–1）

其中，P 是指公司每股价格（Price），E 是指每股盈利（Earning）。上市公司的市盈率是投资者给项目投资时的参考指标。如果某行业的上市公司平均市盈率为 30 倍，对于同行业规模相差不多的非上市公司，投资者会将市盈率的倍数打对折后再略微上浮，至多给到 20 倍的估值。如果待估值的创新创业企业规模还比较小，尚处于快速发展的早期，那么其给出的估值市盈率通常会打折到 10 倍左右。例如，如果一家创新创业企业上一年的利润是 3 000 万元，采用 10 倍市盈率，其投资后的估值就是 3 亿元。如果投资者投入 4 500 万元，那么其股份占比就应当是 15%。

市盈率估值适用于发展期或成熟期的创新创业企业。还处于启动期或创建期的创新创业企业（项目）一般不建议采用这种估值方法，因为它们很可能还没有产生利润。早期项目的价值主要取决于创业团队、技术、商业模式等非财务指标，需要投资者判断项目未来的发展前景，很少有投资者愿意承担早期项目的高风险。若创业者预期企业融资后即可以在下一年度实现盈利，并且决定用市盈率法来估值，也可以将公式 10–1 中的“上一个年度公司的利润”换为“下一个年度公司的利润”，如公式 10–2 所示。

投后估值（P）= P/E 倍数 × 下一个年度公司的利润（E）（公式 10–2）

如果某互联网初创公司预测融资后下一年度的利润是 1 000 万元，公司的估值大概就是 1 亿 ~1.5 亿元。如果投资者投资 1 000 万元，公司出让的股份占比约为 7%~10%。

5. Valuation（估值）

投资者说：“你们的 Valuation 是多少？”其是问：“你们的估值是多少？”

Valuation 指的是估值。估值，就是评估创新创业企业的价值，并计算投资者出资后可以持有该企业多少股份。公司的估值可分为投资前估值和投资后估值。二者的关系可以用公式 10–3 和公式 10–4 表示。

投资后估值＝投资前估值＋投资额　　（公式 10–3）

投资者所获得的公司股权占比＝投资额 ÷ 投资后估值　　（公式 10–4）

公司股权融资的估值方法有很多，也很复杂，大多会涉及公司的财务数据，例如需要涉及公司的利润、收入和成本等数据。如果创新创业公司在寻求天使轮融资，此时该公司的财务数据可能还没有正的净利润。对于天使轮的创新创业公司估值而言，不建议采用 P/E 倍数法估值。常见的做法是，对比同类型同规模其他创新创业公司的估值结果，以对本公司进行估值。如果创新创业公司在天使轮融资中缺乏可参考的估值对比对象，那么其估值的结果通常谈判色彩更强一些，你情我愿，即可一拍即合。

如果创新创业公司在寻求风险资金和私募资金，这些机构通常倾向于采用定量的估值方法。图 10–1 总结了创新创业企业股权融资常用的五种定量估值方法。创业者可以从中选择适合的方法来为创新创业企业估值。

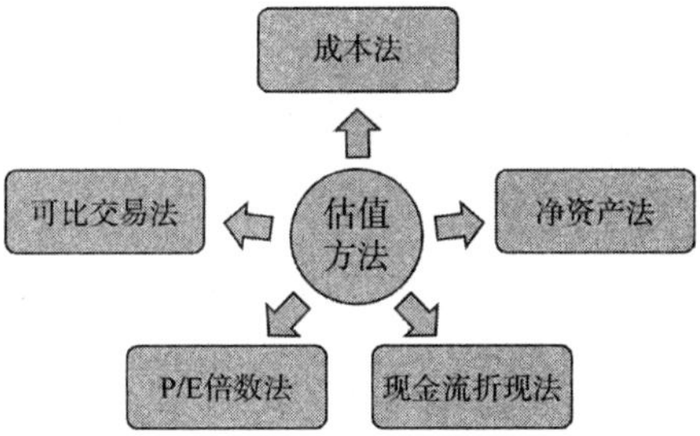

图 10–1　股权融资常用的估值方法

（1）成本法。成本法是比较保守的估值方法，计算方法是看创业者把公司做到当前的规模花了多少成本，或者说看别人需要花多少钱才能做到同样的规模。成本法包括账面价值法和重置成本法。其中，账面价值法是指计算企业资产负债的净值，但会对资产负债表的各个项目做出必要的调整，然后投融双方在此基础上协商彼此都能够接受的估值。重置成本法，通常是完全重置成本（重置全价），是指在现时条件下重新购置一项全新状态的资产所需的全部成本。它是用创新创业企业待估值资产的重置全价减去其各种贬值后的差额作为该企业资产价值的估值。相比于其他定量估值方法而言，成本法尤其是重置成本法的估值结果受投融双方主观因素的影响较大。由于创新创业企业成长发展的历史成本与其未来价值并无必然的联系，成本法通常被作为一种辅助的估值方法。通常是辅助投资者对处于启动期且还未实现盈利的创新创业企业进行估值。

（2）净资产法。当创新创业企业的价值主要来源于其占有的某种资产时，股权融资的估值通常会采用净资产法。除此以外，无论创新创业企业处于哪个成长发展阶段，净资产法都是对创业者和创业团队极为不利的估值方法。因为，这种估值方法只考虑创新创业企业的净资产，不考虑企业的发展前景、市场地位、创业团队以及知识产权等无形资产的价值。对于互联网、软件服务、金融服务、教育服务以及市场咨询等轻资产的创新创业企业而言，净资产法估值是创业者不能也不应该接受的。

（3）现金流折现法。这是一种较为成熟的股权估值方法，适用于对处于成熟期即偏后期轮次融资的企业进行估值。它通过预测创新创业企业未来的自由现金流和资本成本，对其未来自由现金流进行贴现，进而计算企业估值，也即企业未来现金流的现值。在估算创新创业企业未来可自由支配现金流折现值的总和时，现金流折现法需要确定一个贴现率。贴现率的高低，与待融资创新创业企业所处的成长发展阶段有关。越早期的创新创业企业现金流预测的不确定性越高，因而越需要采用较高的贴现率。越晚期的创新创业企业，在股权估值时越应当采用相对较低的贴现率。在创新创业企业的股权融资实践中，现金流折现法的红利模型和自由现金流模型可用于对即将上市的处于成熟期后期的创新创业企业进行估值。

（4）P/E 倍数法。P/E 倍数法即市盈率法，也称可比公司法，是使用最普遍的估值方法。例如，国内创业板某行业上市公司的平均市盈率为 40 倍。如果一家创新创业企业与这些已上市公司的条件很相似，理论上这个创新创业企业的参考市盈率可以按照平均市盈率打折再加上一些浮动，被定为 20~30 倍来估值。如果一家创新创业企业是同行业且规模较小的启动期企业，参考市盈率就要再进一步打折到 10~15 倍。例如，某创新创业公司去年的净利润是 500 万元，投资者给其的参考市盈率是 15 倍，那么该公司的估值就是

7 500万元。当然，投资者为了赚钱，在给出估值时一定会尽可能地降低估值倍数。需要注意的是，如果一家创新创业企业有收入却没有利润，就不能选用P/E倍数法进行估值。

（5）可比交易法。可比交易法是比较现实的估值方法。也就是说，先找出同行业中规模、收入水平与投资项目大体相同的公司（通常是非上市公司），看投资者投资的时候给了多少估值，投资项目估值就定在该数值附近。例如，A公司刚刚获得融资，B公司在业务领域跟A公司相似，经营规模上比A公司大1倍，那么投资人对B公司估值应该是对A公司估值的1倍左右。分众传媒在分别并购框架传媒和聚众传媒的时候，一方面以自己的市场参数作为两家被并购对象的估值依据，另一方面以框架传媒的估值作为聚众传媒的估值依据。

可比交易法不对创新创业企业的市场价值进行分析，而只是统计其同行业相似企业融资并购价格的平均溢价水平，再用这个溢价水平计算目标公司估值。因此，如果创业者所选择的创新创业领域非常热门，投资者抢着投资，那么创业者可以趁此参考其他公司的估值而获得一个更高的估值。但如果所选择的创新创业领域比较冷门，创业者就需要费尽心思才能找到一个有投资意向的投资者，并且很可能在估值方面面临没有可比的对象而无法使用可比交易法等问题。

6. Option（期权）

如果投资者说："你的团队现在有Option吗？"那么投资者的意思是："你的团队现在有期权吗？"

Option指的是期权。期权是创业者为未来引进高级人才而预留的一部分股份。公司员工在满足预设的条件后可以行使期权，例如可以用事先约定好的价格购买公司相应的股权，从而取得股权。对创新创业公司来说，设立期权池有两个好处：一是可以有足够的股份来吸引未来的高级管理人才和技术人才；二是可以有足够的股份用于奖励现在的核心骨干员工。[①] 一般来说，期权都不是

① 张森. 股权融资：理论·案例·方法一本通［M］. 北京：电子工业出版社，2017.

一次性兑现的，而是分为 2~5 年兑现。以分 4 年兑现为例：第一种常见的兑现方法是每年兑现 25%；第二种常见的兑现方法是满 2 年后兑现 50%，以后每年兑现 25%；第三种常见的兑现方法是第一年兑现 10%，以后每年兑现 30%，4 年全部兑现。创业者在设立期权时，应该结合创新创业企业的业务技术特征和经营发展情况来审慎决定期权的兑现时间和兑现方法。

每一轮融资进入的投资者基本上都会要求公司重新设置期权池。投资者之所以会要求在投资之前公司就把期权预留出来，是为了避免公司员工在行使期权购买股份的时候，自己的股份被稀释。投资者在大量股权投资实践中，形成了一个一般认可的期权发放量标准。经纬中国的合伙人邵亦波分享过一个期权发放的标准：对于 VP（副总裁）级别的管理人员，如果是天使轮融资之前进入公司的，发放 2%~5% 的期权；如果是 A 轮融资前后进入公司的，发放 1%~2% 的期权；如果是 C 轮或接近 IPO 时进入公司的，发放 0.2%~0.5% 的期权。其他核心管理人员，包括 CTO、CFO 等，可以参照 VP 的 2~3 倍发放；总监级别的人员，参照 VP 的 50% 或者 30% 发放。

为了避免投资者问起期权问题时，创业者不知从何答起，创业者应当在开展股权融资之前就设置好期权池或者至少要提前准备好未来执行的期权计划。

7. Founder（创始人）

如果投资者说“你们几个 Founder 的背景和经验不错”，那投资者的意思就是“你们几个创始人的背景和经验不错”。

Founder 指的是创始人。投资者是如何评价创始人的呢？图 10–2 是投资者评价创始人时比较看重的四种素质。

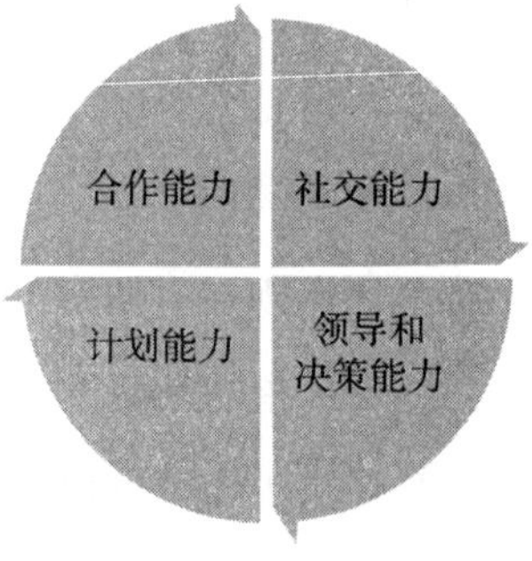

图 10–2　投资者看重的创始人的四种素质[①]

（1）合作能力。在互联网信息时代，合伙人机制已然成为年轻人参与创新创业的主流模

① 迈克·莫耶. 切蛋糕：创业公司动态股权分配全案［M］. 王闻，李筱莹，常逸昆，译. 北京：民主与建设出版社，2016.

式。这就对创始人提出一个要求，他必须确保创业伙伴之间具有配合默契的合作能力。戴维·帕卡德（David Packard）与比尔·休利特（Bill Hewlett）是惠普公司的两个联合创始人。他们将惠普公司从一个默默无闻的小公司发展成为全世界第三大电脑公司，创立了著名的“惠普之道”。两人相识于斯坦福大学。他们一起拟订了一份创业计划。然而，当他们的创业计划即将开始的时候，整个美国经济一片萧条，于是他们不得已搁置了这个计划。毕业后，戴维·帕卡德加入了通用电气公司，而比尔·休利特继续深造。两人始终都在等待机会，当美国经济开始复苏的时候，两人决定实现他们的创业梦想。他们在硅谷的一间车库创立了惠普，然后开始了近半个世纪的合作关系。惠普的成功一部分取决于市场机遇的来临，还有一个重要因素就是两位创始人具有超强的合作能力。

（2）社交能力。社交能力在创业过程中的作用越来越大。人脉圈子可以为创始人带来丰富的创业信息、资金和宝贵的经验。于是，扩大社交圈子，结交更多的朋友，获得更多的信息和更大的发展，就成了创始人走向成功的捷径。创始人社交能力太弱，很有可能导致其创新创业企业在发展之初就陷入失败。这是因为，如果创始人的社交能力太弱，他将较难说服投资者并获得其资金支持。同理，他也较难说服客户并获得其业务支持，较难说服员工并获得其对共同事业的认可。创始人或者潜在创业者应当主动关注各种行业内的交流活动和社交活动，积极提升自己的社交能力。

（3）计划能力。目标清晰的创新创业计划是创始人能够带领团队拼搏奋斗的基础。团队再优秀，如果没有明确的创新创业计划，也做不成大事。一般情况下，投资者会通过商业计划书和路演等来判断创始人是否具有这种品质。如果商业计划书或者路演 PPT 条理清晰，目的明确，能够说服投资者，那么投资者会很愿意相信创始人的计划能力。

（4）领导和决策能力。创始人是创业团队的带头人，必须具备领导决策的能力。即使场面混乱不堪，创始人也应当比别人更快、更准确地判断问题所在，并以自己的经验来处理问题。著名投资者李开复在选择项目的时候就极其看重创始人的领导决策能力。李开复表示他所投资的创始人必须“是一个富有吸引力、有人格魅力且有决策力的领导者”[①]。创新创业企业在发展过程中一定会出现各种各样的困难，这要求其创始人即便遭遇挫折也能迅速决策并让团队成员保持信心，死心塌地跟随。

作为一位创业者或者潜在的创始者，你是否拥有以上四种素质？如果答案是肯定的，你应当比其他人更容易获得投资者的好感，只要创新创业企业的业务和商业模式没有大问题，成功拿到股权投资将不在话下。如果还不完全具备以上四种素质，那么你应当加强自我修炼，不断在自己有欠缺的能力上开展学习和练习。或者创始人认为自己社交能力低，这是性格使然很难改变，那么建议创始人重视寻找和自己性格互补的合伙人，并以搭建创新创业团队的方式，弥补个人能力的不足。

8. Term Sheet（投资条款清单）

如果投资者说“我马上给你一份 Term Sheet”，那投资者的意思就是“我马上给你一份投资条款清单”。如果你已经跟投资者交流了很多次，是不是感到实现股权融资不是问题了？事实上，只要投资者还没有说“Term Sheet”你就不能对他的投资抱太大希望。如果投资者给你一份 Term Sheet，这就意味着他确实有投资的意向。

Term Sheet 指的是投资条款清单，也叫投资意向书。作为投资协议的框架，投资条款清单的内容包括了投资结构、投资额、占股比例、交割条件、董事任命权、知情权、反稀释权、拖售权、优先清算权等条款内容。但是，除排他性条款和保密条款以外，投资条款清单中的大部分商业条款不具有法律效力。它只是作为投资者对创新创业企业产生兴趣到最后完成股权投资的中间环节，发挥承上启下的作用而已。投资条款清单的真正作用是，释放并确认双方实现股权投资的意愿信号，搭建一个初步的投资交易框架，以帮助双方对核心条款建立共同认知。一般来说，投资者在签署投资条款清单的时候，会设置投资先决条件条款。创新创业企业只有在达成所有的投资先决条件之

---

① 郑刚，陈劲，蒋石梅．创新者的逆袭：商学院的十六堂案例课［M］．北京：北京大学出版社，2017.

后，才可能基于投资条款清单，进一步与投资者签订正式的股权融资协议。

9. DD（尽职调查）

如果投资者对你说“下一步我们会去做DD”，那么他的意思是“下一步我们会去做尽职调查”。

DD是Due Diligence的简称，中文指的是尽职调查。投资者跟创业者见面后对创新创业企业开展的简单调查，并不是尽职调查。一旦投资者发现企业有潜力，有了浓厚的投资意向，就会跟创业者开展投资条款清单谈判，并开展全面的尽职调查。投资者的尽职调查一般包括市场调查、法律调查、业务调查、财务调查、人员调查等内容。他们有时聘请专业的律师、会计师来做尽职调查，有时安排投资机构内部的工作人员来做尽职调查。不管是外部聘用，还是内部委托，尽职调查的法律调查通常由专业律师来完成，财务调查通常由专业审计师或会计师来完成。

尽职调查从开始到结束的整个时间一般为几个星期，少数经验丰富的专业投资机构只需要几天仔细的现场调研就可以提供专业的尽职调查报告。在尽职调查过程中，投资者首先会给创新创业企业发送一份几页到几十页不等的尽职调查清单，并要求其提供公司的历史变更、重大合同、财务报告、财务预测、管理人员简历背景、供应商及客户名单和数据等资料。然后，投资者还会仔细参观公司，与中高层管理人员交谈。投资者还有可能会咨询公司的律师和贷款银行、供应商、客户以及管理人员等。另外，投资者有时还可能会调查以上信息的其他提供者，以保证信息的真实可信。

10. IPO（首次公开发行）

如果投资者说：“你认为几年之内可以IPO？”那他的意思是问：“你认为几年之内可以上市？”他们投资的目的是获得回报退出，被投资创新创业企业给投资者上市带来的增值最大，因此上市是股权投资者最理想的退出渠道。

IPO是Initial Public Offerings的简称，指的是首次公开发行。首次公开发行通常意味着成功上市。

对于投资者来说，股市飙升的股价和更高的估值是极具诱惑力的。但是，无论在中国的证券交易所，还是在美国或其他地区的证券交易所，实现上市发售都是一件复杂的事情。上市发售对创新创业公司的资质有非常严格的要求，且上市申报的手续也比较烦琐，成本较高。因此，在创新创业企业的启动期（孕育期和创建期），股权融资一般需要向投资者保证公司未来会上市，并且描述未来上市的可能性。在创新创业企业的发展期和成熟期，股权融资还需要向投资者承诺提交上市申请材料或者上市发行的时间。

三、股权融资的基本流程

相对于一般的债务融资而言，股权融资是创新创业企业在整个成长发展过程中都很重要的一类融资方式。例如，大学生在创新创业过程中，尤其是在项目的启动阶段，就倾向于选择股权融资；社会人士在创新创业的过程中，通常选择在企业成长发展接近成熟期时启动股权融资。

创新创业企业股权融资的基本流程如下。

第一步，创新创业企业的管理者，可以是总经理、董事会或股东（大）会，确定股权融资的短期目标和长期计划，并授权具体负责人来推进股权融资谈判。

第二步，创新创业企业对自身进行基本的内部调查，必要时聘请外部专业财务顾问或人员协助，准备公司简介的基本材料，撰写商业计划书，制作路演 PPT。

第三步，多渠道寻找潜在投资者（可以参考本节第一部分为创业者所介绍的十四条接洽投资者的渠道），为引入股权投资资金进行初步洽商。

第四步，筛选与企业匹配的投资者。

第五步，与有意向的投资者约谈并签署保密协议。

第六步，配合投资者开展尽职调查。

第七步，沟通、谈判直至签署投资条款清单。

第八步，总经理、董事会或股东（大）会完成必要的决策程序，投融双方确定最终的交易结构并签署正式的股权融资协议。

第九步，投资方打款与交割。

第十步，完成投资款打款交割后，创新创业企业办理验资和工商登记变更。

第十一步，转入投后阶段，准备下一轮融资。

四、股权融资的注意事项

从创新创业企业股权融资的基本流程出发，这里详细介绍创业者在每一步骤中需要特别注意的重要事项。

1. 确定股权融资的短期目标与长期计划

创新创业企业首先需要明确此轮股权融资的短期目标，然后需要确定未来后续股权融资的时间周期。创新创业企业股权融资的短期目标通常应该是效率第一、金额第二、估值第三。[①②] 在实现第一轮次股权融资之后，创新创业企业还需要提前明确后续股权融资的时间周期或者说时间目标。从商务实践来看，一般后续轮次股权融资的时间周期短则 6 个月，长则 1~2 年，其中 1 年左右比较常见。

基于明确的短期股权融资目标和长期股权融资计划，创业者或董事会可以为下一轮融资留足时间并提前做好准备，以避免资金链断裂。管理层最好能够拟定一份正式的股权融资计划或提案，并将其提交给股东（大）会以提前为后续的股权融资取得授权和批准。

2. 撰写商业计划书，并制作路演 PPT

在上一轮次股权融资获得授权批准之后，接下来创新创业企业还需要对自身的运营状况进行内部调查，必要时可以聘请外部顾问或投行协助自己进行内部自查，以提前准备股权融资所需要的商业计划书和路演 PPT。

商业计划书在内容上，通常包括执行摘要、公司基本情况、研究与开发、

---

① 珍妮特·K. 史密斯，理查德·L. 史密斯，理查德·T. 布利斯. 创业融资：战略、估值与交易结构［M］. 沈艺峰，等译. 北京：北京大学出版社，2017.

② 张森. 股权融资：理论·案例·方法一本通［M］. 北京：电子工业出版社，2017.

产品或服务、管理团队和组织架构、行业及市场分析、营销分析、财务分析（过去 3 年经审计的财务报告）、融资说明、财务预测（预测融资后未来 3 年的销售收入和净利润，投资者需要依赖财务预测对企业进行估值）、风险因素、退出机制等内容。

在编写商业计划书的基础上，创新创业企业还需要制作路演 PPT。通常路演 PPT 的内容需要控制在 15 页左右。此外，路演 PPT 千万不要太花哨。过于花哨的 PPT（毫无必要的动画效果、大胆出格的配色等），在与投资者面谈的展示中很可能会形成反效果。路演 PPT 只有 15 页左右，但一定要简洁又突出重点。在简练的前提下，路演 PPT 应着重强调创始人、市场前景和成功保证这三方面的内容。

好的商业计划书和路演 PPT，是获得股权融资的敲门砖。与此同时，商业计划书和路演 PPT 也可以起到帮助创业者理清创业思路、激励和鼓舞创业伙伴等作用。创业者需要特别注意，商业计划书和路演 PPT 不是写好后就不需要再进行改动了。它们一定要随着股权融资进程，随着创业者在谈判中受到启发而优化和更新。

3. 多渠道寻找投资者

寻找股权投资者的方式大体分为两种：一种是让投资者主动找创新创业企业，一种是创新创业企业主动去找投资者。如果想让投资者主动找自己，创新创业企业可以考虑以下几条建议：①可以主动寻求互联网媒体的报道；②可以主动参加各类竞赛等；③可以将企业的产品推到免费推广渠道中；④可以将企业信息挂到互联网融资平台上；⑤可以入驻孵化器或联合办公场地等；⑥可以通过广告宣传将企业品牌打造成知名品牌。

如果想主动寻找投资者，那么创新创业企业可以参考以下几条建议：①主动要求创业者、股东、高管以及核心技术骨干向其靠谱的金融圈朋友或合作伙伴等寻求引荐；②主动联系财务顾问或投行，签署服务协议，通常这份协议包含为企业获得股权融资提供的整体服务；③投递商业计划书给相关的投资机构；④投递商业计划书给天使投资者；⑤积极参加创投活动或者路演活动；⑥在各大知名创业咖啡厅“守株待兔”；⑦主动发私信给社交媒体上的投资者。

4. 筛选匹配的投资者

根据大量股权融资实践，我们可以总结出创业者筛选匹配投资者的五个分析理解维度。

（1）投资者的背景解析。主要是看投资者是否属于A股上市公司、海外上市公司、老牌人民币基金、美元基金、新锐基金、新三板基金、产业基金、独角兽企业、国资背景企业等，以进一步判断投资者的背景，这样合作起来才不费劲。

（2）投资专注的领域解析。主要是了解投资者专注在哪个或哪几个行业开展股权投资，最好是能找到同行业且同领域的投资者，但是又要避免投资者同时已经投资了本企业直接竞争者的情况。总之，股权融资投资者所关注的领域最好能够与本企业相互匹配。

（3）投资历史的轮次解析。主要是明确投资者偏重的投资轮次，以确保其股权投资的额度区间能够与本企业所需融资项目的资金需求相互匹配，以免双方浪费时间。另外一个不容忽视的点是，投资者偏重的投资轮次不同，其投资理念、投资风格等也就不同。创新创业企业在与投资者接洽时，应尽量摸透其偏重的投资轮次，以及其所持的投资理念和所表现的投资风格。

（4）投资个人或投资机构的品牌解析。主要看投资者所在投资机构的品牌如何。品牌背后，其实对应着投资机构的风格、市场口碑和资金实力。

（5）附带的社会资源解析。主要判断投资者及其所在投资机构背后的人脉资源，是否可以助力创新创业企业发展。如果投资者及其所在投资机构在某行业领域内拥有丰富的股权投资经验，那么他们也就更可能为同领域的创新创业企业提供很多重要的业内资源，包括介绍高级经营管理人才、指导行业技术趋势、介绍银行等债权融资渠道等。

5. 与有意向的投资者约谈

在推进股权融资的过程中，创新创业企业如何正确地与有意向的投资者约谈？建议创业者参考以下几条沟通原则。

（1）尽量简练。投融双方的第一场约谈很可能只有两分钟，差不多为电梯从 10 楼到 1 楼的时间。这就要求创业者在商务沟通中必须言简意赅。

（2）尽量通俗。创业者应把投资者这个听众当作像老奶奶一样的完全没有商业背景的人，用所有人都可以听懂的语言传递信息。

（3）不要重复。无节制地重复是对效率的践踏，也是对彼此宝贵时间的浪费。

（4）三次法则。如果与投资者见面超过三次对方仍然没有给你投资条款清单，那么很可能他对这个项目并不看好，不会投资。

（5）学会互动。互动的技巧至关重要，创业者要学会用例子来佐证观点，学会适当停顿以给对方留出思考空间。创业者可以多学习商务沟通的小技巧，例如还可以在沟通交流中学习使用眼神交流。

在面谈过程中，创业者或者创新创业企业股权融资事宜的负责人要注意规避以下常见的沟通误区：①过度讲情怀和理想；②表述不够清晰简练；③数据专业度不够；④攻击其他创业者和同行；⑤对各种问题准备得不充分，难以招架投资者各种犀利的问题；⑥估值期望过高或融资金额严重脱离市场行情；⑦没有详细的运营计划或对此没有深度思考。

6. 配合投资者完成尽职调查

尽职调查，指意向投资者对目标公司的资产和负债情况、经营和财务情况、法律关系以及目标企业所面临的机会与潜在的风险等所进行的一系列调查。尽职调查的作用，不仅限于审查创新创业企业的历史财务状况，更着重于协助投资者合理地评估创新创业企业的价值和预期其未来的发展前景。在股权融资实践中，创业者应积极配合投资者完成尽职调查。投资者尽职调查的内容通常包括业务尽职调查、财务尽职调查、法务尽职调查等。以下简单讲述它们各自所包含的具体内容。

（1）业务尽职调查的内容。业务尽职调查的内容通常包括：企业概况（创始人和团队、股权结构、历次融资的情况等）、市场概况（市场规模和目标用户、行业发展趋势、竞争分析等）、商业模式或盈利模式（产品定位、价值主张、盈利模式等）、关键数据指标（营业收入、成本费用、用户满意度等）、未来预测（财务预测、用户数预测、发展规划、团队建设计划等）。

（2）财务尽职调查的内容。其内容通常包括对企业近 3 年所有财务数据及其明细记录的分析。财务尽职调查在理论上应由专业的会计师事务所完成，但如果公司是很早期、轻资产、没收入的典型互联网企业，也有可能只是由投资者简单地把三张财务报表和所有的单据过一遍。

（3）法务尽职调查的内容。法务尽职调查的内容包括：创新创业企业的设立及合法存续、股权结构及演变、主营业务及资质许可、关联交易及同业竞争、主要资产情况、重大债权债务情况、公司治理及规范运作、税收及补贴、环境保护、产品质量、安全生产、劳动及社会保障，以及诉讼、仲裁与行政处罚等。

7. 沟通、谈判直至签署投资条款清单

创新创业企业在与投资者沟通谈判直至签署投资条款清单的过程中，要切记抓大放小。不少创业者在面对少则四五页、多则十来页的投资条款清单时，会觉得其中洋洋洒洒都是投资者的优先权，并且为此而心中惴惴不安。无论内心多么忐忑，为完成股权融资，创业者都要抓大放小，关注最重要的条款，并且要区分什么是可以让步的条款，让步的底线在哪儿，做到心中有数。

从谈判到签署投资条款清单，一般需要多长时间呢？建议是 3~6 个月，不能拖太久。在创业者开展投资条款清单谈判的早期，他从投资者那里听得最多的一句话大概就是："这个条款是市场惯例，我们之前的投资项目条款都是这样写的。"这个时候，创业者一定要明确提出自己的诉求，不要被投资者牵着鼻子走。

投资条款清单中的关键条款不仅包括有关估值、股比、董事会席位等内容，也包括有关投资者"保护性权利"的内容。其中，有关估值、股比、董事会席位等内容的条款不用提醒，创始人也一定会非常在意；而有关投资者"保护性权利"的条款却往往容易被忽视。所谓"保护性权利"条款，就是投资者对其在所投资目标企业中对哪些事项拥有否决权的安排。有关投资者"保护性权利"的条款，创业者最好是找个靠谱的专业律师来帮忙看一看，一起过一下。创业者可以把创新创业企业或者自己的底线和关注点都告诉律师，有经验的律师会帮助分析其中隐藏的陷阱与风险，以便创业者在谈判中避免疏忽和掌握好分寸。但是，创业者要注意不要被律师“风险厌恶”和“热衷修改”的职业基因打乱了融资谈判的时间表或氛围。

8. 确定交易结构并签署股权融资协议

签署投资条款清单后，投融双方应就股权投资的交易结构进行正式谈判，以便最终签署具有法律约束力的股权融资协议。股权投资的交易结构，一般会在股权融资协议中被分为投资核心条款和投资常规条款两种类型。以下简单介绍创新创业企业在两类条款谈判中应重点关注的内容。

（1）投资核心条款的重点关注内容。应重点关注的内容有：①估值，即创新创业企业的投前估值。②投资额，即投资者打算投资的总额及其投资在新股本中所占的比例。③交易方式，即打算采用增资，还是转让，抑或是增资加转让相结合的方式完成股权交易。④投资款的拨付方式，指的是签署股权融资协议后，投资者打算一次性发放投资款，还是分批发放投资款，以及是否要求被投资企业何时完成工商变更等。在已签署正式股权融资协议的情形下，偶尔也存在投资者不按时打款的情况。创新创业企业在股权融资的谈判过程中，应力求尽量缩短打款时间，以避免被投资机构“吊着”不打款。

（2）投资常规条款的重点关注内容。投资常规条款通常会与之前投资者在投资条款清单谈判阶段所要求设置的“保护性条款”有关。其中应重点关注的条款内容有：公司治理、反稀释、业绩对赌、回购、优先受让与共同出售等。本书将在第十一章中逐条讲解投资条款清单谈判过程中需要重点关注的条款内容。创业者一定要把投资条款清单的条款内容究竟是什么意思搞清楚，再签署正式的股权融资协议。

9. 投资方打款与交割

签署正式的股权融资协议之后，投资者一般会在 15 个工作日将承诺的第一笔资金或全部资金打款到创新创业企业的对公账户上。创新创业企业要及时查验到账资金。

10. 完成交割并办理验资和工商登记变更

在收到股权投资款之后，创新创业企业需要将其股权变更做工商登记变更，以将部分股权正式地转移给投资者。对企业股权进行工商登记变更，需要提前准备好提交给工商行政主管部门的资料，具体来说包括：企业法定代表人签署的《公司变更登记申请书》，公司加盖公章且所有股东都签名或盖章的《公司股东出资情况表》，公司签署的《指定代表或者共同委托代理人的证明》，以及负责到工商行政部门办理登记变更手续的指定代表或委托代理人的身份证件等。企业股权工商登记变更的具体细节条件，各省市的要求并不完全相同。企业需要具体咨询当地工商行政主管部门，提前把申请变更的材料准备好。

如果创新创业企业是有限责任公司，并且不是以增资方式进行股权融资，而是以老股东退出的方式进行股权融资，那么股权交割和工商登记变更的流程如下。

（1）与第三方（这里指投资者）签订《股权转让协议》，约定股权的转让价格、交割方式、资金打款等事宜。

（2）其他股东出具放弃优先购买权的承诺或证明。

（3）召集老股东开股东会，经股东会表决同意原股东退出和新股东进入，参加会议的股东均需在《股东会决议》上签字盖章。

（4）公司重新制备股东名单，并修改公司章程的股东名录。

（5）申请人持相关材料向工商行政主管部门提出申请，经受理审查员初审通过，开具《受理通知书》或者《申请材料接收单》；不符合受理条件的，在当场或者 5 个工作日内一次性告知申请人应当补齐的全部材料（出具告知单）。

（6）完成工商行政变更，投资者正式成为新股东。按照中国《公司法》及其相关的解释条例，有限责任公司的股东变更属于工商行政登记事项，即属于工商行政许可的内容。当有限责任公司的股权转让构成股东变更的事实时，应提交工商行政机关进行变更登记。而股份有限公司尤其是上市公司的股权转让，只有在涉及发起人的股权转让、大股东减持和公司收购三个事项时，才需要向证监会报告备案。在以上三个相应事实形成并经证监会批准后，才需要向公司登记机关备案或进行工商行政变更登记。

11. 转入投后阶段，准备下一轮融资

在投资款到位且完成工商行政变更之后，创新创业企业还要维护好与投资者的关系。维护与投资者的关系要做好以下三点工作。①

第一，要尽量配合其在投后参与管理的要求，定期提供经过审计的年度财务报告与未来 3 年的经营计划。

第二，要结合投资者的人脉资源，把相关资源引入企业，促进创新创业企业更快发展。为了达到资本增值目的，投资者一般会在拨付资金以外，利用自身人脉为创新创业企业寻觅高管人才、开展债务融资等提供一系列的增值服务。

第三，要积极准备下一轮融资，并取得资本运作的指导。在创新创业企业需要继续开展下一轮融资的时候，创业者最好首先向前期投资者提出相关的请求。

第三节　股权融资的最优股权结构设计

投资者和创业者之间的权责利关系，是一个长久的命题。本节从创业者如何保持其对创新创业公司控制力的角度，首先介绍股权结构的概念，接着介绍如何在创新创业团队内部的合伙人之间分配股权，然后介绍创新创业企业不同成长发展阶段的最优股权结构，最后介绍股权结构设计的常见误区。

一、股权结构的概念

股权结构是指在公司制企业的总股本中，不同性质股份所占的比例及其相互之间的关系。股权表征了股票持有者所具有的与其股权占比相应的权益以及所承担的义务。不同的股权结构，决定了不同的治理结构，进而最终决定了企业的行为和绩效。可以说，股权结构是公司治理结构的基础，而公司

---

① 朱瑞丰 . 从 0 到 1 开公司［M］. 北京：人民邮电出版社，2020.

治理结构是股权结构的具体运行形式。

如何确定创新创业公司的股权结构呢？在启动期，由于股权非常珍贵，而部分创业者还缺乏股权分配的知识和经验，他们会简单选择以出资比例划分股权。这是最简单、最直接确定企业股权架构的方式。但是，这很可能会给创新创业企业的后续成长埋下隐患。例如，甲乙两人决定共同创业，其中甲只出资 60 万，而乙不仅出资 40 万还在公司全职工作并担任总经理。仅以出资比例来确定持股比例，会导致乙所投入的从业经验、人脉资源和工作贡献都未能得到认可。因此，简单以出资额来分配创新创业企业的股权并不合理，越来越多的创业者都不再简单根据出资来确定创始人的持股比例。接下来详细讲解应当如何进行合理的股权分配。

二、合伙人之间的股权分配

尽管前途光明，但有些创新创业企业却死在了初期股权分配的坎上。创业团队的合伙人之间，究竟应当如何分配股权？

从众多创新创业企业股权纠纷的案例来看，在利益面前考验人性必将引发股权纠纷和创业失败。大多数创新创业企业在启动期面临不确定的未来，所有成员都忙着一起埋头苦干而很少考虑自己的占股比例。等到创新创业企业发展壮大之后，由于前景日益清晰，早期的创始成员才开始关注自己的持股问题。这个时候再去讨论如何分配股权，很容易导致团队内部出现股权纠纷，进而使企业发展陷入困境，甚至是分崩离析。

创始人最好能够在创新创业企业的启动阶段就重视合伙人之间的股权分配问题，甚至是提前设计好合理的股权结构，从而引导所有的利益相关者实现共赢。创始人对企业股权结构进行设计的作用，就是明确创业团队合伙人之间的权责利关系。这可以起到方便企业在未来开展股权融资的作用。股权结构，不仅是影响创始人对创新创业企业控制权的最大因素，也是投资者考察投资项目时重点关注的一个内容。

究竟如何在创业团队的合伙人之间分配股权呢？创始人在确定合伙人之

间的股权分配方案时，需要提前了解不得参与股权分配的情况、核心创始人的确定、合伙人之间的股权分配原则等方面的知识。

1. 五种人不得参与股权分配

参与创新创业企业股权分配的人将成为企业的合伙人。通俗来讲，合伙人就是紧密联系在一起，不可相互替代，实现各自优势有效整合的团队一员。尽管合伙人的概念比较清晰，但在创新创业实践中筛选合伙人却是非常复杂的。因此，在总结多家创新创业企业融资实践的基础上，本书明确提出以下五种人不应当成为合伙人，即不应当参与股权分配的人，如图 10-3 所示。

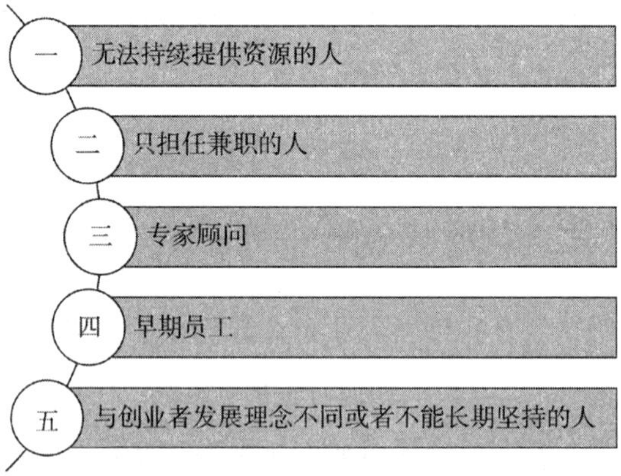

图 10-3　不应当参与股权分配的五种人

第一种是无法持续提供资源的人。例如，有些创新创业项目的启动可能需要利用文化、旅游和交通、电信运营商等行政资源，而能提供资源的人可能由于政策变动存在很大的不确定性。无法持续提供资源的人，他们不应作为合伙人参与股权分配。此时，创业者可通过让渡利润来换取对这部分资源的使用，而不是让渡股权。

第二种是只担任兼职的人。创新创业是一个长期的过程，需要投入大量的时间与精力。如果不投入资金而只是兼职，这样的人是不能做合伙人的。如果既投入资金又兼职工作，那么这样的人是可以参与股权分配并成为合伙人的。

第三种是专家顾问。创新创业企业要想顺利启动并正常运营，往往需要借助相关领域专家顾问的帮助。一般情况下，创业者都是花钱聘请专家来担任顾问指导。如果创业者请来的专家顾问提出不收顾问费，而是要求股权，最好不要同意。因为创新创业企业对于专家顾问的需求可能只是阶段性的和临时性的。如果创业者允许专家顾问占有一部分股权，不仅不能发挥专家顾问应有的独立分析和建议监督作用，还可能对创新创业企业的团队的合作以及未来的股权融资均造成不良影响。

第四种是早期员工。创业者为了吸引人才可能会提出给早期员工小比例的股权，甚至会以小比例股权折抵工资，以减少工资支出。从保留创业者最大权益角度来看，这种做法并不可取。早期的股权估值较低，但从未来收益看股权是珍贵的，不应轻易分配给早期员工。而且此时员工也并不认为股权有价值，很难因少量的股权授予而被激励。如果创业者确实想要用股权来激励员工，最好能够制订一个科学合理的期权激励计划，而不是马上授予股权。

第五种是与创业者发展理念不同或者不能长期坚持的人。在创新创业企业成长发展的过程中，合伙人因理念不同而中途退出的案例数不胜数。因此，寻找志同道合的合伙人非常重要。人格认同是志同道合的前提，是合伙人之间密切合作的基础。如果理念不同，合伙人之间一旦出现利益矛盾，就会产生目标分歧，并最终致使团队分崩离析。因此，只有与创业者在理念、追求及目标上达成共识的人，才适合成为创新创业企业的合伙人。

2. 核心创始人的确定

在初创团队中，众多合伙人谁应该作为核心创始人呢？确定创新创业企业的股权分配方案，涉及的第二个问题就是确定谁应该作为企业的核心创始人。众所周知，在一家创新创业企业里，核心创始人所占有的股份应该是最多的。如果知道谁是核心创始人，就可以按照他对创新创业企业的资源贡献来确定他的持股占比，进而确定其他创业团队成员的持股占比。

从知名内容自媒体“罗辑思维”在初创成功后走向解体的案例，可以看到正确选择核心创始人对于创新创业成功的重要性。在“罗辑思维”由启动期进入快速成长期之后，作为“罗辑思维”合伙人之一的罗振宇却只持有不到18%的股权，但他是“罗辑思维”内容的主要提供者。另一位合伙人申音持有82.45%的股权却不提供核心的内容资源。“罗辑思维”股权分配的不合理，随着罗振宇参与《罗辑思维》节目内容制作而对企业发展贡献度的不断提高，变得越来越不合理。这导致了两位合伙人之间不和睦，引发两人的分道扬镳和“罗辑思维”的解散清算。从“罗辑思维”解散的案例来看，如果在一家创新创业企业里，持股比例最高的股东不是这家创新创业公司的核心创始人，那么一旦该企业实现快速成长就会引发其创业者利益分配的不公平感，从而引发创业团队和创新创业企业的解体。

在“罗辑思维”这一案例中，从持股占比来看，很显然罗振宇一开始就没有被认定为核心创始人。然而，内容创作是“罗辑思维”成长发展所必不可少的战略性资源，其相对重要性只会越来越高；申音在创业之初所投入的资金以及媒体渠道资源虽重要，但其重要性却会随着企业发展呈现贡献度不断降低。所以，“罗辑思维”失败的根源就在于没做好创新创业企业的股权结构设计，尤其是没有正确地确定创新创业企业的核心创始人。

在一家创新创业企业里，谁应当作为核心创始人看似一个非常简单的问题，但实际上却是非常棘手的难题。在几个合伙人共同创新创业的情况下，核心创始人应该是在一开始就明确其身份。正确判断谁应当作为核心创始人的最简单的方法，是看谁承担的创业风险最大。① 例如，在创新创业企业的启动阶段，核心创始人所投入的资金和（或）资源最多。在这一阶段，创新创业企业很可能会失败，核心创始人投入的资金很有可能出现损失并可能需要重新找工作。在这种情况下，创始人不仅失去了创新创业之前的稳定工作，还因为创新创业失败而损失了一大笔资金和非常多的时间和精力。因此，如果一个人为一家创新创业企业工作，并且承担相对最高的投资风险，那么这个人就是核心创始人。否则，这个人不应成为核心创始人。

3. 合伙人之间的股权分配原则

确定参与股权分配的人和核心创始人以后，就可以进行正式的股权分配了。

从法律的角度看，股权比例应当由出资比例来决定。但是在商业实践中，

---

① 曹海涛. 合伙创业：合作机制 + 股份分配 + 风险规避［M］. 北京：清华大学出版社，2018.

创新创业企业合伙人之间的股权分配，不能只考虑出资比例。如果全部合伙人的优势基本相当或者说资源贡献度基本相当，可以按照出资比例分配股权。在绝大多数的商业场景中合伙人之间的贡献度大小差异较大，不应直接按出资比例分配股权。

例如，旅游领域的创业者 A 和互联网技术高手 B 准备做一个旅游领域的 O2O 项目，两人各自出资 100 万元设立了一家有限公司。因为 A 比较外向且更具领导能力和经营意愿，而 B 偏技术实干且性格内向不愿从事领导工作，经过两人对持股结构的规划和协商，股权分配的设计如表 10-2 所示。

表 10-2 创业者 A 与互联网技术高手 B 的股权结构设计

创业团队	名义股权比例	实际股权比例	预留股权
创业者 A	70%	40%	15% 预留给后进入的合伙人或合伙人之间的股权调整；15% 为期权池大小，用于员工激励
技术高手 B	30%	30%	0

从以上案例可以看到，出资比例在一定程度上决定了股权分配的大体架构，但是还需要对之进行调整。因为在科技型、互联网型的创新创业企业里，创意或者执行力都是比资金更重要的成功武器。

再举个稍微极端一点的例子，说明为何以及如何基于出资比例调整进而确定股权结构。假设 A、B、C 三人共同设立了一家创新创业企业。其中，A 出资 10 万元，负责公司的整体运营；B 出资 10 万元，负责产品的研发与维护；C 出资 80 万元，完全不参与公司的经营管理。如果只按照出资比例计算股权结构，那么 A、B 应当各占 10% 的股份，而 C 应当占 80% 的股份。这样的股权分配方案明显是非常不合理的！并且，必然在创新创业企业实现生存之后，引发合伙人之间的分崩离析。这是因为 C 完全不参与公司经营，却掌握着主要决策权，这样很难实现公司的有效运作。此外，负责出主要资金的合伙人 C 占股过多，无法有效激励核心创业团队的 A 和 B 全心全力地把企业做大。因此，这三人在企业启动阶段进行股权结构设计时，就不能只参考各自的出资比例，还需要考虑 A、B 两位合伙人对经营管理的贡献。于是，这家企业的外聘管理顾问，建议创业团队首先确认其中一人（A）作为核心创始人，而后建议创业团队为贡献技术知识的股东B多分配股权，最后建议从企业成长发展的生命周期出发采用动态匹配的股权结构设计。

对以上两个案例的分析表明，合伙人之间的股权分配应遵循以下两条基本原则。

（1）核心创始人应取得相对多的股权。

核心创始人是创新创业企业的灵魂，对企业负有更多的责任。核心创始人取得相对多数的股权，既有利于创新创业企业的决策[①]，也可以保证决策的执行和企业的有效运营。核心创始人控股，是保障其对创新创业企业决策控制权的一种方式。对于核心创始人而言，其只有在企业注册设立阶段占股最大才能有效保证控制权不旁落他人。如果在注册设计阶段做不到股权占比最大，那就要考虑提出动态股权结构设计方案。

除了考虑现金投入增加相应的股权以外，在创新创业企业早期的股权结构设计实践中，核心创始人通常是依据出资以及其他贡献而分配股权。依据其他贡献而增加核心创始人股权分配的一般经验如下：①提出创意并负责执行应增加10%左右的股权；②负责组建创新创业团队应增加5%左右的股权；③作为创新创业企业的CEO（可以是兼职担任），应增加5%左右的股权；④全职在创新创业企业工作应增加5%左右的股权；⑤负责创新创业企业启动阶段的融资，并使其获得了第一笔融资应增加5%左右的股权；⑥拥有个人信誉资产并因此对企业发展做出巨大贡献的，应增加5%~10%左右的股权。

（2）稀缺资源的提供者应占相对较多的股权。

并不是所有的资源提供者，都可以作为创新创业企业的合伙人来参与企业的股权分配。例如，一些只能阶段性发挥作用的资源提供者就不应当参与股权分配；一些价值不高的资源，也不应当参加股权分配。那些提供高价值资源的合伙人，则应当增加其股权分配。核心创始人应当重点关注对创新创业企业较为重要的三类资源提供者（如图10-4所示），并为之制订相应的股

---

① 张森．股权融资：理论·案例·方法一本通［M］．北京：电子工业出版社，2017.

权分配方案。

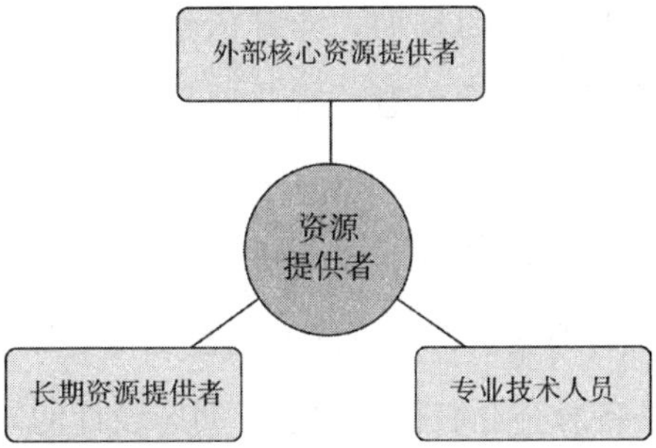

图 10-4　比较重要的三类资源提供者

第一，长期资源提供者。对于长期资源提供者，核心创始人应认真考虑如何与其进行利益分成。一般做法是依据长期资源提供者的累计贡献，将其折算为股权，进而通过股权将长期资源提供者与企业发展进行深度绑定。具体的股权分配比例和如何分配，应当视该项长期资源对创新创业企业成长发展的重要程度而定。

第二，专业技术人员。如果专业技术人员全职参与创新创业，应当给予较高比例的创始股权，并且应当按照合伙人的标准分期、分批授予股权。对于不全职参与创新创业的兼职技术牛人，也可以通过期权池分配少量股权，但不应按照合伙人的标准分配股权。

第三，外部核心资源提供者。对于外部核心资源提供者，可通过期权池和虚拟股票进行业绩激励和价值绑定。这种操作不需要做股东身份的工商行政登记变更，股份是由有限合伙企业作为持股平台，或者是由核心创始人代持。

对以上三类资源提供者的股权分配，最好能够科学评估其所提供资源在创新创业企业成长发展各阶段的贡献度，充分考虑其在创新创业企业成长发展不同阶段所起到的作用，以持续充分调动所有合伙人的积极性。

三、不同成长发展阶段的最优股权结构

创新创业企业在孕育期以及后续的发展期和成熟期，所需的资源非常多，

多种资源的重要性并不相同，并且资源的贡献度还会随着企业发展而出现程度的相对变化。有些项目的启动期，非常依赖某位合伙人的技术专利；有些项目的启动期，最重要的是创意；有些项目的启动期，最重要的是推广渠道；还有些项目的启动期，仅仅依靠某位合伙人的个人信誉就能导入项目所需资源。但是，等到创新创业企业进入发展期和成熟期，对于以上项目在启动期最为重要的那些资源，可能会慢慢变得不那么重要。因此，核心创始人最好还能够具备对企业股权结构进行动态设计的知识和能力。

对创新创业企业股权结构进行动态设计的目的，是持续明确合伙人之间的权责利关系，并便利企业在未来开展多轮次的股权融资。如果深入探究“罗辑思维”解体的案例，就会发现“罗辑思维”在高速发展期解体的原因正是其创始人没有针对企业的成长发展进行动态股权结构设计。进入快速发展期之后，“罗辑思维”依然在采用启动期的股权结构设计。此时该股权结构已经非常不合理了。因为，罗振宇作为内容提供者，持股占比太低。最终他不得不选择离开“单飞”。从这个案例可以清楚地看到，如果缺乏动态股权结构设计的理念、知识和能力，再好的创新创业项目也会半路夭折。

那么，究竟应如何依据企业成长发展的阶段来设计企业的股权结构呢？表 10–3 根据众多创新创业企业因股权结构设计而成功或失败的经验，提炼了一份完整的、可供参考的分阶段股权结构设计建议。

表 10–3　创新创业企业成长发展的阶段及股权分配方案建议

阶段	股权分配方案
启动期	核心创始人拥有企业至少 67% 的股权，余下 33% 的股权可作为其他股东和核心员工的股权激励
成长期	核心创始人至少保留 51% 的股权比例
扩张期	核心创始人至少拥有 34% 以上的股权
成熟期	核心创始人实施双层股权制度或者签署一致行动人协议等
上市阶段	核心创始人将企业划分为几个板块分别上市，以降低股权稀释

根据表 10–3 所示，创业者或者潜在创业者结合具体情况，分别考虑创新创业企业在以下五个融资发展阶段的股权分配方案。

1. 启动期的股权分配方案

绝大多数创新创业企业在启动期，存在实力、资源、资金、人才等方面的相对劣势，其内部运营管理也不成熟，创业维艰。在这一阶段做股权结构设计，最主要的目标是吸引并留住人才。此时的股权分配方案要灵活，要做到可放可收、可进可退。建议核心创始人为自己保留至少 67% 的股份，这样做不仅可以顺利贯彻核心创始人对企业的蓝图构想，还能确保创新创业企业的决策效率和执行效率。其余 33% 的股份，核心创始人可以拿出来，并将之分配给其他股东或者作为核心员工的股权激励。如果核心创始人在此阶段的投资占比较少，而其他合伙人的资源贡献度又相对较高，那么核心创始人将无法获得至少 67% 的股份。核心创始人可以设置双层股权制度，或者与其他股东签订一致行动人协议或股份代持协议，以至少确保自己对企业经营的表决权能够超过 67%。

2. 成长期的股权分配方案

一旦创新创业企业进入快速发展的成长期，核心创始人各方面的能力都需要不断提升，此时核心创始人还需要不断反思自己对企业未来的战略思考。这个时候，可以考虑把手里的股份释放出来一些，以进一步为企业后续发展进行股权融资或吸引关键人才等。此阶段的股权分配，要确保核心创始人能够保留 51% 及以上的股份。这样做能够为创新创业企业将来申请 IPO 预先留出股权稀释的空间。如果核心创始人希望创新创业企业最终实现 IPO，那么在企业成长发展过程中的多轮次股权融资必然会多次稀释其股份。核心创始人必须确保自己的股份在多轮次稀释之后，不低于 51%。如果核心创始人的股份被稀释至低于 51%，他会丧失绝对控制权，而容易被其他股东尤其是投资方踢出局。

3. 扩张期的股权分配方案

当创新创业企业进入到规模化发展阶段时，其规模不断快速扩张。这一时期，创新创业企业要继续成长，就需要进行股权融资和期权激励。创始人的股份会因股权的期权激励或股权融资而被进一步稀释。此时，股权分配方案要尽量确保核心创始人至少拥有 34% 以上的股权。

按照《公司法》的相关规定，股东（大）会在做出重大决策，例如企业合并、收购、解散、重组时，需要让多数股东通过才能生效。“多数”的意思是代表股份总数 2/3 以上的股东出席。即重大决策需要由出席会议的持有 2/3 以上表决权的股东同意方可通过。只要核心创始人能够至少拥有 1/3 及以上的股份，他就拥有了对企业重大决策事项的一票否决权。

4. 成熟期的股权分配方案

创新创业企业进入成长发展的成熟期之后，核心创始人的股份会因企业招兵买马、扩大市场份额、引入外部融资、上市发售等，继续被稀释。此时的股权分配方案要在股权结构设计上更加重视归集表决权，并且也要为核心创始人以外的其他股东的进入退出设立常规制度和快速通道。

5. 上市阶段的股权分配方案

到了上市公开发售阶段，创新创业企业的规模已经较大，可以考虑将企业划分为几个板块。比如可以拆分子公司在新三板挂牌融资以便把企业做新做活。当然，上市之后，创新创业企业依然会随着业务动态发展而继续面临需要重新分配股权的问题。股权结构要与企业发展相匹配，要动态地进行设计和更新。

四、股权结构设计的常见误区

从企业的成长发展规律来看，创新创业企业的股权融资实践也同样会经历五个阶段：召集股东筹集股本—获得天使投资—获得风险投资—获得 PreI-PO 融资—实现 IPO 融资。在其中任意一个阶段里，创新创业企业所获得的股权投资都可能不止一轮。当然，在无资金需求缺口的条件下，股权融资的部分阶段，例如获得天使投资阶段是可以跳跃的。

由于资本进入和员工持股等原因，创新创业企业核心创始人的股份占比会随企业规模扩大而不断被稀释，但资本方的持股却反而持续增加。因此，创新创业企业在 IPO 之前就应当充分考虑多轮股权融资对其核心创始人股份的稀释问题，并谨慎分配股权。创新创业企业在股权结构的安排上，需要特别重视核心创始人的股权稀释问题。建议在做股权结构设计的时候，注意绕开以下股权分配的常见误区。

1. 启动期股权分配意识淡薄的误区

核心创始人不仅要重视与合伙人的“软”交情，而且要规划好股权分配，以与之形成合作的“硬”利益。只讲交情不讲利益或只讲利益不讲交情，都有可能使创新创业企业的发展陷入麻烦和纠纷。大多数创新创业企业在启动期都或多或少地存在合伙人只顾一起埋头苦干，而没有多想股份分配方案的问题。待创新创业企业日益发展壮大、前景日益清晰时，早期的合伙人纷纷关注起自己的股份比例问题。这个时候，核心创始人再去讨论进而安排如何分配股权的问题，为时已晚，容易引起矛盾爆发。核心创始人需要在创新创业企业的启动期就积极思考股权分配，这样企业才能走得更长远。

2. 完全按照出资比例分配股权的误区

股权分配要考虑资金投入，也要考虑人力资源的价值，即需要考虑合伙人对企业成长发展的贡献度。为此，创新创业企业在分配股权时，不能完全按照出资比例来分配。正确的做法是，把资金贡献和人力资源贡献分开评价，而后综合起来形成股份分配方案。在知识经济时代，人力资源贡献在创新创业企业股权分配方案中的影响力呈现出越来越大的发展趋势。

3. 合伙人股份没有退出机制的误区

核心创始人在设计股权结构时，如果没有给其他合伙人设计退出机制，则很容易让其他合伙人在需要将股权变现的时候不得不与企业对簿公堂，进而引发更加广泛的股权纠纷。一般来说，退出机制可以考虑让需要中途退出的合伙人按照当前企业估值的一定折扣来取得现金，并且需要指定把股份转让给核心创始人。

4. 不给未来员工预留股权的误区

创新创业企业的发展依赖于人才，而股权是创新创业企业在规模、制度、薪酬等处于劣势情形下，能够用以吸引人才加入的关键手段。核心创始人在最初分配股权时，一定要预留一部分股份放入期权池，用于持续吸引人才和激励骨干员工。

第四节　股权融资谈判和筛选最佳投资者

投资者在表明投资意向之后，会就一系列问题与创业者展开沟通交流。这一过程通常被称为“股权融资谈判”。本节首先介绍创新创业企业在股权融资谈判过程中应当关注的四大重点内容和三个谈判技巧，最后分析如何评价投资者并筛选出最佳投资者。

一、股权融资谈判的四大重点

在股权融资谈判的过程中，投资者会争取签订一系列条款来保护自己的权利，而创业者也需要与投资者就相关条款的内容表述进行协商，以尽可能地维护企业及团队的利益不受损害。下面来谈谈创业者在股权融资谈判过程中需要特别注意的四大重点问题。

1. 估值问题

估值从来都是创新创业企业股权融资谈判的重中之重。由于不同行业、不同规模的创新创业企业在股权融资估值时，适用的估值方法并不一样，因此，核心创始人在与投资者谈融资估值的时候，需要学习一些报价的技巧。投资者如果问核心创始人：“你认为你的公司应该给多少倍估值？”核心创始人给出报价时，最好要高过自己预期的底牌。这样可以为后面双方的谈判，留出周旋的余地。一旦进入估值谈判，投资者会不断降低估值，而不会抬高价格。所以，核心创始人在开展估值谈判之前，最好首先思考自己预期的合理报价是多少、能够接受的最低报价是多少、谈判的报价应该是多少等问题。

核心创始人在确定创新创业企业股权融资的报价之前，要对当前自己公司到底值多少钱进行估算。这就需要核心创始人掌握前面介绍的五种常见估值方法。一般来说，已实现盈利的高科技创新创业企业会按照市盈率法计算估值。例如，高科技行业规模大小相近的上市公司市盈率为50倍，那么非上市公司估值时其市盈率倍数就可以打折，按照20~30倍计算。因此，核心创始人在报价时，就可以按照上一年净利润 200 万元和估值 30~35 倍报价（具体报多少倍取决于企业技术的独特性和创新性）。如果报价为 30 倍，那么这家创新创业企业股权融资的投前估值就应该是 6 000 万元。

如果创新创业企业还没有利润，那就无法使用市盈率方法进行估值。此时，核心创始人可以考虑以净资产模型进行估值，或者以当年销售额为基础，按行业平均利润率进行估值。例如，某细分制造行业的利润率超过 35%，而创新创业企业刚刚成立，产量还不稳定，还没有实现盈亏平衡，其核心创始人结合下一年的产能预测了下一年的市场销售额，并以下一年的销售额乘以 2 对企业进行估值。类似地，批发业利润率较低，利用销售收入估值时通常以下一年的销售额乘以 0.5；零售业则通常是以下一年的销售额乘以 1 来估值。这里说的是常见的一般情况，具体到每家创新创业企业的融资估值，还要结合其创新创业团队以及商业模式等进行具体分析。不过，原则上创新创业企业的估值不应偏离这一建议的区间太远。

估值谈判的最终结果，一定是双方都认可的结果。这对核心创始人能够给出恰当的估值报价提出了较高要求。一方面，投资者不会接受一个不合理的高估值报价，过高的估值报价会直接导致股权融资失败；另一方面，核心创始人及其创业团队不会接受一个不合理的低估值报价，投资者过低的估值报价也会直接导致股权融资交易失败，从而浪费一个潜在的好的投资机会。因此，创新创业企业股权融资的估值报价，无论是首先由投资者还是首先由核心创始人提出，都应当具备合理性，都要能够说出估值报价的合理依据来。

2. 行权计划问题

一般来说，投资者不太可能会放弃对创业团队的期权和创始人的股份设置行权计划。但是，核心创始人还是可以在谈判中与投资者协商，争取双方各让一步，并尽可能保护自己和团队的权益。以下用一个股权融资谈判的实践案例，来说明核心创始人应如何与投资者就期权行权计划展开有技巧的谈判。请读者阅读案例 10–1 的文本内容。

案例 10-1

行权计划的谈判

张峰是一家网游公司的核心创始人，现在正准备开展A轮融资。

一家有外资背景的风险投资机构表示有投资意向，并且在投资条款清单中按照国际惯例的要求对创始人所拥有的股份设置了行权计划。其具体的相关内容表述是：限制张峰在4年内对其所持有股份的转让权。也就是说，如果张峰在行权计划未满之前离开了公司，是无法获得其全部股权的价值的，未行权的部分将自动消失。另外，该投资者还对创业团队的期权也设立了行权计划，分4年向团队发放，以保证管理团队为公司服务的期限。

对于投资者要求的行权计划，张峰表示难以理解。张峰认为，无论是自己所持有的股份，还是给管理层的期权奖励，都是一次性获得的。新进入的投资者竟然想限制甚至是剥夺原始股东们的股份，这一度让他非常气愤。他想不通，股东们本来就拥有公司的全部股份，为什么在投资者进入后这些股份反而要变成分几年获得了。

事实上，投资者要求设置行权计划是合理的。该网游公司还处于启动期，投资者之所以决定投资主要是因为看中了创业团队的执行力。在这种情况下，任何投资者都会要求锁定团队和核心创始人，并要求他们在未来几年内持续为企业发展做出贡献。更何况，行权计划只是保证了创始人及其团队在一定时间内不能离开公司，若离开则会损失一部分未行权股份，并不影响创始人作为公司控制人拥有的一切相关权力。因此，对于行权计划该投资机构表示这是他们的底线，也是他们的投资政策，如果张峰无法同意，他们就不会投资。

最终，经过双方沟通和协商，张峰与投资者各让一步，行权计划的框架依然有效，但是行权计划的时间却被缩短了。即在谈判中，张峰将关注点放到了更改行权条件上，而不是取消行权条款上。协商之后的新行权方案，将计算行权计划的起始结束时间减少为3年。这既体现了张峰及其团队对公司经营的信心和对投资者的尊重，也体现了投资者的诚意。

3. 拖售权问题

拖售权也称强制出售权、领售权等，是投资者考虑到退出时有可能行使的权利。一般来说，拖售权条款在内容上会规定如果创新创业企业在一个约定的期限内没有报送 IPO 材料或者没有通过 IPO 审核，则投资者有权要求主动退出，并且可以强制要求核心创始人和其他股东与自己一起向第三方机构转让股份。①

创业者可能想不通，投资者要想退出只要把自己的股份卖了就好，为什么要求大家一起卖？理由很简单，如果第三方出于战略考虑接受投资者转让的股权，会倾向于购买公司大多数股权，而单个股权投资者一般不会拥有公司太多的股权。因此，若想达成这一交易，投资者就需要让其他股东与自己一起出售公司的股权。拖售权条款就保证了投资者可以通过集体出售股权而顺利退出创新创业企业。以下还是用一个创新创业企业股权融资的实践案例来说明创业者因不同意拖售权条款而导致了股权融资的失败，并指出核心创始人在面对拖售权条款时应该如何与投资者展开谈判。请读者阅读案例 10-2 的文本内容。

案例 10-2

如何克服拖售权条款谈判的困境

方擎是一个胸怀大志的创业者，他把自己创建的软件公司当成一生的事业，从未想过要出售这家企业。在这种情况下，投资者在股权融资谈判中提出了拖售权条款。方擎及其团队非常担心如果同意拖售权条款，那么投资者也许会连同其他竞争对手对公司进行恶意收购，并且因此而拒绝了投资者所提出的拖售权条款。投融双方在拖售权条款上，谁都不愿意让步，股权融资谈判陷入僵局，进而不了了之。

---

① 张淼．股权融资：理论·案例·方法一本通［M］．北京：电子工业出版社，2017.

之后，另一家投资者在股权融资谈判过程中，也抛出了拖售权条款。由于公司发展面临资金需求，必须加快实现股权融资。方擎和团队找到外部顾问并向其求助，顾问给方擎及其团队解释了拖售权条款对投资者而言的必要性，并且给出了谈判的建议是在保持投资者拖售权条款的同时，为该条款的实施增加限制条件，以保护方擎及其团队的利益。顾问给出的具体谈判建议是：第一，给拖售权设置为期 3 年的行权时间；第二，限制行业内几家重要竞争对手和潜在竞争对手购买拖售股份的权利；第三，约定实施拖售条款时，方擎及其团队对投资者打算出售的股份具有优先购买权。

图谋不轨的投资者毕竟是少数，大多数的投资者要求设置拖售权条款只是为了保护自己的投资资金。案例 10–2 表明，核心创始人及其创业团队大可以接受拖售权条款，只需附加上一些限制条件即可。总结创新创业企业的股权融资实践，核心创始人可以针对拖售权条款实施的限制条件可分为五类，如图 10–5 所示。

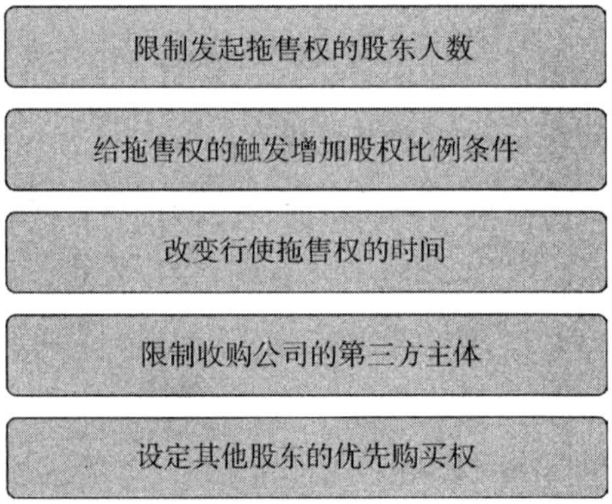

图 10–5　拖售权条款谈判常见的限制条件

（1）限制发起拖售权的股东人数。可以要求投资者在行使拖售权时必须得到一定人数的其他股东同意，从而增加其行使拖售权的难度。只要众多投资者或者股东的意见不一致，单一投资者就不能行使拖售权。这一要求保护了所有的股东，也保护了创新创业企业的核心创始人和创业团队。在案例 10–2 中，方擎还可以尝试与投资者协商约定过半数以上股东同意才能行使拖售权，而不能单独行使拖售权。

（2）给拖售权的触发增加股权比例条件。触发拖售权条款的股权比例设置得越高，行使拖售权的难度也就越大。例如，在案例 10–2 中，方擎可以试着和投资者协商要求其发起拖售权时必须得到持股占比超过 1/2 的股东同意才可以。

（3）改变行使拖售权的时间。一方面，可以延长不能行使拖售权的时间，如要求投资者不能在投资以后的3年内使用拖售权或者约定5年后才能启动拖售权等。延长拖售权不能行权的时间，可以防止投资者违背设立该项条款的初衷而滥用该权利，同时也可以给创新创业企业更长的时间来实现自我发展。另一方面，可以如案例10-2一样反过来缩短投资者可以行使拖售权的期限。这两种改变行使拖售权时间的做法，对创新创业企业来说都是有利的。

（4）限制收购公司的第三方主体。限制收购公司的第三方主体的主要作用是防止道德风险。例如，可以约定行使拖售权时购买公司的第三方主体不能是竞争对手，投资者投资的其他公司，与投资者有任何关联的公司以及个人等。这是杜绝投资者在利益驱动下发生贱卖公司行为的最好方法。在案例10-2中，由于方擎及其团队最担心的就是投资者伙同其他竞争对手恶意收购公司，因此限制收购公司的第三方主体是他们必须要争取到的限制条件。

（5）设定其他股东的优先购买权。一般情况下，公司的股东都享有公司股份的优先购买权。这样一来，当投资者行使拖售权出售公司股权时，公司的创始人或其他股东就能够以同样的价格和条件购买其出售的股权，从而避免公司被第三方恶意收购。优先购买权条件也可以从一定程度上解决方擎所担心的恶意收购问题。

4. 保护性条款的干扰问题

保护性条款的内容可能会包括一系列涉及公司运营的重大事项。大多数股权投资者不直接参与公司的日常运营，但是为了保障自己的权利不受侵害，他们会要求设置保护性条款。有时保护性条款可能会干扰到创新创业企业的正常运营。

核心创始人与投资者就保护性条款内容进行谈判时，需要努力寻找双方利益的平衡点。在发生保护性条款所约定的事项时，创新创业企业必须征求投资者的同意，以避免侵害投资者的利益。以一票否决权条款这一最为常见的保护性条款为例，按照该条款投资者可以指派代表董事来参与公司的经营决策，并且对重大事项拥有一票否决权，只要投资方不同意，创新创业企业就不能对重大事项进行任意变动。既然投资者已经指派代表进入董事会，并拥有董事会的投票权，他们为什么还要设置一票否决权的保护性条款呢？众所周知，董事会的法律职责是为公司的利益而工作。有的时候，公司的利益与投资者的利益是不一致的，而且股东（大）会和董事会一般由占股最多的核心创始人控制。即便投资者是董事会成员，也需要借助其他渠道来保护自己的利益。举例来说，王辉是一家信息管理公司的核心创始人。在该信息管理公司的 B 轮股权融资谈判中，投资者在投资条款清单里列了 10 多条保护性条款。按照这一清单，就连该公司购买生产设备都需要 60% 的优先股股东一致通过。核心创始人王辉对于为保护投资者而干扰到企业正常运营的条款当然不同意！经过与投资者多次沟通和协商，投资者给出的保护性条款最终被缩减了一半，以避免保护性条款对创新创业企业的经营管理束手束脚。事实上，不少创新创业企业在股权融资谈判中都发现保护性条款的谈判空间其实很大。

在拿到投资条款清单以后，只要其中的保护性条款逻辑合理，核心创始人及其团队都不需要过于害怕。以一票否决权条款为例，核心创始人可以在谈判中争取限定投资者在哪些特定事项上不可以使用一票否决权。例如，可以约定在创新创业企业以不低于特定估值被收购时，投资者不可以使用一票否决权；还可以约定将一票否决权的适用范围限制在对投资者利益有重大损害的特定事项上。事实上，聪明的投资者都知道公司的成功依靠的是核心创始人及其创业团队，如果对保护性条款的内容设置过于苛刻，容易影响核心创始人及其团队的经营管理效率。因此，核心创始人可以直接与投资者沟通自己对保护性条款的不同意见，双方通常各让一步就能解决问题。

二、股权融资谈判的三大技巧

对于创业者而言，提高股权融资谈判的沟通技巧可以直接影响其创新创业事业的融资效率。作为向投资者要钱的人，创业者往往在股权融资谈判中处于相对弱势的地位，并且相对于老练的投资者，创业者还常常缺乏沟通谈判的技巧。面见投资者时，创业者通常可以使用哪些谈判技巧来让股权融资变得相对更容易一些呢？图 10-6 为创业者和准创业者总结了三大谈判技巧。

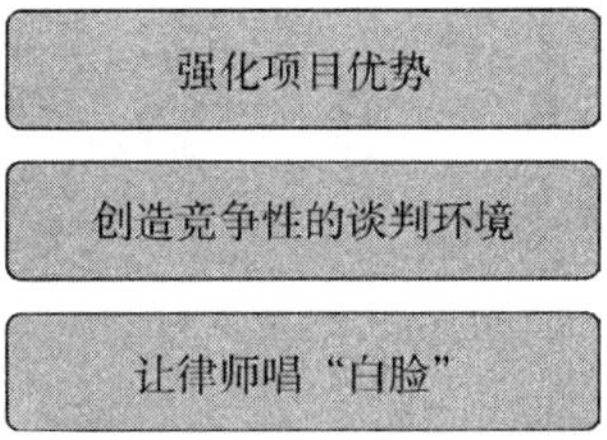

图 10-6　股权融资谈判的技巧

1. 强化项目优势

创业者需要多强调创新创业企业的优势，以给投资者留下深刻的心理印象。创业者是最了解创新创业企业的人，深知其优势和劣势。在与投资者谈判时，优秀的创业者一定要善于包装和讲故事，要将创新创业企业的优势充分展现出来。通常投资者的时间非常宝贵，所以留给创业者介绍创新创业企业的时间也较短。在短短的几分钟或者十几分钟时间里，强调创新创业企业优势的最好方法就是引用行业中成功或失败的例子。引用案例可以让投资者通过联想或者对比而非常清楚地了解创新创业企业大概是什么样子的，同时也向投资者证明了自己对该领域有很高的了解程度。与此同时，创业者在强调创新创业企业优势的时候，还可以告诉投资者自身企业在细分市场中的地位，包括是处于早期、中期还是晚期，年销售额大概是多少，在市场中占有多少份额等信息。这样做有利于投资者将创新创业企业与其竞争对手区分开来，并关注到企业的独有优势。

2. 创造竞争性的谈判环境

一个竞争性的投融谈判环境，可以让创业者在谈判中变被动为主动。聪明的创业者在股权融资的谈判过程中会使用这一技巧，来主动创造对自己有利的竞争性谈判环境。案例 10-3，描述了谷歌创始人拉里·佩奇（Larry Page）与谢尔盖·布林（Sergey Brin），是如何使用这一技巧而抬高谷歌估值的。

案例 10-3

创造竞争性的融资谈判环境

1998年，拉里·佩奇与谢尔盖·布林联合创办了谷歌（Google）公司，专门提供搜索引擎服务。谷歌诞生时连商业计划书都没有，但是谢尔盖·布林仅凭个人魅力就从一位斯坦福校友那里拿到了第一笔10万美元的天使投资。在一个车库里，拉里·佩奇和谢尔盖·布林开始了艰辛的创业之旅。

谷歌很快得到了用户的欢迎，设立之后其每天搜索的次数都超过了10 000次，并因此得到了媒体的报道。当拉里·佩奇与谢尔盖·布林意识到谷歌需要扩张的时候，他们便开始寻找风险投资。拉里·佩奇和谢尔盖·布林向红杉资本的合伙人迈克·莫里茨表明了立场，他们准备融资2 500万美元，并且计划出让的是公司20%的股份。也就是说，他们自认为当时的谷歌价值是1.25亿美元。迈克·莫里茨同意接受他们的报价，投入2 500万美元，并获得谷歌20%的股份。但是，拉里·佩奇和谢尔盖·布林此时又向另一家投资大佬KPCB公司发出了邀请。KPCB的老板约翰·杜尔与红杉资本的迈克·莫里茨做出了同样的决定。两家风险投资机构风格不同，一家比较激进，一家偏向保守，但他们都想独占谷歌20%的股权从而排斥对方。

拉里·佩奇和谢尔盖·布林希望让这两家公司平分20%的股份，即联合投资谷歌。在谈判僵持不下的时候，拉里·佩奇和谢尔盖·布林找到另外一家投资公司，这家投资公司给了谷歌1.5亿美元的更高估值。在这种情况下，约翰·杜尔与迈克·莫里茨选择了妥协，答应了拉里·佩奇和谢尔盖·布林的条件，双方平分20%的谷歌股权。1999年6月7日，一份震惊硅谷与华尔街的融资公告被正式发布："谷歌从KPCB和红杉资本总共获得了2 500万美元的投资。"由此，两家公司各占有谷歌大约10%的股份。

约翰·杜尔与迈克·莫里茨对谷歌的投资无疑是成功的。在谷歌IPO之后，他们的股票价值大约高达30亿美元。但是更成功的是拉里·佩奇和谢尔盖·布林，他们在股权融资谈判中不仅获得了所需要的资金，还牢牢掌握了谈判的主动权。多家风险资本的进入使谷歌顺利融资并步入了一个新的发展阶段。谷歌创造股权融资竞争环境的案例对广大创业者的启示是：在与投资者谈判时应该与多个投资者进行接触和交谈，并且要让这些投资者知道彼此在为投资一家企业而相互竞争。引发投资者之间的竞争性对抗，有利于创业者在谈判中拿到最有利的价格和条件。

3. 让律师唱“白脸”

让律师唱“白脸”，不仅是核心创始人常用的谈判技巧，也是投资者经常使用的技巧。这种谈判技巧就是“红脸白脸术”。“红脸白脸术”指的是，在谈判中，位于相同立场的两名谈判者，分别出席两个回合的谈判，第一位谈判者唱“红脸”，第二位谈判者唱“白脸”。“红脸”的责任就是给对方留下“和平天使”的印象，让他们觉得遇到这种谈判对手是非常幸运的。“白脸”在谈判的第二回合则是给对方制造麻烦和威胁，从而让对方不断妥协。如果投资者使用了“红脸白脸术”，核心创始人要识破它，不要被对方迷惑。投资者唱“红脸”，律师唱“白脸”，这一谈判方法的具体实施是：投资者扮演“红脸”，他们温柔、友好、平易近人，让目标公司的创始人感觉遇到他就是自己最大的幸运，因为这样的投资者几乎想到了所有的重要问题。但这时，股权融资协议来了，与投资条款清单相比，里面又增加了一些保护投资者利益的苛刻条款，并且很多条款的内容可能与投资条款清单谈判时存在差异。如果你询问投资者，答案一定是“这是律师做的，我不清楚”，此时律师扮演的角色就是“白脸”。这种博弈经常出现在股权融资谈判的过程中，投资者扮演“红脸”吸引核心创始人，而律师则在所有重大问题上“制造麻烦”。

相反，当核心创始人使用这一战术为创新创业企业开展融资谈判的时候，一定要有章有法，不能失去分寸。而且人物角色性格方面要吻合，要找具有丰富交易经验的律师扮演“白脸”。事实上，核心创始人要想避免与投资者产生正面冲突，就应当使用“红脸白脸术”，将难缠的事交给律师或者团队的另外一个人。这种战术可以帮助创业者与投资者建立良好的关系，而让律师们来做“坏人”。在使用“红脸白脸术”的时候，创业者需要注意谁是“红脸”、谁是“白脸”。在股权融资谈判时，通常核心创始人作为获利最大的股东，是“红脸”；律师作为真正谈利益条款的人，是“白脸”。

三、评价投资者并筛选最佳投资者

笔者的一位企业家朋友刚刚宣布了其创新创业企业破产。由于技术领先、中试[①]产品性能稳定且销售正在逐步扩大，所以周围的人无不吃惊于这家企业为何会破产。原来，这位企业家在以其专利技术开展创新创业之后，迅速得到了某投资机构的投资条款清单，但是该投资机构要求企业家暂时不要再找其他投资者，并且许诺愿意投资，然而之后双方的谈判却一拖再拖。这位企业家数次联系对方，都被告知合伙人正在协商。两个月后，投资机构突然说不打算投资这个项目了。此时，这位企业家的启动资金已经耗用殆尽，再找股权投资者谈判变得非常被动和仓促。由于此时企业尚未盈利，还无法通过银行信贷进行大规模融资，虽然企业家尝试寻找新的投资者并重新进行股权融资谈判，但在达成股权融资协议之前该创新创业企业的资金链就断裂而不得不宣告破产。

从这一创新创业企业股权融资失败的教训，可以看到如果核心创始人选错了意向投资者，其代价可能会非常高昂。创新创业企业在股权融资过程中，究竟应该如何筛选意向投资者？以下首先介绍如何对所有接洽的投资者进行初步评价，然后再介绍核心创始人如何筛选创新创业企业需要的最佳投资者。

（一）对投资者进行初步评价

初步评价和筛选投资者，对于创业者而言是一件比较困难的事情。选错投资者而导致创新创业企业失败的案例并不少见。对于品牌的投资机构，大多数宣传的都是投资大佬多、给钱多、投后提供管理扶持等，但事实上投资

① 中试是中间性试验的简称，是科技成果向生产力转化的必要环节。成果产业化的成败主要取决于中试的成败。科技成果经过中试，产业化成功率可达 80%；而未经过中试，产业化成功率只有 30%。

机构究竟是否如此，创业者是很难在融资之前就了解到的。不过，创业者还是可以通过以下一些方法来侧面了解投资者，并初步判断投资者的好坏。

1. 不要过于看重投资者的名气

因为信息不对称和阅历问题，创业者难以判断投资者的好坏是一个非常普遍的问题。很多创业者选错投资者的原因都是相似的，那就是听信了投资者的一面之词，没有全方位了解投资者。

核心创始人切忌用投资者的名气来推测投资者的好坏。例如，一位创业者因年轻没有股权融资经验，在天使轮接受了一家很有名气的公司高管的100万元天使投资，并给了其49%的股权。后来，这位天使投资者在第二轮融资中继续增资并成了该公司的第一大股东。随着创新创业企业的成长发展，该公司的估值不断提高，外部投资者的100万元投资已经价值近亿元。在早期实现股权融资的很长一段时间里，年轻的创业者一直都非常感激这位天使投资者，并因此抵抗所有来自外界风险投资者的友善建议，却不知道自己由于已经不是第一大股东，会在若干年后被这位天使投资者驱逐出自己一手创办的企业。

避免过于看重投资者的名气是创业者初步判断和筛选投资者时需要特别注意的。一方面，很多有名气的投资者也有可能食言或刻意打压创业者；另一方面，很多没那么有名气的投资者都是从相关行业转行而来，本身就是该领域的专家，虽然名气不是很大，但其实非常了解行业运营。后一类投资者往往在风险投资机构内部有着决定性的影响力，所以当核心创始人与他们交谈的时候，不能迷恋头衔以及大佬光环，否则就会因为判断失误错失优秀的投资者。

2. 看投资者对行业的理解

创业者评价和筛选投资者时需要重点观察其对行业的理解。因为选择不懂行的投资者，而造成创新创业悲剧的案例也不乏有之。例如，赵铭是一位30多岁的手游公司CEO。尽管其创业团队有着超强的执行力，但是陈旧的游戏题材和玩法使其难以找到有投资意向的投资者。有一次，一位投资者找到赵铭表示要投资500万元。他告诉赵铭："如果你们做好了，500万元就算是投资，如果做不好，就算是借钱给你们。"这位投资者对手游行业一无所知，而赵铭却接受了这笔钱。最终的结果是游戏发行花费了将近300万元，但其题材玩法较为陈旧，故未得到平台的大力推荐，少得可怜的用户根本难以维持该游戏公司的正常运营。在这种情况下，投资者要求将钱撤出来，利息为10%，赵铭不得已选择将企业进行破产清算。赵铭之所以落得破产解散企业的下场，与其挑错了投资者不无关系。如果他能够找一个该领域内的行家级投资者，就有可能在投资者的帮助下更新游戏的题材和改变游戏的玩法，公司有一大票的技术人才也不至于走向破产清算。

在侧面观察投资者对行业的理解时，若创业者问投资者重点关注哪些领域，投资者只给出泛泛的回答，例如“移动互联网、O2O、大数据、智能硬件，我都有关注”。这说明投资者在回避问题，害怕暴露自己的短板。如果投资者明确且详细地告知他重点关注的细分领域，然后还能说出自己对该细分领域发展趋势的看法，那么这样的投资者对行业是比较了解的。

3. 看投资者提供的资源

如果投资者拥有丰富的资金、人才等资源，并愿意积极为创业者提供增值服务，那么其名声一定不会差。硅谷顶级风投机构FRC（First Round Capital）有7位合伙人、20多位全职职工，管理着超过4亿美元的资金。FRC积极参与投后管理，为创业公司提供各种资源，因此创业者都以拿到他们的投资为荣。FRC每年都会定期组织面向CEO、CFO和CTO的年度峰会。这个峰会将FRC所投资的公司聚集在一起，为大家构建了一个值得信任的交流平台。公司管理者可以在这个平台上寻求建议，FRC或者其他创业公司会提供建议。例如，一位CEO表示他们公司的财务一团糟，需要一位CFO，FRC便为他们推荐了一位人选，解决了该公司的财务问题。FRC还经常在平台上向大家普及财务与法务知识，对所投公司的法务和财务风险起到了一定的防范作用。

当创业者无法评价投资者对行业的了解程度以及能够提供哪些资源时，可以选两三家投资者曾经投过的创新创业企业，找其CEO或总经理深入了解相关信息。由于具有相同的身份，那些被投企业的创业者通常会据实相告。

在股权融资谈判阶段，投资者也许会许诺为创新创业企业提供各类资源，如人脉资源或银行融资渠道等。这时候，创业者应当请投资者将其所承诺提供的资源写下来，以保证股权融资完成之后，这些投资者承诺的资源能够被落到实处。好的投资者可以给创业者介绍很多人脉，而这很有可能对创新创业企业的发展起到关键的推动作用。需要注意的是，投资者在展示自己的人脉资源时如果说“我跟 ×× 关系不错，后期可以介绍给你认识”，那么他说的不一定就是事实。若“××”是一个圈内大佬，这个投资者或许只是在利用大佬来抬高自己的身价，真实情况是他手中的资源并没有你想象中的多，而且还喜欢信口开河；若“××”是一个没有什么名气但却可以办实事的人，而且他认识很多这样的人，那么投资者确实能力高且资源丰富的可能性会更大。遇到第二种投资者，创业者应当好好珍惜合作的机会。

（二）创新创业企业所需要的最佳投资者

股权融资是创新创业企业与投资者双向选择的过程。投资者选择标的创新创业企业时更看重核心创始人及其创业团队的素质和人品，而创业者在筛选投资者的时候不仅关注投资者给多少钱，还看重投资者的人脉资源以及他本人是否具有勤奋、专业、善于合作等素质。以下是对创新创业企业来说，最佳投资者应具有的五项素质。

1. 勤奋

勤奋是最重要的品质。在创业者眼中，成功的投资者都是勤奋的。他们的行程通常安排得非常满，创业者在哪里，他们就在哪里。在当下的创投圈里，创业者对资本的争夺异常激烈，投资者对于早期优质创新创业项目的争夺也越来越激烈。以互联网赛道来说，由于 BAT 等巨头公司的战略性投资布局，风险投资机构不得不将投资阶段前移来做更加早期的项目。在这种情况下，投资者都付出了越来越多的时间和精力以争取更优质的早期创新创业项目。一般来说，顶尖的投资者可以深夜出来和创业者见面。作为创业者，你可以想一想：自己所遇到的投资者是否做到了这一点呢？如果能做到，说明他有勤奋的素质，可以将其加入潜在投资者的名单。

2. 热爱工作

之所以选择做一个勤奋的工作狂，是因为投资者热爱自己的工作。AA 投资的创始合伙人王浩泽在该投资机构2016周年的庆典活动上发表演讲时说：“做天使投资是一件很苦很累的事，工资只有一个月不多的那点钱。我们甚至管理费都不太够花，有时购买研究报告、出差报销、请客吃饭还需要垫付很多钱。为什么我们愿意去做这样的事呢？收益肯定是工作的动力之一，但还有更核心的一个原因，那就是热爱。做投资对我而言，首先这不是一份工作，而是一个爱好。之前我自己做过很多事情，只有投资这个事情让我充满了热爱。每个项目，每个行业，其实对我来说都有着足够的新鲜感。每投资一个项目，当它成长，当它有了第一个种子客户、有了标杆企业、有了销售收入、有了后续融资的时候，当它成长发展跨越到一个新台阶的时候，我就像看到自己的一个个孩子在茁壮成长一样，非常有成就感。”

正是这样的热情，使AA投资得以参与投资了很多个天使轮的创新创业企业，包括云账房、兜行、DailyCast等。AA投资之所以选中了这些创新创业企业，是认为它们有可能改变整个行业。例如，投资云账房是看中未来机器人有机会代替人工；投资兜行是看中该项目在企业培训学习方面所带来的新思路有助于“90后”的员工快速融入企业文化；投资DailyCast是希望给C端的用户带来快乐。王浩泽称：“我觉得这些（被投资的项目）都是我们对行业的热爱。我希望投资不光是获得收益上的回报，而且能够改变一些什么。……到目前为止，中国企业界运营管理方面最成功的一个公司是华为。华为其实经历过几个周期，在2003年、2004年的时候，当时任正非力排众议，采用了IBM管理咨询的方案，包括后面核心的一套系统，建立了以人力资源、研发、财务三方面为核心的管理体系。这是一个很重要的基础，也间接造就了华为今天的成绩。华为也是到目前为止唯一的一个横跨To B、To C和B To G三个领域且都做得非常好的公司。我希望我们投的创新创业企业能以创新的产品或服务给消费者带来更高的价值。往更大的来说，希望我们的投资能够帮助中国的创新创业企业成长并改变行业。从全世界的角度来说，希望我们的投资能够帮助一批创新创业企业提高竞争力，成为世界级的企业。这是我最大的野心，这也是我对这个行业和这个国家的热爱。”

创投圈是一个需要热情的圈子。但是，每个投资者参与投资事业的热情点可能不太一样。如果创业者可以遇上一个非常热爱所投资行业而不是单纯为了拿投资回报的投资者，那么一定要抓住合作的机会，争取获得他的投资。

3. 抗压抗风险

抗压和抗风险能力是优秀投资者必备的一项能力。投资者的最终目的都是获利，但真正在每年年终盘点时盈利的投资者却并不多。因此，投资者需要常常自我反省。在投资之前，投资者首先应该考虑的不是能够赚多少钱，而是考虑最坏的情况，是否可以保证成本。投资者要明确自己能够承担的最高亏损比例、最大金额是多少。以“股神”沃伦·巴菲特（Warren Buffett）为例，他非常擅长预想投资风险和挫折。考虑到股权投资的高风险，巴菲特常常做最坏的打算：“我从来都不会期望通过投资股权赚钱。当我投资股权的时候会假设公司第二天即将倒闭。”巴菲特对风险的极端设想，造就了伯克希尔－哈撒韦公司伟大的投资事业。

创投圈是一个竞争异常激烈的圈子，这意味着只有抗压性好且能够抵抗风险的投资者，才能支持企业在市场波动中发展成长。刘刚是湖南一家餐饮企业的老板，其盈利非常不错，一度身家达到上千万元。为了赚更多的钱，刘刚开始频繁地参与创新创业企业的股权投资。然而，由于缺乏专业的投融知识，刘刚所投资的创新创业企业大多数都以失败告终。因为经受不住打击，刘刚试图跳楼自杀，还好最终被救下。对于创新创业企业而言，像刘刚这样缺乏专业知识和足够抗压、抗风险能力的个人投资者，并不是合格的风险投资者。创新创业企业及其核心创始人通常对大型机构投资者或者上市公司、产业投资公司等情有独钟，一是因为其资金实力雄厚，二是因为其抗压和抗风险能力强。

4. 不离不弃

对于创新创业企业而言，谁才是最佳的投资者？所谓最佳投资者，应当是在投资创新创业企业之后，对其不离不弃，不因业务或市场短期波动而打退堂鼓，且愿意持续在资金和资源这两方面“滋养”企业的投资者。

资金是投资者给企业的“最初的滋养”。资金是创新创业企业实现成长发展的“子弹”，是其在市场上攻城略地的武器。如果缺少资金，等待企业的唯一结局就是失败。因此如果创新创业企业遇上了对的投资者，投资者会根据创新创业企业的发展情况为企业及时且足额地提供资金。例如，刘强东找到今日资本的徐新，想要 200 万美元的第一轮融资，而徐新从估算企业成长发展需要出发，直接给了他 1 000 万美元。好的投资者还会在后续轮次的融资中继续为创新创业企业提供帮助。例如，徐新还参加了京东第二轮的融资，并且为其介绍了其他投资者。那些只带来一次性资金支持的投资者，都算不上最好的投资者。

资源是投资者给企业的“最重要的滋养”。以下是凡客诚品股权融资的案例，在案例 10–4 中凡客诚品就通过投资者获取了大量的资源支持。

案例 10–4

凡客诚品的股权融资

小米的创始人雷军与凡客诚品创始人陈年的友谊曾被传为佳话。在陈年创业最困难时，雷军曾多次挺身而出，为其出谋划策，帮其渡过难关。凡客诚品起初是一家卖衬衣的公司，后来发展成为一家电子商务公司，其产品品类越来越多，规模也越来越大，甚至还有了一支专门做物流的队伍。凡客诚品在服装界的超高知名度与雷军的帮助不无关系。

陈年和雷军相识于卓越公司。卓越当时的大股东是金山和联想投资，雷军和王树彤都是个人股东，而陈年是卓越网的执行副总裁。在卓越网，雷军是领导者，陈年是执行者，而王树彤是门面担当，所以雷军认为他和陈年是卓越网的创始人。2004 年 9 月，卓越网被卖给了亚马逊。2005 年 4 月，陈年辞去卓越网的职务，然后找雷军商量可以做点什么事，雷军建议陈年做“我有网”，一种类似于 5173 的游戏道具交易平台。雷军认为，陈年在电商领域游刃有余，而道具交易其实也是电商的范畴，所以陈年做这个肯定行。但是游戏对于陈年来说并没有什么吸引力，所以“我有网”创立没多久就倒闭了。公司失败以后，陈年非常失落，于是回老家待了半年，并写了一本小说叫《归去来》。

受PPG（批批吉服装网络直销公司）营销模式的启发，陈年打算复出做凡客诚品，雷军非常赞成。于是，凡客诚品于2007年10月面市。由于运营“我有网”曾经亏损了很多，因此陈年将凡客诚品的一部分股份送给张亮、董江勇等高管以及投资者。在这些人的帮助下，凡客诚品的知名度迅速提高。凡客诚品一开始选择用免费流量做宣传。但是，如果想把公司做成品牌，这远远不够。于是雷军建议陈年找风险投资。陈年找了很多投资者都没有成功。后来，还是雷军把联创公司创始人冯波和IDG公司的创始人林栋梁推荐给了陈年，让陈年找他们为凡客诚品投资。冯波和林栋梁是两种不同类型的投资者。冯波的气质与陈年相似，比较注重精神方面的追求，而林栋梁的气场更接近雷军，所以陈年负责找冯波谈投资，雷军则帮忙去找林栋梁筹集资金。面谈后，两位投资者表示愿意投资。因此，陈年成功筹集了由联创和IDG公司提供的200万美元资金。有了这笔资金，陈年将公司成功地运营起来了。

此后，凡客诚品又进行了多轮次的融资，且融资金额一轮比一轮高。有一段时间，凡客诚品越做越大，甚至做到了可以上市的规模。但是这种大规模只是一种假象，并且为凡客诚品濒临倒闭埋下了伏笔。本来凡客诚品是以销售服装为主的互联网公司，后来线上又增加了其他类别的商品，而且库房里积攒了大量的存货，身为创始人的陈年并没有意识到问题的严重性。大量堆积的库存终于到达极限，使凡客诚品一系列的资金链问题都暴露了出来，并最终引发了“裁员—清库存—再裁员”的恶性循环。然而，幸亏有雷军这位好兄弟护着陈年。雷军推荐的那些投资者，在公司出了那么多问题之后，不仅没抽资，在以后几轮融资中仍然给了凡客诚品很大的支持。

幸而，陈年又在雷军等一众投资者的帮助下，重新找到了凡客诚品的发展方向。凡客诚品开始专注于衬衣品牌。如今，凡客诚品转型成功，且完成了第七轮融资，而且此次融资最大的支持者还是雷军。在雷军的领投下，软银赛富、IDG、联创策源、淡马锡、启明、中信、和通等股东均参与了投资，融资规模超过了1亿美元。这笔资金又为凡客诚品整合调整其衬衫产品的生产供应链提供了有力的保障。

如果没有雷军做领投人，凡客诚品的多轮股权融资不会进行得那么顺利。因为很多投资者就是因为雷军的品牌背书，才敢向凡客诚品投入资金。凡客诚品股权融资的案例，启发创业者或者潜在创业者在找投资者的时候，就要找像雷军这样的靠谱投资者。他们不仅可以自己出资帮助你，还能帮助你拉来更多可靠的投资者。最重要的是，这样的投资者在企业发展暂时遇到困难时，对其不离不弃，并且致力于帮助企业走出困境。

5. 未来感

股权投资事业与商业哲学有关，需要投资者能够看清产业技术趋势，需要投资者具有未来感。很多经验丰富的著名投资者都将思维拨到了3~5年以后。他们思考的是未来，所有的投资理念和投资体系也都建立在这一点上。美国纽约的顶级风投人弗雷德·威尔森（Fred Wilson）就是一个具有未来感的投资者。早在2014年，弗雷德·威尔森就提出未来行业与投资的三大趋势是社会结构的网络脱媒化、产品和服务的定制化以及每个人的节点化。

弗雷德·威尔森提到的第一个大势是网络脱媒化。他认为："旧式结构现在还可以工作，只是在当今后工业化时代显得效率低下而已。大家已经看到这一大势在媒体行业的显著影响，在其他行业，去层级趋势也已经逐步显露出来。例如，Airbnb（旅行房屋租赁社区）对酒店业的影响、Kickstarter（专为创意产品项目融资的众筹平台）对创意行业的影响，以及Codecademy（在线学习编程知识网站）和Duolingo（语言学习平台）对培训业的影响。"①

弗雷德·威尔森提到的第二个大势是产品和服务的定制化。在工业大生产时代，将产品和服务打包销售给用户是最有效率的方法。然而，现在通过产品目录获得定制化产品和服务是人们的期待，例如，服装类APP，因为服装的颜色、款式、尺寸等都需要比较灵活，需要在每个选项上为用户提供多个选择。再比如，用户可以利用21cake推出的APP随时随地订购蛋糕，并根据个人需要指定送达地点，客户可以选择蛋糕的不同口味、不同形状，并且可以在蛋糕上写上专属的字符。弗雷德·威尔森称："新闻业，包括借贷和

① 朱瑞丰．从0到1开公司［M］．北京：人民邮电出版社，2020.

资产管理在内的银行业，受到在线课堂冲击的教育业、科研行业、娱乐业等都经历着这一趋势。”①

弗雷德·威尔森提到的第三个大势是每个人的节点化。智能手机的普及将所有人都变成了网络中的一个节点。作为网络中的一个节点，每个人都可以在任何时候非常轻易地联系到另一个人，这是当前最明显的一个大势。弗雷德·威尔森表示：“打车应用Uber就是在这种大势中发展壮大起来的。另外，移动支付和约会应用（如Tinder）也都将受益于这个趋势。”②

弗雷德·威尔森自2014年以来根据以上三个大势选择投资项目，并且每年的投资项目只有一两个。弗雷德·威尔森所在的Union Square Ventures公司每年投资的项目也不多，大约为10个。作为具有未来感的投资者，他们从来不会在乎创新创业企业现在是否盈利，并且通常非常愿意帮助企业实现巨大的成长。

第五节　股权融资协议的内容

与债权融资协议相比，股权融资协议的相关条款内容更多、设计更为复杂、法律争议更多、法律风险也更高。本节具体介绍股权融资协议的交易结构条款、先决条件条款、承诺与保证条款、公司治理条款、反稀释条款、估值调整条款（即对赌条款）、出售权条款（包括随售权条款和拖售权条款）、清算优先权条款以及其他条款等重要条款的内容。

一、交易结构条款

所有的股权融资协议都会对股权融资的交易结构进行明确约定。

所谓交易结构，即投融资双方约定以何种方式达成股权交易，其具体内容主要包括股权融资的投资方式、投资价格、交割安排等。其中，股权融资

① ②朱瑞丰.从0到1开公司［M］.北京：人民邮电出版社，2020.

的投资方式主要是约定通过新增注册资本、受让原股东的股权，还是以这两种方式的结合来进行股权融资。

在确定股权融资的投资方式之后，交易结构条款还会约定认购或受让的股权价格、数量、占比，以及投资价款的支付方式，办理股权登记或交割的程序（如工商登记）、期限、责任等内容。

二、先决条件条款

在签署股权融资协议时，如果双方约定分期拨付款项，那就需要对后续拨款提出先决条件条款。

先决条件条款，主要约定被投资企业及其股东在拨款之前必须落实的重要事项，或者必须排除的某些可变因素。为了保护投资方的利益，股权融资协议会明确被投资企业在得到投资者拨款之前落实相关重要事项的责任，或对可变因素进行排除或进行一定控制的责任。

由于每一家创新创业企业情况各异，其在分期拨款方式下的先决条件条款无法列举。唯一可以确定的是，只有实现或者超过先决条件条款的约定内容，创新创业企业才能获得投资者的本期或者下一期投资拨款。

三、承诺与保证条款

对于尽职调查中难以取得客观证据的事项，或者在投资协议签署之日至投资完成之日（过渡期）期间可能发生的妨碍交易或有损投资方利益的情形，一般会在股权融资协议中约定由标的公司（这里指创新创业公司）及其原股东做出一些承诺与保证。常见的条款内容包括但不限于以下内容。

第一，标的公司及原股东为依法成立和有效存续的公司法人或拥有合法身份的自然人，具有完全的民事权利能力和行为能力，具备开展其业务所需的所有必要批准、执照和许可。

第二，各方签署、履行投资协议，不会违反任何法律法规和行业准则，不会违反公司章程，亦不会违反标的公司已签署的任何法律文件的约束。

第三，过渡期内，原股东不得转让其所持有的标的公司股权或在其上设置质押等权利负担。

第四，过渡期内，标的公司不得进行利润分配或利用资本公积金转增股本；标的公司的任何资产均未设立抵押、质押、留置、司法冻结或其他权利负担；标的公司未以任何方式直接或者间接地处置其主要资产，也没有发生正常经营以外的重大债务；标的公司的经营或财务状况等方面未发生重大不利变化。

第五，标的公司及原股东已向投资方充分、详尽、及时地披露或提供与本次交易有关的必要信息和资料，所提供的资料均是真实、有效的，没有重大遗漏、误导和虚构；由原股东承担投资交割前未披露的或有税收、负债或者其他债务。

第六，协议中所做的声明、保证及承诺，能够确保在投资协议签订之日及以后均真实、准确、完整。

四、公司治理条款

投资方可以与创新创业企业的原股东就公司治理的原则和措施进行约定，以规范或约束企业及其原股东的行为。

常见的有关公司治理的约定包括但不限于：董事、监事、高级经理人员的提名权，股东（大）会、董事会的权限和议事规则，分配红利的方式，保护投资方的知情权，禁止同业竞争，限制关联交易，关键人士的竞业限制等。常见的具体条款内容如下。

1. 一票否决权条款

该条款的目的主要是保证投资资金的合理使用和投资后企业的规范运行。通常会约定投资方所指派的一名或多名公司董事或监事（有些情况下还会指派财务总监）对大额资金的使用和分配，公司股权或组织架构的变动等重大事项拥有一票否决权。

2. 优先分红权条款

通常是约定股东之间不按持股比例来分配红利。在签署优先分红权条款时，创业者需要了解与此相关的重要法律法规。

《公司法》第 34 条[①]规定："股东按照实缴的出资比例分红……但是，全体股东约定不按照出资比例分取红利或者不按照出资比例优先认缴出资的除外。"

《公司法》第 166 条[②]规定："公司弥补亏损和提取公积金后所余税后利润……股份有限公司（可以）按照股东持有的股份比例分配，但股份有限公司章程规定不按持股比例分配的除外。"

3. 信息披露条款

信息披露条款一般会要求被投资的创新创业企业定期向投资方提供财务报表或审计报告，并且要求在发生重大事项时必须及时通知投资方等。

五、反稀释条款

为防止创新创业公司的后续融资稀释早期投资方的持股比例或负面影响其股权价格，大部分股权融资协议都会明确约定反稀释条款。反稀释条款包括了反稀释持股比例的优先认购权条款，以及反稀释股权价格的最低价条款等。

1. 优先认购权条款

一般会约定在股权融资协议签署之后，至被投资创新创业企业上市或挂牌之前，如果创新创业企业以增加注册资本金的方式引进新投资者，则应在召开相关股东（大）会会议之前通知本轮投资方，并且需要具体说明新增发行股票的数量、价格以及拟认购方等内容。投资方有权但无义务，按其在被投资企业中的持股比例以同等条件优先认购相应份额的新增股权。

2. 最低价条款

最低价条款一般会约定在股权融资协议书被签署之后，至标的创新创业公

---

① ②中华人民共和国公司法［M］. 北京：中国法制出版社，2020.

司上市或挂牌之前，企业在以任何方式引进新投资者时，应确保新投资者的投资价格不得低于本轮投资的价格。如果创新创业企业以新的更低价格进行后续融资，则本轮投资方有权要求控股股东无偿向其转让部分股权或补偿现金。

六、估值调整条款

估值调整条款，又被业内人士以及普通创业者称为“对赌条款”，指的是被投资企业向投资方承诺，若未实现约定的经营指标（如净利润、主营业务收入等），或未实现承诺的上市、挂牌或被并购，或出现了承诺的其他会负面影响估值的情形（如丧失业务资质、重大违约等），就对双方约定的估值和投资金额进行调整。

根据最高人民法院的司法判例，投资方与被投资企业股东所签署的对赌条款是签署方处分其各自财产的行为，应当认定为有效。但是，若投资方与被投资企业所签署的对赌条款涉及处分企业资产或财产，并且会因此而损害其他股东、债权人的利益，或导致企业股权不稳定和发售争议，那么可能会被法院认定为无效。所以，无论是现金补偿、股权补偿，还是股权回购，投资方都会要求被投资企业的所有股东一并签署股权融资协议。

根据对投资进行调整的方法不同，常见的估值调整条款有两种。

1. 现金或股权补偿条款

一般情况下会约定：如果被投资企业的实际经营指标低于核心创始人在签订股权融资协议时所承诺的经营指标，则核心创始人及其创业团队的所有股东应向投资方进行现金补偿或股权补偿。其中，股权补偿的约定，很可能导致创新创业企业的股权结构因业绩不及预期而发生对创业者不利的变化，并影响企业经营的发展方向和稳定性。因此，在被投资企业申请IPO的过程中，为了通过上市之前的过会审核，企业需要按证监会的要求提前终止此类股权补偿协议。

2. 回购请求权条款

一般情况下会约定：如果被投资企业在一定期限内的业绩未达到约定要求或不能实现上市、挂牌或被并购等非财务目标，投资方有权要求核心创始人及其团队购买自己所持有的股权，以实现获利退出。通常是约定溢价购买，溢价部分用于弥补资金成本或基础收益。如果投资方与被投资企业签署了该条款，那么一旦触发股权回购义务，就会减少企业的注册资本。由于执行股权回购的操作流程较为复杂，不建议启动期的创新创业企业在股权融资协议中签署该条款。

七、出售权条款

为了在被投资创新创业企业减少或丧失投资价值的情况下实现退出，股权融资协议中还常常约定保证同时出售股权的条款，其内容包括但不限于以下两条。

1. 随售权条款

随售权条款，也称共同出售权条款，一般情况下是约定如果被投资企业的核心创始人拟将其全部或部分股权直接或间接地出让给任何第三方，则投资方有权但无义务，在同等条件下，优先于控股股东或者按其与控股股东之间的持股比例，将其持有的相应数量的股权同时售出给拟购买股权的第三方。

2. 拖售权条款

拖售权条款，也称强制出售权条款，一般情况下是约定如果在某段期限内，被投资创新创业企业的业绩未达到约定要求或不能实现上市、挂牌或被并购等非财务目标，或者触发了约定的其他条件，投资方都有权强制性地要求被投资企业的核心创始人也即其控股股东按照投资方与第三方达成的转让价格和转让条件，与投资方共同向第三方转让股份。该条款有时也被列入对赌条款中。

八、清算优先权条款

如果被投资创新创业企业经营亏损并最终破产清算，而投资方未能及时退出，还可以通过设置清算优先权条款来减少损失。

应该指出的是，中国现行商事法律不允许股东超出其出资比例来分取清算的剩余财产。《公司法》第186条[①]规定："公司财产在分别支付清算费用、职工的工资、社会保险费用和法定补偿金，缴纳所欠税款，清偿公司债务后的剩余财产，有限责任公司按照股东的出资比例分配，股份有限公司按照股东持有的股份比例分配。"虽然有以上规定，投资者为了保护自身的利益，有时还会与核心创始人约定清偿再分配的补偿机制。例如，有些股权融资协议会约定：在发生清算事件时，被投资企业按照相关法律及公司章程依法支付相关费用、清偿债务、按出资比例向股东分配剩余财产后，如果投资方分得的剩余财产低于其在企业的累计实际投资金额，那么核心创始人应当无条件以自己的资金对之进行补足；或者约定在剩余财产分配之后，核心创始人及其团队以自己的资产对投资者的投资溢价进行补足，溢价部分主要是用于弥补投资者的资金成本或基础收益。

九、其他条款

除了上述重要条款之外，还有一些不太重要但也很常见的条款。

1. 正保证条款

该条款会要求被投资企业保持抵押品良好，或者维持资产负债率在一定水平范围内等。这在股权和债务相结合的综合性融资方案中比较常见。

2. 负保证条款

该条款会禁止被投资企业的一些行为，例如禁止出售主要资产、支付股利等。

3. 优先股投票权条款

优先股股东一般情况下没有投票权。但是为了防止被投资企业的行为影响到优先股股东利益，投资者有时会要求涉及优先股利益时拥有表决权。

4. 可转换权条款

有时股权融资协议会赋予优先股的投资者一个选择权，该选择权允许投

① 中华人民共和国公司法［M］. 北京：中国法制出版社，2020.

资者在一定条件下拥有以特定价格将优先股转换为普通股的权利。

5. 优先认购权条款

有时股权融资协议会约定在被投资企业发行新股的时候，特定投资者有权优先认购股份。这一条款的主要目的是防止早期投资者的股权被稀释。

开放思考

1. 请通过检索互联网资料，思考：假如你是“罗辑思维”的申音，为了挽留老罗和避免“罗辑思维”解散，你打算如何调整“罗辑思维”的股权结构?

2. 请通过检索互联网资料，思考：假如你是罗振宇，在和申音签署股权融资协议时，你会特别关注哪些条款？你对这些条款的谈判底线在哪里?

实践作业

1. 基于之前所提出的创新创业设想、所选择的企业组织形式、所测算的启动资金和所编制的预算三表，尝试为创新创业企业的初次股权融资提前做些准备。作为企业创始人，你打算为股权融资活动提前准备哪些资料和数据?

2. 作为创新创业企业的创始人，你打算通过哪些渠道寻找投资者?

第十一章

股权融资的投资条款清单

在股权融资活动中，投融双方在早期阶段会进行大量的商务沟通谈判。为确保谈判工作有效开展，双方会先就股权融资的一些核心内容达成初步的原则性约定，然后签署投资条款清单。投资条款清单的谈判通常需要历时 3~6 个月。它基本涵盖了股权投资协议的主要内容。本章首先介绍投资条款清单的概念与内容的阶段性，然后逐条解读投资条款清单的常见内容，最后介绍投融双方签订投资条款清单的先决条件与一般操作流程。

第一节　投资条款清单的概念与内容的阶段性

投融双方谈判并签署投资条款清单，是股权融资能够最终达成的必要条件。在投资条款清单的谈判阶段，该文件一般会明确提出投资者对于目标企业的估值、投资计划、各方的主要权利义务、投资交易的先决条件等内容。需要注意的是，该文件所约定的条款内容并不是最终生效的股权融资协议，即该文件并不具法律约束力。但是，投融双方在签字同意投资条款清单之后，会尽量从信誉角度出发遵守清单的条款内容。本节首先界定投资条款清单的概念，然后分析投资条款清单内容的阶段性。

一、投资条款清单的概念

在股权融资过程中，投资条款清单的谈判和签署是重中之重。上一章已经介绍过投资条款清单的概念，其英文全称是“term sheet of equity investment”，是投资方与创新创业企业为达成未来的股权投资交易所制定的原则性约定。投资方与被投资企业在未来所签订的正式股权投资协议中，会包含此前所签署的投资条款清单的主要条款。

投资条款清单中除了约定投资者对被投资企业的估值和计划投资金额以外，还会约定被投资企业应负的主要义务、投资者要求得到的主要权利以及投资交易达成的前提条件等内容。

二、投资条款清单内容的阶段性

在创新创业企业成长发展的不同阶段中，它对资金的需求规模、投向用途以及对投资者的筛选标准均不相同。按照创新创业企业的股权融资实践，可以将创新创业企业的成长分为四个典型的发展阶段。在这四个阶段中，创新创业企业与投资者所签署的投资条款清单，在内容侧重点上会表现出阶段性的特征。

（一）创新创业企业成长的四个发展阶段

按照企业生命周期理论，创新创业企业的成长一般会经历四个发展阶段：孕育期、创建期、发展期和成熟期。当然，如果创新创业失败的话，那么企业会直接进入衰退期。

1. 孕育期

从创业者产生一种新设想、新思路，然后经过前期研究开发，企业筹建，直到完成创新创业企业的登记注册并正式取得营业执照之前的这段时间，是创新创业企业的孕育期。孕育期，是启动期的早期阶段。

这一时期，为了进行技术开发，需要数量不多而又必不可少的资金。没有这笔资金，整个企业就无法启动和诞生。因此，孕育期投入的少量权益资金又称为创新创业企业的“启动资金”。投入启动资金需要承担极高的技术风险。

2. 创建期

从企业取得营业执照，购置建设厂房或租赁装修办公场所，直到研制并生产出自己独特产品的一段时间，是创新创业企业的创建期。

在这一时期，创新创业企业已经完成注册登记，并且筹备将其研发成果用于制造出设想好的产品或提供新型的服务。虽然此时创新创业企业的产品或服务可能还没有开始正式销售，依旧前途未卜，但是该企业已经能够从其技术成果或商业计划中对企业未来的发展前景做出较为准确的预期。在这一发展阶段里，创新创业企业需要将孕育期的技术成果进行产业化转化，即需要开发并生产出可对外销售的产品或服务。此时，企业需要投入较多的资金用于厂房或场地的建设、设备或设施的购置与安装、原材料的采购等。此时投入的权益资金是“建设资金”，创新创业企业不仅要承担生产制造环节的技术风险，还要承担产品或服务卖不出去的市场风险。不过，此时投资者所承担的技术风险已经大幅降低而远低于孕育期的风险了。

3. 发展期

从新产品在市场上试销、进行批量生产，到建立规范化的生产管理，再到产品能够占有一定的市场份额，具有一定的销售规模和可观的利润，且创新创业企业的财务指标稳定提升，这是创新创业企业的发展期。

在这一时期，创新创业企业的商品或服务已经进入市场，可以取得销售收入和利润，但仍然缺乏“商标形象”、“品牌溢价”、完善的质量控制、高效的内部流程、有力的销售网络、规范的公司治理等。因此，创新创业企业在此阶段需要耗用较长时间和大量资金去建立和健全上述具有竞争特性的内部职能和管理系统。在创新创业企业需要长期确保大量资源投入的驱使下，它将经历从小微企业到大中型企业的转变。

投资者在创新创业企业发展期所提供的权益资金，也被称为“成长资金”。作为从小企业转变为大中型企业的过渡阶段，创新创业企业需要的不仅是权益资金，还有来自外界的管理经验和人脉支持。因此，在这一发展阶段，创新创业企业多选择有相关行业投资背景和丰富管理经验的风险投资者洽谈融资事宜。投资者在这一阶段所承担的风险相对于前两个阶段而言，是较小的。

同时，创新创业企业在这一阶段所需的全部资金并不完全依赖于权益资金。除股权融资以外，它也有能力从银行以及其他金融机构申请贷款。但总体而言，股权投资在这一阶段的总融资中占比更高。

4. 成熟期

创新创业企业成长的最后一个发展阶段是成熟期。此时，企业产品的销售和利润都已经达到较大规模，组织内部的现代管理体系也已经基本建立。由于经营规模已经接近传统产业的常规企业，创新创业企业处于向常规企业过渡的进程中。在这一发展阶段，创新创业企业仍需要继续扩大融资，以进一步占领市场、扩大规模并（或）向多元化方向发展。这是权益资金进入创新创业企业的最后阶段，也是创新创业企业即将转变为常规企业的黎明之前。当创新创业企业进入成熟期并向市场公开发行股票时，或被其他集团企业并购时，前期进入的股权资本将适时抛售股权并获利退出。

（二）不同发展阶段对应的股权投资类型

根据股权资金进入创新创业企业的具体时间和股权资金投资者的不同，如图 11-1 所示，进入创新创业企业的股权投资可分为四类。

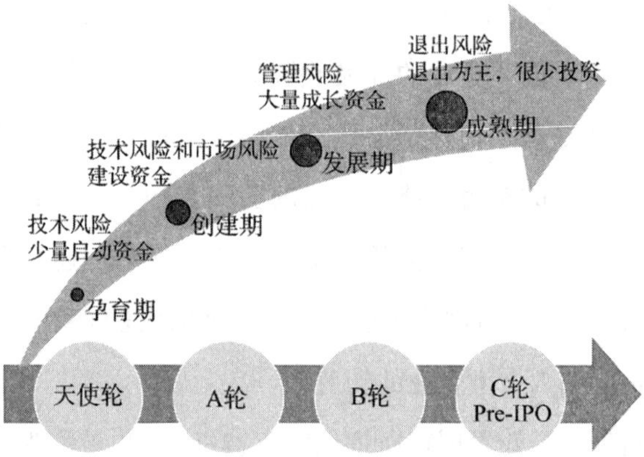

图 11-1　创新创业企业成长发展不同阶段对应的股权投资类型

对处于孕育期的创新创业企业进行股权投资，称为天使投资；对处于创建期的创新创业企业进行股权投资，称为 A 轮投资；对处于发展期的创新创业企业进行股权投资，称为 B 轮投资；对处于成熟期的创新创业企业进行股权投资，称为C轮投资。其中，临近上市的C轮投资，又被称为Pre-IPO投资。

一般来说，天使轮投入的股权资金主要来自天使投资者。在天使轮，投资条款清单的内容通常无对赌条款、无出售权条款、无保证性条款、无反稀释条款等内容，而只简单约定交易结构和退出条件等。在A轮和B轮投入的股权资金主要来自风险投资机构，而风险投资机构所拟定的投资条款清单通常包括较多的保证性条款、公司治理条款、反稀释条款、财务业绩对赌条款、出售权条款等内容。C轮包括Pre-IPO轮投入的股权资金则主要来自私募股权基金，其投资条款清单通常包括了更详细的上市时间对赌条款、随售权条款和保证性条款等内容。以上各类股权资金的投资者与对创新创业企业股权投资的对应阶段未必完全是刻板的对应关系。例如，有时少量在B轮投入的股权资金也可能来自私募股权基金，有时风险投资机构也可能会选择做创新创业企业的天使投资者。

第二节　投资条款清单常见内容的解读

在A轮之后的历次股权融资实践中，创新创业企业每次都会收到意向投资者所提供的投资条款清单。或者反过来可以说，投资者对于每家有融资意向的创新创业企业都会提供一份投资条款清单。因为投资条款清单里充满了陌生的名词，很多创业者哪怕多次收到过投资条款清单，仍然对其条款内容感到极为困惑。本节针对投资条款清单，详细解读其中对于创业者权益影响较大的核心条款。

一、投资条款清单的常见内容

一般来说，投资者在提供投资条款清单之前，就已经与创新创业企业进行了一些磋商，并已经对企业的估值作价和投资方式有了基本判断。在投资者向创新创业企业递交投资条款清单之后，双方其实是在前期沟通的基础上再做股权融资交易的细化谈判。经过投融双方谈判、协商并修订之后的投资条款清单，其实是股权投资者与创新创业企业就未来股权投资合作所形成的框架性的和原则性的约定。投融双方一旦同意并签署了投资条款清单，那就意味着他们已就股权融资协议的最主要细节达成了一致意见。未来，投资者与被投资创新创业企业所签订的正式股权融资协议中将会包含投资条款清单的主要条款。

除了约定投资者对创新创业企业的投前估值、投资金额和投资方式以外，投资条款清单通常还会约定创新创业企业应负的主要义务、投资者要求得到的主要权利以及交易达成的前提条件等内容。然而一份典型的投资条款清单，即使是在同一家创新创业企业的不同发展阶段也会有不同的具体约定。这里只能抽象而不具体地简单罗列一下各类条款。

1. 投资金额、股份作价和股权形式。

2. 股权投资的先决条件，如解决大股东占款问题、关联交易等。

3. 尽职调查和财务审计的相关安排。

4. 优先股的权责利，例如分红比例、分红条件、转换为普通股的办法和转换比率等。

5. 与财务或非财务目标挂钩的奖励或惩罚条款，即通常说的财务业绩对赌条款。

6. 达到一定业绩目标后，如营收达到5亿元后，投资者继续增持的购股权。

7. 优先认股权或优先出让权。

8. 清算以及优先清算的办法。

9. 期权计划。

10. 董事会席位和投票权。

11. 保护性条款或一票否决权。

12. 反稀释条款和棘轮条款。

13. 回购保证及作价。

14. 知情权，主要是约定经营报告和预算报告的提交时间和审计机构。

15. 股票上市后，以上条款的适用性。

16. 律师和审计费用的分担办法。

17. 保密的责任。

18. 适用的法律。

二、投资条款清单的解读

由于每位投资者的要求不同，每个被投资对象的具体发展阶段和行业情况也不同，投资条款清单的具体内容千差万别。尽管投资条款清单上的有些条款的确是为了规范创新创业企业公司的治理和正常运行，但是在创业者眼中，这些条款却像是长工与老地主签订的卖身契。不少创业者对正确理解投资者发来的投资条款清单感到吃力。因为，其中不仅充满了陌生的名词，还有一些对创业者行为进行限定的条款。为了维护自己的权益，创业者及其创业团队需要了解投资条款清单的法律效力，尽可能正确地解读其中的条款内容，并且积累相关的谈判经验。

（一）法律效力

从理论上来讲，投资条款清单并没有正式的法律约束力。投融双方就投资条款清单的主要条款达成一致意见，并不意味着双方最后一定能够达成股权融资，即未必可以签订正式的股权融资协议。但是，只有双方就投资条款清单达成一致意见，股权融资交易才能继续谈判并最终签署正式的股权融资协议。

在签署投资条款清单之前，融资者应当先学习本部分内容以能够正确地解读投资条款清单的内容并与投资者进行恰当的协商。一般情况下，投融双方从信誉角度考虑，都会遵守投资条款清单已达成一致的约定。因此，创业者千万不要指望在签署投资条款清单之后可以重新议定并修改其中的有些条款。[①] 事实上，正式签订的股权融资协议通常是对投资条款清单的内容再做进一步的细化约定，而决不是对其做重新修订。

（二）内容解读

建议创业者在签署投资条款清单之前，最好能够聘请融资顾问或律师帮忙把投资条款清单的内容看一遍，千万不要因迫于压力或为了表示合作态度

① 张森 . 股权融资：理论 · 案例 · 方法一本通［M］. 北京：电子工业出版社，2017.

而急急忙忙地签署投资条款清单。投资条款清单中比较常见且重要的核心条款内容，包括对赌条款、回购权条款、选择权条款以及一些重要的保护性条款。除了依赖律师的协助以外，创业者自己也要了解以下条款的内容并有能力对其进行正确的解读。

1. 对赌条款的解读

对赌条款，也称估值调整协议，是投融双方针对未来不确定情况所设计的一种期权形式的约定。如果约定的条件出现，投资方可以行使一种估值调整的权利；如果约定的条件不出现，融资方则行使另一种权利。投资者通常会与创业者就创新创业企业的财务业绩、非财务业绩和上市时间等进行对赌。

（1）业绩对赌条款。业绩对赌条款，即与未来业绩目标挂钩的奖励或惩罚条款，分为财务业绩对赌条款和非财务业绩对赌条款两类。

第一，财务业绩对赌条款，是指有关被投资企业在约定期间能否实现所承诺财务业绩的条款。常见的财务业绩目标有销售收入目标、净利润目标等。财务业绩对赌的赔偿方式通常有两种：一种是赔股份，一种是赔钱。其中，后者较为普遍。通常创新创业企业如果完成了净收入或利润或其他财务指标，则投资方进行第二轮注资；如收入未达到财务业绩目标，则管理层需要按对赌条款的规定转让相应数额的股权或现金给投资方，或者投资方有权增加相应的董事会席位等。

以净利润这一最为常见的财务业绩对赌指标为例，其财务业绩的现金赔偿计算公式可以是：

$$\begin{aligned}&T_1\text{年度补偿投资款的金额}\\&=\text{投资方投资总额}\times\left(1-\frac{T_1\text{实际}}{T_1\text{承诺}}\right)\end{aligned}\qquad\text{（公式 11-1）}$$

$$\begin{aligned}&T_2\text{年度补偿投资款的金额}\\&=\text{（投资方投资总额}-\text{投资方 }T_1\text{ 年度已实际获得的补偿款金额）}\\&\times\left[1-\frac{T_2\text{实际}}{T_1\text{实际}\times(1+T_2\text{承诺})}\right]\end{aligned}\qquad\text{（公式 11-2）}$$

T_3 年度补偿投资款的金额

$$=（投资方投资总额-投资方T_1年度和T_2年度已实际获得的补偿款金额合计数）\times\left[1-\frac{T_3实际}{T_2实际\times(1+T_3承诺)}\right] \quad（公式 11-3）$$

从风险投资和私募投资的视角来看，创新创业企业经营的不确定性较高而且会受很多客观情况的影响，财务业绩对赌算是保护投资的一种保底条款。但是，在创业者眼中，财务业绩对赌条款并不合理。创业者往往认为，既然投资者想成为企业股东，那么所有股东就应该同权同责，投资者这个后来加入的股东也应当正常承担企业经营的风险，而不应当特别设置业绩对赌条款来保护自己。对赌条款使投资者可以享有分红权，却又单独设置业绩补偿来规避企业经营的正常风险，这的确对其他股东来说并不公平。因此，一旦创新创业企业因经营不及预期，而触发了财务业绩对赌条款，财务业绩对赌的业绩设置和赔偿计算方式就比较容易引起争议和纠纷。

创业者在投资条款清单的谈判阶段，与投资者协商财务业绩对赌的具体条件时，一定要注意投资者所设置的目标业绩或目标业绩的增长幅度是否合理。不少对赌产生法律纠纷，起因就是创业者在投资条款清单谈判阶段对未来增长存在误判而做出了过高的业绩承诺。

第二，非财务业绩对赌条款，是指有关被投资企业在约定期间能否实现技术专利、客户数量、市场占有率、产量、KPI 等非财务业绩指标的条款。非财务业绩指标通常是财务业绩的领先指标。互联网和移动电商领域的创新创业企业多选择非财务指标来作为对赌的标的。在非财务业绩对赌条款中，补偿款金额的计算方式与财务业绩对赌很类似，这里不再重复，由读者自行学习相关内容。

对于互联网和移动电商领域的创新创业企业，越早期的项目越可能长期亏损，并且启动期的用户越多，意味着需要承担的亏损越大，越难以使用经典的净利润等财务业绩指标来进行对赌条款的设计。因此，这一类企业常使用非财务业绩指标，例如活跃用户数、平均单用户收入等来进行对赌设计。然而非财务业绩，存在指标缺乏外部验证和规范标准、指标数据完全由公司内部系统记录和储存等问题。因此，对于非财务业绩对赌的指标而言，其目标一般不会设定得太细和太过准确，会留有一定的弹性空间。否则，创新创业企业可能为达成非财务业绩而做出一些短视的行为。为使非财务业绩对赌更加均衡可控，投资者可能会规定如果创新创业企业的市场份额或用户数增长达到了约定目标，则管理层可获得期权的认购权；或者可能会规定如果企业完成了新的战略合作目标或取得了新的专利权，则投资方将进行第二轮注资。

非互联网和移动电商领域的创新创业企业，在投资条款清单中，也很可能会碰到非财务业绩对赌条款。例如，创业者可能会看到企业行为方面的对赌指标、管理层行为方面的对赌指标等。在企业行为方面，有时会规定若创新创业企业无法在一定时期内聘请新的 CEO 或 CFO，则投资方将在董事会获得更多的席位；或者规定若销售部门或市场部门采用了新技术，则投资方将转让规定数额的股权给管理层。在管理行为方面，一般会约定若核心创始人离职，则失去未到行权期的股份。投资者认可的核心创使人或管理层在职或不在职，可能会对创新创业企业的发展产生很大的影响。因此，针对核心创始人或管理者是否在职的非财务业绩对赌条款，就突出体现了股权投资的一个重要理念，即“投资就是投人”。

蒙牛乳业和永乐家电的财务对赌条款，一直被业内视为经典案例。摩根士丹利投资了处于创建期的蒙牛乳业和处于成熟期的永乐家电，并且都设置了对赌条款。这两家案例企业，一家达到了财务业绩对赌的目标，一家则没有达到财务业绩对赌的目标。请阅读案例 11-1 和案例 11-2，并利用互联网搜索更多的补充资料，然后思考案例企业和投资者所协商的财务业绩对赌目标是否合理。

案例 11-1

蒙牛乳业的财务业绩对赌

1999年1月，牛根生创立了“蒙牛乳业有限公司”，公司注册资本100万元。后更名为“内蒙古蒙牛乳业股份有限公司”（以下简称“蒙牛乳业”）。

2001 年年底，摩根士丹利等机构与其接触的时候，蒙牛乳业成立尚不足3年。在双方达成融资意向后，2002 年 6 月，摩根士丹利在开曼群岛注册了开曼公司。同年 9 月，蒙牛乳业的发起人在英属维尔京群岛注册设立了金牛公司；而蒙牛乳业的投资者、业务联系人和雇员则注册成立了银牛公司。金牛和银牛各以 1 美元的价格收购了开曼群岛公司 50% 的股权，然后设立了开曼公司的全资子公司——毛里求斯公司。同年 10 月，摩根士丹利等三家国际投资机构以认股方式向开曼公司注入约 2 597 万美元（折合人民币约 2.1 亿元），取得了该公司 90.6% 的股权和 49% 的投票权，其投资资金经毛里求斯公司最终换取了大陆蒙牛乳业 66.7% 的股权，蒙牛乳业也变更为合资企业。

2003 年，摩根士丹利等投资机构，与蒙牛乳业签署了类似于国内证券市场可转债的“可换股文据”，约定未来换股价格仅为 0.74 港元 / 股，通过“可换股文据”向蒙牛乳业再次注资 3 523 万美元，折合人民币 2.9 亿元。“可换股文据”实际上是股票的看涨期权。不过，这种期权价值的高低最终取决于蒙牛乳业未来的业绩。如果蒙牛乳业未来业绩好，“可换股文据”的期权价值就可以兑现；反之，“可换股文据”则成为废纸一张。

为使预期增值的目标能够兑现，摩根士丹利等投资者与蒙牛签署了基于业绩增长的财务对赌协议。双方约定从 2003 年到 2006 年，蒙牛乳业销售收入的复合年增长率不低于 50%。若达不到，公司管理层将输给摩根士丹利约 6 000 万 ~7 000 万股的上市公司股份；如果销售业绩的增长达到目标，则摩根士丹利等机构就要拿出自己的相应股份奖励给蒙牛管理层。

2004 年 6 月，蒙牛乳业的业绩增长达到了预期目标。摩根士丹利所设置“可换股文据”的期权价值得以兑现，换股时蒙牛乳业股票价格在6港元以上；

同时，蒙牛管理层的对赌奖励也得以兑现。摩根士丹利等机构投资者与蒙牛乳业的财务业绩对赌条款让各方都成为赢家。

案例 11-2

永乐家电的财务业绩对赌

上海永乐家用电器有限公司（以下简称“永乐家电”）成立于1996年。从财务业绩上看，永乐家电成立第一年的销售额只有100万元，到2004年其销售额已经近百亿元；在市场适应性上，永乐家电经历了家电零售业巨大变革的洗礼，是一家已经成立9年，进入成熟期的企业。

2005年1月，摩根士丹利和鼎晖斥资5 000万美元收购当时永乐家电20%的股权，收购价格相当于每股约0.92港元。根据媒体报道，摩根士丹利在入股永乐家电时，与企业签订了看涨期权，即摩根士丹利可以在约定的某个时期内，获得以每股约1.38港元的价格行使约为1 765万美元的认股权。这个认股权，实际上是一个看涨期权。

为使看涨期权的价值得以兑现，摩根士丹利等机构投资者与永乐电器的管理层签署了一份对赌协议。招股说明书显示，如果永乐家电2007年（可延至2008年或2009年）的净利润高于7.5亿元，外资股东将向永乐管理层转让4 697.38万股永乐股份；如果净利润相等或低于6.75亿元，永乐管理层将向外资股东转让4 697.38万股；如果净利润不高于6亿元，永乐管理层要向外资股东转让9 394.76万股，这占到了永乐上市后已发行股本总数的4.1%。

最终，永乐家电没有达到财务对赌的要求，需要转让9 394.76万股的股份给投资方作为补偿。

（2）上市时间对赌条款。上市时间对赌条款，是指投融双方约定被投资企业必须在一定时间内上市或提交上市申请。一般约定期限是 2~4 年。若被投资的创新创业企业在超过对赌期限之前，还尚未上市或尚未提交上市材料，则需要对投资者进行现金补偿或股权回购。

通过企业在上市之初提交的招股说明书，可以查阅到它与股权投资者所签订的上市时间对赌条款。由于证监会要求企业在 IPO 之前的股改阶段就对特殊权益安排进行终止处置，因此企业必须在提交 IPO 材料前与投资者协商终止上市时间对赌条款。例如，三只松鼠的招股说明书显示，其在引进外部股权投资者的时候，签署了上市时间对赌条款以及随售权条款、回购权条款、连带并购权条款、优先清算权条款、反稀释权条款等特殊权利安排条款。2015 年 12 月 17 日，三只松鼠公告宣布前述特殊权利安排条款随三只松鼠的股改而终止。

事实上，上市时间对赌条款并不是简单地被终止。投资者会私下跟创新创业企业补充签订一份“有条件恢复”的协议。由于协议中有一系列围绕上市时间的附加条件，如果创新创业企业的 IPO 申请未获批准，则被终止的特殊权利安排将重新恢复执行。“有条件恢复”的协议，一般会约定如若在规定时间内未成功上市，被投资企业要回购投资者的股份或者赔一笔现金。

以下是三只松鼠的上市时间对赌案例。

三只松鼠设置了较多的对赌条款，其中就有上市时间对赌条款。因为这一条款，三只松鼠不得不匆忙申请上市。这也使其因不具备相关条件，而导致上市失败。三只松鼠所设置的上市时间对赌条款及其所经历的上市失败，是很有借鉴意义的。请阅读案例 11-3，并利用互联网搜索更多的补充资料，然后思考案例企业和投资者所协商的上市时间对赌条款是否合理。

案例 11-3

三只松鼠的上市时间对赌

作为大众喜闻乐见的互联网零食品牌，三只松鼠匆忙冲刺IPO的消息引起了广泛的社会关注。事实上，三只松鼠“急迫”上市是与其同NICE GROWTH LIMITED、Gao Zheng Capital Limited和LT GROWTH INVESTMENT IX（HK）LIMITED签署的对赌条款有关，而这些对赌条款恰恰有关于对上市时间的约定。

NICE GROWTH LIMITED和Gao Zheng Capital Limited的最终实际控制人为IDG资本，三只松鼠在成立之初，就曾获得了IDG资本150万美元的天使投资。而LT GROWTH INVESTMENT IX（HK）LIMITED为今日资本100%控股的孙公司。从股权构成看，今日资本携手IDG资本参与了三只松鼠的B轮投资，共计投入617万美元。2014年3月，IDG资本、今日资本通过旗下机构继续为三只松鼠追加了1.2亿元的C轮投资。2015年9月，三只松鼠进行了C+轮融资，峰瑞资本携3亿元参与，而峰瑞资本的创始人李丰是前IDG资本的合伙人。

三只松鼠公开的招股说明书显示，公司在引进股权投资时，签署的相关投资协议中存在随售权、回购权、连带并购权、优先清算权、反稀释权、重大事项一票否决权等有投资者特殊权利安排的条款。虽然前述特殊权利安排于2015年12月17日随三只松鼠的股改而中止，但是特殊权利安排的终止协议中设置了一系列围绕上市时间的附加条件。

三只松鼠与NICE GROWTH LIMITED、Gao Zheng Capital Limited约定的终止特殊权利安排条款为：在投资文件终止后，若公司（三只松鼠）在本协议签署后24个月内仍未向证监会提交上市申请材料，则投资者自动恢复其在投资文件项下的各项优先权利。各方进一步认可，在按照前述期限提交上市申请材料后，若发行人的上市申请获得审核通过，则投资者权利永远终止。若发行人的上市申请未获审核通过，除非各方经协商确定继续再次提交上市申请材料，否则投资者将自动恢复其在原股权融资协议文件项下的所有优先权利。

三只松鼠与LT GROWTH INVESTMENT IX（HK）LIMITED约定的终止特殊权

利安排的条款为：如果公司在签署终止协议后24个月内没有实现合格上市，则特殊权利自动恢复效力。在前述24个月届满时，如果发行人的合格上市申请仍然处于相关监管机构的审核过程中，且申报材料未失效，则投资者同意延长自动恢复特殊权利效力的期限。也就是说，三只松鼠应至少于2017年12月17日之前向证监会提交上市申请材料，并且还要保证申报材料不能失效，否则投资方就可以恢复其特殊权利。

招股书还显示三只松鼠2014年和2015年的毛利率分别是24.15%、26.90%，而其同行业类似上市公司的平均毛利率为43.06%和43.69%。毛利率偏低与三只松鼠还处于快速扩张期和面临高昂的平台抽成费用有关。天猫商城、京东商城、天猫超市、京东自营、1号店为三只松鼠的前五大销售平台。2014年至2016年，三只松鼠通过这前五大销售平台实现的收入分别占其总营收的96.53%、94.34%和88.21%。三只松鼠对线上销售平台依赖过度，且在快速发展期还需通过低价策略来扩大市场份额，因此毛利率远低于可比的其他上市公司。

除此以外，截至招股说明书签署之日，三只松鼠还有15起尚未了结的司法诉讼。其中14起三只松鼠为被告，1起为原告。三只松鼠被14名消费者起诉的原因集中在产品不符合食品安全国家标准、违反广告法等，索赔金额共约216万元。在已经结案的5起类似案件中，三只松鼠全部胜诉。因此这14起尚未了结的案件，正在按照司法流程积极处理，预计不会对企业业绩造成较大的影响。

招股说明书还显示，三只松鼠对产品研发的投入远低于其同行业的类似上市公司。公司自2014年至2016年的研发投入，分别为184.53万元、682.22万元和1 184.34万元，在其当期营收中的占比分别为0.20%、0.33%和0.27%。而同期，其推广费分别为4 178.82万元、8 154.29万元和1.24亿元，在其当期营收中的占比分别为4.53%、3.99%和2.81%；支付给平台的佣金费用分别为3 446.84万元、7 979.16万元和1.36亿元，快递及物流的费用分别为8 507.73万元、1.72亿元和2.98亿元。从公开的成本费用数据来看，三只松鼠的各项费用均超过其产品研发支出。在同行业的类似上市公司中，以恰恰食品在2016年的产品研发投入为例，其产品研发投入在当期营收中的占比为0.41%，好想你的产品研发投入在当期营收中的占比为1.03%，盐津铺子的产品研发投入在当期营收中的占比为3.23%。

毛利率低于同行业水平、诉讼案件缠身、产品研发投入不足，导致三只松鼠的IPO申请存在较大瑕疵，从而三只松鼠上市审核失败。于是，其在2015年12月17日股改时，与投资者签署上市时间对赌条款和终止投资者特殊利益安排的“有条件恢复”协议条款生效。

经过一系列复杂的资本运作与企业内部经营整顿，三只松鼠最终于2019年7月12日在深交所挂牌上市。

2. 回购权条款的解读

回购权条款一般约定风险投资机构和私募股权投资机构在退出创新创业企业时，须将股权优先出售给企业的核心创始人或创业团队。回购权条款赋予创新创业企业的核心创始人和创业团队一个可选择的权利，即在一定条件下，按事先约定的回购价格、回购条件等回购投资者拟退出的部分股份或全部股份的权利。

回购权条款通常出现在天使投资者的投资条款清单中，是天使投资者为避免投资亏损或保障顺利退出而制定的条款。在我国，有些较早期的风险投资者也有可能会要求被投资企业签订回购权条款，以便在被投资企业发展成为有稳定现金流、但规模还不足以进行IPO或还未被其他企业并购的时候，就较早退出投资。

一般来说，投资者提供的（股份）回购价格，可依据公式11-4计算。

$$回购价格 = 投资出资额 \times (1+N\times r\%) - 投资者历年所获分红 \quad (公式11-4)$$

其中，N为投资年数，按实际天数/365天计算。r为年化的基础收益率。

3. 选择权条款的解读

选择权条款也是投资条款清单中比较常见的条款，但是其具体内容的表现形式较为多样，包括了可转换权条款、优先认购权条款、优先认沽权条款等。

（1）可转换权条款，是指在股权加债权的综合性融资方案中，赋予投资者在一定条件下以特定价格将债权转换为普通股的选择权。

（2）优先认购权条款，是指在被投资公司发行股票时，为防止投资者的股份被稀释，而赋予特定投资者优先认购股票的权利。

（3）优先认沽权条款，是指在被投资公司原股东或实际控制人意欲转让其股份时，为防止其离开对投资者产生严重不利的影响，赋予投资者优先于大股东出售其股份的权利。

4. 保护性条款的解读

保护性条款的具体约定形式也较为多样和灵活，包括了董事会条款、优先清偿条款、正保证条款、负保证条款、优先股投票权条款等。

（1）董事会条款，是指投资者为改善公司治理、保护资金使用，而要求享有被投资企业（公司制企业）董事会若干席位的条款。根据《公司法》，有限责任公司的董事会应由 3~13 人组成，股份有限公司的董事会应由 5 人以上组成。投资者会视自身投资在创新创业企业总股本中所占的比重，相应要求 1~2 个董事会的席位。核心创始人和创新创业企业一定要重视董事会条款，因为董事席位将会涉及企业重大事项决策的质量与效率。

（2）优先清偿条款，通常会约定创新创业企业在清偿债务之后，须优先对特定的股东，即特定的股权投资者进行清偿，然后才能对其他股东进行清偿。

（3）正保证条款，通常约定被投资创新创业企业必须保证达成的事项，例如可以约定创新创业企业须在运营中始终保持其资产负债率在一定水平之下。

（4）负保证条款，通常约定被投资创新创业企业必须被禁止的一些行为，例如可以约定禁止企业未经投资者同意即出售主要资产、支付股利、对外担保等。

（5）优先股投票权条款，通常约定取得优先股的投资者可以取得被投资创新创业企业在特定决策或重大决策方面的投票权。一般来说，优先股无投票权，但在涉及优先股股东重大利益的事项时可以特别约定提供优先股的投票权。

上述关于这些投资条款清单内容的解读，目的是帮助创业者以及潜在的创业者，了解投资者在股权融资谈判的投资条款清单协商中，通常可能会要求被投资企业做出哪些关键承诺，即会寻求哪些特殊权利，从而帮助创业者最终达成股权融资协议。

第三节　投资条款清单的先决条件与签订流程

对于创新创业企业而言，投资者对其进行投资的关键原因在于看中了企业的核心竞争力和创始团队。为保证创始股东能够将全部精力用于推进企业发展，投资者可能会在投资条款清单中要求创始股东做出一些关键性的承诺，并将之作为投资的先决条件。本节首先介绍投资条款清单的先决条件，然后剖析包含投资条款清单谈判过程在内的股权融资谈判的详细流程和基本步骤。

一、投资条款清单的先决条件

常见的先决条件有股权限制条件、全职工作条件与竞业限制条件和知识产权锁定条件。

1. 股权限制条件

股权限制条件通常要求创新创业企业的创始人承诺其所持有的股权，在一定时期内不能对外转让或不能设置任何权利负担；或者会为创始人的股权转让设置成熟期，即在一定时间段内允许其分批次地进行自由处分。一般情况下，会规定如果创始股东在限定时间届满前离职，则尚未成熟的股权将由创新创业企业或投资者以低价或无偿收回。

2. 全职工作条件与竞业限制条件

这两个条件通常成对地同时出现，故将其放在一起介绍。全职工作条件通常约定创新创业企业的创业团队尤其是核心创始人在企业全职工作，且不得在其他实体中任职或持有权益。竞业限制条件通常约定创新创业企业的创业团队，尤其是核心创始人不得在业务与企业存在竞争关系的实体中担任职务、持有权益或为其输送资源等。

3. 知识产权锁定条件

知识产权锁定条件通常约定创始人及其创业团队将与业务有关的知识产权进行权属转移并全部转移至创新创业企业的名下，且有时还会要求他们承诺，如果未来有新知识产权也要以创新创业企业作为权利人进行申报。

二、股权融资谈判的详细流程和基本步骤

很多创新创业企业在股权融资谈判中失败，不是因为没有竞争力，而是因为创业者不会解读投资条款清单的内容、不了解股权融资是如何运作的。以一般的股权融资实践而言，其谈判活动可以总结为如图 11-2 所示的详细流程。

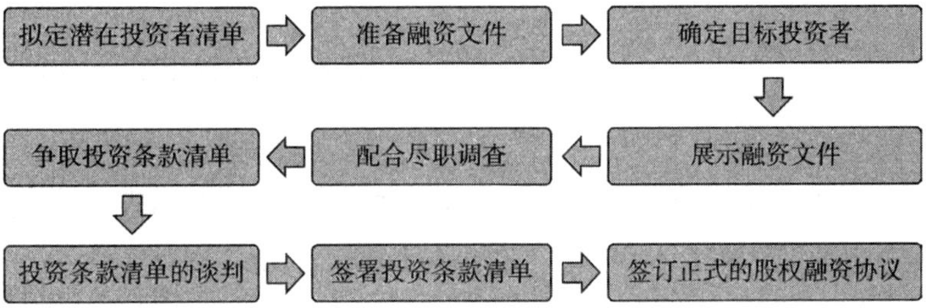

图 11-2　股权融资谈判的详细流程

完整的股权融资谈判，通常耗时 6 个月至 1 年，甚至更长的时间。其基本步骤如下。

1. 拟定潜在投资者清单

在这一阶段，创业者主要通过互联网、财经媒体、咨询公司、投行以及人脉圈子收集有关本行业投资项目的风险投资机构的名单，列出潜在可投资者的清单。

2. 准备融资文件

接下来，为了与潜在的投资者建立沟通联系，创业者需要提前准备好股权融资谈判所需要的各种文件，包括商业计划书及其“执行摘要”（商业计

划书的“执行摘要”俗称为“鱼饵文件”），路演的PPT文件，尽职调查相关的财务报表、业务合同、技术专利以及其他相关的法律文件（如营业执照、公司章程、之前轮次的股权融资协议等）。

3. 确定目标投资者

创业者根据事先筛选出来的潜在投资者名单，尝试与投资者接触并建立联系，对有回应的投资者进行背景调查和资源评价，从中挑选与本企业相匹配且对本企业有较强投资意向的投资者，将其确认为股权融资谈判的目标投资者。

4. 展示融资文件

在确定目标投资者之后，创业者需要与目标投资者进一步约谈，进而展示本企业开展股权融资的各类文件。需要指出的是，创业者在这一阶段的工作重点并不是追求所有融资演示文件在形式上的完美，而应琢磨文件的哪些内容才是投资者感兴趣的内容这一问题。对于投资者而言，决定他们投资决策的核心因素是对企业团队的信任度和对创新创业企业发展方向能取得成功的判断。因此，在融资展示文件中，创业者应该重点展示创新的技术或产品、独特有效的商业模式、美好巨大的行业前景和市场潜力等具有诱惑力的证据，要介绍团队的业内经验以及积极进取和团结向上的品质等。

5. 配合尽职调查

在创业者成功地向投资者展示其融资文件，而投资者对创新创业企业产生了投资意向之后，双方会就股权融资交易的核心条件开展后续会谈，进而委托专业机构对创新创业企业进行技术、财务、法律等方面的全面尽职调查。

6. 争取投资条款清单

在获得尽职调查负责人的认可后，创新创业企业才有机会向风险投资机构或者私募股权投资机构的全体合伙人进行融资路演。风险投资机构或者私募股权投资机构，一般对项目是否值得投资执行内审制度，其机构合伙人会就是否投资该项目实行一票否决。也就是说，创新创业企业要想争取从投资机构获得股权投资，就需要得到机构合伙人的一致同意。在获得投资机构全体合伙人一致同意之后，该投资机构会给创业者出具一份投资条款清单，并以其作为后续谈判的主要依据和内容。至此，创业者离股权融资成功也就不太远了。

7. 投资条款清单的谈判

投资条款清单的谈判阶段，对于创业者而言是比较艰苦且困难的长期煎熬，通常需要耗时好几个月。初次创业的创业者往往还非常缺乏解读投资条款清单内容的能力和开展谈判的经验。为此，建议创业者在开展投资条款清单的谈判之前多收集本领域其他企业所签署的投资条款清单来学习，也可以聘请有经验的律师作为法律顾问来为投资条款清单谈判引入外部经验的帮助。

8. 签署投资条款清单

在投资者与创业者就投资条款清单谈判达成一致意见之后，双方有时还会再次对创新创业企业及其拟融资的项目进行更详细的财务尽职调查，并将补充的尽职调查提交给投资机构的决策委员会进行批准，之后投资者才会与创新创业企业签署最终的投资条款清单。

9. 签订正式的股权融资协议

在签署投资条款清单并且达成投资条款清单的先决条件之后，投融双方才会签订正式的且具有法律约束效力的股权融资协议。至此，股权融资活动将从谈判阶段转入执行阶段。

之后，投资者会根据股权融资协议将资金打款到创新创业企业的对公账户中。创新创业企业在收到投资款后，还需要办理股权变更的工商行政变更登记。

在创业者开展股权融资谈判的过程中，投资条款清单的谈判是核心环节。创业者及其团队一定要重视投资条款清单的谈判，事先学习和了解投资条款清单的内容，这样才能做好融资风险防范，避免谈判许久却无法实现股权融资的情形，或者避免因仓促进行股权融资而失去企业控制权或导致创业失败的情形。

开放思考

1. 为什么在签订正式的股权融资协议之前，需要首先开展投资条款清单的谈判？投资条款清单的常见条款有哪些？其中哪些条款可能会威胁到创业者对创新创业企业的控制权？

2. 请指出投资条款清单中的哪些条款是创业者在股权融资谈判中必须重点关注的，并思考其可能带来哪些潜在的风险。

实践作业

分小组扮演南京 ×× 有限公司的创始人及其创业团队和张家港 ×× 投资企业（有限合伙）的投资者团队。每组3~5人，两组同学组成投融双方并形成一队，队内的两组同学就投资条款清单进行模拟谈判。各小队在分别完成投资条款清单谈判之后，汇总并比较其所签署的投资条款清单，而后就各小队所签署投资条款清单的不同之处开展全班讨论。

第十二章

股权融资的经典案例

创新创业企业如何既实现多轮股权融资，又实际维护核心创始人的控制权？这是一个令众多创业者头疼和困惑的问题。本章首先介绍京东股权融资的经典案例，然后详细介绍 AB 股制度，接着提出维持核心创始人绝对控制权的三大策略，之后分享维护投融资关系的方法和技巧，最后解释为何创新创业企业一旦完成当前的股权融资计划，就要积极准备进行下一轮的股权融资。

第一节　京东股权融资的经典案例

京东，是中国第一家成功赴美上市的大型综合型电商平台。从创立以来到 2014 年赴美上市，京东一共经历了七个轮次的股权融资，股权融资总规模超过 46 亿美元，是同一时期中国电商领域股权融资金额最高的企业。在一轮又一轮的股权融资之后，京东创始人刘强东的股权虽然被不断稀释，他却始终掌握着京东经营决策的控制权。为了维持自己对京东的控制权，刘强东在股权融资实践中先后使用了优先股、排他性投票权委托和双重股权这三个妙招。本节就针对京东的股权融资实践，分别介绍。

一、京东的优先股实践

京东在其早期轮次的股权融资过程中，选择发行的股份是“可转可赎回优先股”。这使其股权融资的性质，介于股权融资和债务融资之间。

2007年至2010年，京东总共发行了三轮“可转可赎回优先股”。其股权融资交易的核心条款是由京东与投资各方灵活商定的，包括了付不付利息、转股条件以及每个时期可以转多少、有没有投票权等内容。其中，京东第一轮融资的投资方为今日资本。2007年3月27日，京东发行1.55亿股“A类可赎可转优先股”，并附带1.31亿份购股权。2007年8月15日，今日资本决定行使1.31亿份购股权。以上两笔融资，合计达到1 000万美元。京东第二轮融资由今日资本、雄牛及梁伯韬联合投资。2009年1月，京东发行了2.35亿“B类可赎可转优先股”，实现融资2 100万美元。京东第三轮融资的投资方为高瓴资本。2010年9月，京东发行了1.78亿“C类可赎可转优先股”，实现融资1.38亿美元。这三轮优先股融资，总共为京东带来1.69亿美元的现金流。

机构投资者接受发行优先股的融资方式是有条件的，首先就是信任刘强东本人。今日资本集团的创始人徐新常说：“把创业者喂饱，他才能舍命奔跑。”2006年10月，徐新与刘强东第一次见面，两个人一见如故，从晚上10点聊到了凌晨两点。徐新认为刘强东就是一匹黑马，所以当刘强东开口要200万美元的投资时，徐新直接给了他1 000万美元。今日资本除了在首轮融资中给了京东1 000万美元以外，还在京东后续轮次的股权融资中又加投了一轮。在京东上市之前，今日资本共持有京东7.8%的股份。按照京东上市时450亿美元的市值计算，其当时的股权价值超过35亿美元。也就是说，今日资本在京东投资7年就实现了超过200倍的投资回报。

机构投资者能够接受京东发行优先股融资的另一个原因是，看重京东过往几年的业绩增长及资金使用效率。京东的销售额从2005年的3 000万元，上涨到2006年的8 000万元，这才使今日资本有信心通过“可转可赎回优先股”为京东提供1 000万美元。2009年，京东的销售额已经达到了40亿元。这与2006年相比，实现了约50倍的增长。暴涨的业绩，是高瓴资本通过“可转可赎回优先股”为京东投资1.38亿美元的前提，也是京东能够成功完成第三轮“可转可赎回优先股”融资的主要原因。2004—2013年，京东的营收数据如表12-1所示。

表 12-1 2004—2013 年京东营收数据

年 份	2004	2005	2006	2007	2008	2009	2010	2011	2012	2013
销售额 / 千万元	1	3	8	36	130	400	1 020	2 113	4 138	6 934

资料来源：根据京东 IPO 招股说明书（中文版）整理。

二、京东的排他性投票权委托实践

排他性投票权委托，是刘强东得以始终掌握公司控制权的第二招。发行“可转可赎回优先股”的融资方式虽然不错，但毕竟融资规模有限，一旦融资过多就会造成财务压力，使公司濒于破产。因此，从 2011 年开始，京东在股权融资实践中不再发行“可转可赎回优先股”，而改为发行普通股。京东发行普通股进行股权融资的情况如表 12-2 所示。

表 12-2 京东发行普通股融资的情况

日 期	投资方	数量 / 百万股	单价 /（美元 / 股）	金额 / 百万美元
2011 年 4 月	俄罗斯投资者数字天空技术	94.3	3.33	314
2011 年 6 月	俄罗斯投资者数字天空技术	59.4	3.37	200
	俄罗斯投资者数字天空技术	63.9	3.63	232
2011 年 6 月	红杉资本等	59.1	3.64	215
2011 年 6 月	老虎基金	63.1	3.96	250
2013 年 2 月	Kingdom	101.0	3.96	400
2013 年 2 月	俄罗斯投资者数字天空技术	8.2	3.90	32
2014 年 4 月	腾 讯	351.7	N/A	214.7
总 计		800.7	—	1 857.7

由表 12-2 可知，京东在 2011 年至 2014 年的多轮次股权融资过程中，所发售的普通股数量约为 8 亿股，所换得的融资规模约为 18.57 亿美元的现金以及拍拍、网购 100% 的股权和易迅 9.9% 的股权。

在多轮次的股权融资过程中，刘强东都要求投资者们排他性地将普通股的投票权授予他所控制的两家 BVI 公司，分别为 Max Smart 和 Fortune Rising。经过与投资方的数次较量，在上市之前，刘强东通过两家 BVI 公司控制了约 13.74 亿股股票的投票权，其中 7.96 亿股是由 11 家投资机构委托授权的。至此，刘强东依然以微弱的优势掌握着京东经营决策的绝对控制权。

三、京东的双重股权制度

为了维持对京东经营决策的绝对控制权，刘强东在京东上市申请环节的股权设计中，效仿了谷歌、百度所普遍采用的双重股权制度。在京东上市之前，仍然有一部分投资者并未把其所持普通股的投票权授予刘强东，而是选择自己持有。这些保留了投票权的投资机构包括老虎基金、腾讯、高瓴资本（由“可转可赎回优先股”转换而来）、今日资本（由“可转可赎回优先股”转换而来）等。在京东申请上市的过程中，先前将投票权委托给刘强东的 11 家投资机构也由于证券监管的需要而终止了约 7.96 亿普通股的投票权的排他性委托条款。京东的招股说明书显示，京东在上市的同时将发售 1.38 亿新股，从而使其总股本达到 27.6 亿股。如果没有 AB 股制度的设计，刘强东手里的股票将仅占总股本的 20.5%。

为了避免被作为大股东的其他投资机构赶下台，刘强东使用了投票权 1 ： 20 的罕见设计。在这种情况下，刘强东通过对自己所持股票设置 1 股投票权等于 20 股的制度，保证了企业经营决策的控制权不会落入他人手中。当然，前提是刘强东自己的普通股占比不被稀释至低于 4.8%。换句话来说，只要刘强东自己的持股超过 4.8%，那么其对公司决策的投票权就可以超过 50%。根据这一双层股权制度设计，即 AB 股制度设计，京东上市前后其股东持有的股份及投票权如表 12–3 所示。

表 12–3　京东上市前后股东持有的股份及投票权分布

股　东	上市前					上市后			
	普通股 / 亿股	普通股占比 /%	投票权 / 亿股	投票权占比 /%	IPO 出售 / 百万股	A 类 / 亿股	B 类 / 亿股	合计 / 亿股	投票权占比 /%
刘强东	4.633 5	18.8	13.75	55.9	13.90	0.09	5.56	5.66	83.7
老虎基金	4.452 7	18.1	4.45	18.1	13.36	4.32	0	4.32	3.2
腾　讯	3.516 8	14.3	3.52	14.3	0	4.90	0	4.90	3.7
高瓴资本	3.189 6	13.0	3.19	13.0	9.57	3.09	0	3.09	2.3
俄罗斯投资者数字天空技术	2.257 4	9.2	2.26	9.2	6.77	2.19	0	2.19	1.6
今日资本	1.918 9	7.8	1.92	7.8	5.76	1.86	0	1.86	1.4
红杉资本	0.398 2	1.6	0.4	1.6	0	0.4	0	0.4	0.3

资料来源：根据京东 IPO 招股说明书（中文版）整理。

在京东上市后，刘强东持有的5.65亿B类股每股有20份的投票权。其他新旧投资者持有的普通股则每股只有1份投票权。据此，刘强东获得了上市公司83.7%的投票权。不得不说，刘强东对京东多轮次股权融资的设计是非常有前瞻性的。相比之下，百度、腾讯的AB股制度设计均为1∶10。京东在AB股制度下，实施了1∶20的罕见高投票权。这表现了刘强东的大胆和自信，说明了京东对投资者具有足够的吸引力，让其愿意将投票权的考量放在其次。

第二节 AB股制度

本节首先介绍AB股制度的内容与特点，然后介绍AB股制度的产生和发展，接着介绍中国创新创业企业赴美国上市、在中国港交所上市以及在中国科创板上市所实施的AB股制度，最后介绍上市发行之前如何设计AB股制度。

一、AB股制度的内容与特点

AB股制度，即双重股权制度，是一种特殊的股权架构设计制度。其实质是允许股票投票权和收益权相分离。它是一种通过分离现金流和投票权而对公司实行有效控制的手段。对美国高科技公司上市融资的金融统计数据显示，在2004年之前，很少有高科技公司在IPO阶段使用AB股制度，比如苹果、微软和亚马逊等都没有使用AB股制度；然而到2004年以后，上市的高科技公司大都采用了AB股制度，不采用AB股制度的大概只有Twitter了。很多赴美上市的中国高科技企业，也同样选择使用AB股制度，例如百度、京东等。近期，中国香港证券交易所发布了IPO新规，小米集团成为其第一家拥有AB股制度的上市公司。内地的科创板也正式启用了AB股制度。

在AB股制度的构架下，申请IPO的企业可以同时发行A类股和B类股。A类股和B类股的投票权并不一致，但是收益权是一致的。就投票权而言，不同于传统公司法所坚持的“一股一权”原则，A类股遵循“一股一权”原则，

B 类股则遵循“一股多权”原则，且 B 类股的持有者多数是公司的核心创始人。

在 AB 股制度下，企业 IPO 所发行的股票会具有如图 12-1 所示的三个特点。

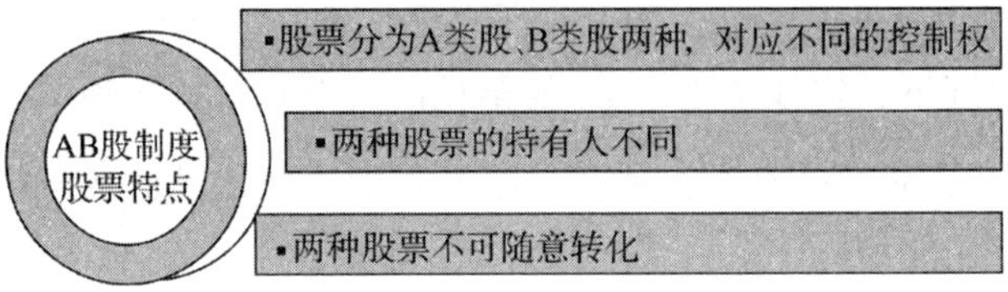

图 12-1　AB 股制度下企业 IPO 所发行的股票的特点

（1）股票分 A 股、B 股两种，对应不同控制权。这些公司发行的普通股一般分为 A 类普通股和 B 类普通股。后者每股的投票权一般是前者的 N 倍（通常设置为 10 倍或 10 倍以下）。

（2）两种股票的持有人不同。持有 A 类普通股的一般是公众投资者，二级市场过来的投资者比较多。持有 B 类特殊普通股的一般是创业者、高管、核心员工等。

（3）两种股票不能随意转化。一般 A 类普通股的持有者不可以将 A 类普通股转变为 B 类特殊普通股，而 B 类特殊普通股经过一定的程序或者直接转让，却可以自动转变为 A 类普通股（但转变为 A 类股之后，不再享有 1 ∶ N 的投票权，且不可再次转换为 B 类股）。

二、AB 股制度的产生和发展

AB 股制度，最早诞生于 20 世纪 20 年代的美国。当时证券交易所允许设立 AB 股制度，目的是防止上市公司被恶意收购。该制度自产生以来一直存在大量的反对声音，尤其是保守派的商界和法界人士一直反对企业以双重股权制度上市融资。因此，直到 20 世纪 80 年代，由于通过杠杆融资而恶意收购上市公司的行为频繁涌现，美国上市公司才开始广泛采用双重股权制度，即 AB 股不同投票权的制度。

随后，美国证券交易所（AMEX）、全美证券交易商协会（NASD）也开始接纳双重股权制度的企业上市。在与 AMEX、NASD 的竞争压力下，纽约证券交易所（NYSE）也终于在 1988 年基于美国证券交易委员会（SEC）通过的 19C-4 号规则准许了不同投票权企业的上市申请。之后，新一波高科技企业的 IPO 浪潮，极大地推动了双重股权制度。比如 Google、Facebook、LinkedIn、GroupOn、Zynga 等都是双重 / 多重股权结构。据统计，截至 2007 年，在标准普尔 500 指数（S&P500）中，约有 6% 的上市公司使用了双重股权制度，即执行了 AB 股制度。

2004 年上市的谷歌，被学术界视为美国高科技行业上市公司股权结构设计转向 AB 股制度的分水岭。谷歌在上市之前引入了 AB 股制度，将其发行的股票分为 A 类股和 B 类股，这两类股份同价。谷歌的创始人及行政总裁，也就是其两位核心创始人分配 B 类股，而其他股东分配 A 类股。在 AB 股双股并行的制度下，B 类股不能公开交易且每股对应的投票权为 A 类股的 10 倍；而 A 类股每股只有 1 票投票权。谷歌的两位创始人持有全部的 B 类股，并因此而实际共掌握了 70% 以上的投票权。这确保了两位核心创始人能以较少的持股拥有过半的投票权，从而控制企业发展的大局。Facebook 亦采用了 AB 股制度，其 B 类股投票权亦是 A 类股的 10 倍。创始人扎克伯格为确保有绝对的控制权，在 AB 股制度以外，还进一步采用了“表决权代理协议”，即其他 B 类股持有者可授权扎克伯格代其表决。于是，加上自己持有的 B 类股，扎克伯格在 Facebook 上市的同时拥有了该公司 56.9% 的投票权，从而掌握了 Facebook 的绝对控制权。

三、AB 股制度与中国创新创业企业赴美国上市

据 WIND 金融数据库的数据，截至 2019 年 12 月 31 日，在美国上市的中国内地企业约有 1/3 采用了 AB 股制度即双重股权制度的设计。其中，较知名的企业有百度、京东等。百度是国内首家采取 AB 股制度赴美上市的公司。2005 年上市敲钟时，百度的创始人李彦宏就持有 B 类股票，B 类股 1 股的投票权为 10 票。紧随其后，京东在海外上市时也采用了 AB 股制度。只不过，

京东的 AB 股投票权设计更加激进，为 1 ∶ 20。

以下详细介绍京东所采用的 AB 股制度，以使创业者和准创业者可以参考设计自己企业的双重股权结构。根据招股说明书显示，京东上市时的 AB 股制度设计如下。

（1）发行的普通股被分为 A 类和 B 类，刘强东持 B 类股，1 股拥有 20 票投票权；其他投资者持 A 类股，1 股拥有 1 票投票权。

（2）A 类股上市交易，B 类股不上市交易。

（3）A 类股在任何时候均不可以转换为 B 类股；B 类股可随时自由转换为 A 类股。

（4）B 类股转让给非联属（联属即直系或其控制的实体）人士时，则自动转换为 A 类股。

（5）当刘强东不再担任京东董事兼 CEO 或其他特定情况时，其所持有的 B 类股将自动立即转换为等量的 A 类股。

（6）A 类股及 B 类股就所有呈交股东投票的事项一并投票。普通决议，由法定出席人数的简单多数通过；特殊决议，由出席会议股东所持表决权的 2/3 以上通过。

经过这样的双重股权结构设计，在实施 AB 股制度以后，刘强东一个人以其所持约 20% 的股份就可以包揽 83% 的投票权。京东经营的表决权，也因此被牢牢地掌握在刘强东手里。

实施 AB 股制度，使京东在上市融资之后仍能够高效达成分拆京东物流、京东健康、京东金融等控股子公司的决策。有媒体曾开玩笑说："东哥可以在家里一个人召开股东大会，并且可以一个人决定把京东物流、京东金融分拆出来……"

四、港股的 AB 股制度

事实上，大量在中国本土成长起来的创新创业企业在 IPO 阶段都采用了 AB 股制度。例如，阿里巴巴的马云也采用了 AB 股制度，从而以不到 10% 的股份控制了阿里巴巴 50% 以上的表决权。

港交所在痛失阿里巴巴的 IPO 机会之后，于 2018 年 4 月 24 日发布了 IPO 新规，即港交所官网所披露的《新兴及创新产业公司上市制度》。港交所表示，根据新规，以后可以允许采用双重股权结构的公司上市。新的上市规则于 2018 年 4 月 30 日生效，并正式接纳相关的上市申请。

其实早在 20 世纪 70 年代，AB 股制度就曾在港交所盛行一时，如怡和控股和长江控股等企业都曾经发行过 B 类股。但因制度设计和监管缺失等多种原因，B 类股盛行曾一度导致当时证券市场的混乱，于是 1989 年港交所废弃了运行近 20 年的 AB 股制度。

2018 年港交所算是重新启用 AB 股制度，而不是首次实施 AB 股制度。需要指出的是，港交所重新启用的 AB 股制度与其过去所实行的 AB 股制度、与美股所实行的 AB 股制度不完全相同。

对比当前港股与美股正在生效的 AB 股制度，可以将两者的差异总结到表 12-4 中。两者的差异表现在多个方面，包括允许的不同投票权的形式和权利范围、必须“一股一票”表决的重要事宜、对特别权股份持有人的限制、对特别议案要求通过的表决权比例的设置等。

表 12-4　港股与美股 AB 股制度的差异

项　目	港　股	美　股
上市发行新股的要求	上市后不可再发行或扩大不同投票权股份（公开招股除外）	与港股上市发行新股的要求一致
允许的不同投票权的形式	仅限通过股权（例如双重股权架构），除非在 2017 年 12 月 15 日前已经在联交所认可的其他交易所上市，是则可通过第二上市采用非股权架构	可以通过股权，也可以采用非股权架构，例如合约形式
允许的不同投票权的权利范围	1. 特别股份，除投票权不同之外，所附带的权利与普通股份均相同 2. 普通股份股东的投票权合计不低于 10% 3. 上市之后，特别股份的投票权比例不可提高 4. 特别股份不可流通，除非转换为普通股 5. 特别股份转换为普通股份时，转换比例应为 1 ∶ 1	无限制

续表

项　目	港　股	美　股
必须“一股一票”表决的重要事宜	1. 更改公司章程、组织文件 2. 更改任何类别股份的权利 3. 任免独立非执行董事 4. 任免审计师 5. 自愿清盘	无限制
发行股票种类	只能设 A 类股和 B 类股	可以设 A 类股、B 类股、C 类股……
AB 股不同规则	A 类股为 1 股 1 票的普通股，B 类股为 1 股多票的特别普通股	A 类股为 1 股 1 票的普通股，B类股为1股多票的特别普通股，C 类股为 1 股多票的特别普通股……
对特别权股份持有人的限制	1 股多票的特权股只能是董事个人持有（或董事为受益人的组织持有）	无限制
一股代表的表决权上限	特权股东的投票权最高不能超过 1 股 10 票	无限制
对特别议案要求通过的表决权比例的设置	对特别决议的议案都要求获得 3/4 以上的票数通过	获得 2/3 以上的票数即可

小米集团成为 2018 年 4 月 30 日港交所发布 IPO 新规之后，第一家采用 AB 股制度的上市公司。

小米集团的招股说明书显示，小米 AB 股制度设计的具体表决权比例为 A 类股按 1 股 1 票的原则表决，而 B 类股按 1 股拥有 10 票进行表决。雷军直接持有小米 31.42% 的股份，其中 20.51% 为 A 类股，10.91% 为 B 类股，再加上其他持有 2.2%B 类股股东的委托，雷军实际拥有小米公司 57.9% 的表决权。过半数的投票权，使雷军完全可以单独决定公司的普通决议。另外，其创始人团队的林斌持有 13.33% 的股份，其中 11.46% 为 A 类股，1.87% 为 B 类股，根据 AB 股的投票规则，林斌共拥有小米公司 30% 的表决权。雷军团队共拥有小米公司 87.9% 的表决权。

五、科创板的 AB 股制度

在 2019 年以前，依据中国商事法律，在中国大陆境内上市的公司不允许采用 AB 股制度。这个规定是基于《公司法》第 103 条“一股一票”的规定以及两大证券交易所的相关制度[①]。这在过去曾经导致一大批意欲采用 AB 股制度的中国创新创业企业，只能选择到海外申请上市。港交所在遗憾地与阿里巴巴上市擦肩而过之后，修改了上市规则，重新启用了 AB 股制度。相应地，中国证监会也随后设置了科创板并且在科创板启用了 AB 股制度。

在科创板上市公开发售股票，必须采用股份有限公司的企业组织形式。《公司法》并没有修改对于“同股同权”的表述，那为什么科创板又推行了 AB 股制度呢？这是因为《公司法》第 131 条规定：“国务院可以对公司发行本法规定以外的其他种类的股份，另行作出规定。”[②]这一规定使证监会可以在不修改《公司法》的情况下，在科创板单独推行 AB 股制度，进而实现对不同股东表决权的差异化安排。根据证监会的最新规定，科创板优先支持符合国家战略且拥有关键核心技术，科技创新能力突出，主要依靠核心技术开展生产经营，具有稳定的商业模式，市场认可度高，社会形象良好，具有较强成长性的企业上市公开发行股票。

科创板上市发行规则的变化，使意欲采用 AB 股制度的中国创新创业企业也能够在国内上市。虽然科创板允许存在表决权差异的公司上市，但是与不采用 AB 股制度的其他上市公司相比，采用 AB 股制度的公司申请上市必须满足更高的门槛要求。具体来说，不采用 AB 股制度的公司在科创板上市，其市值的门槛视其行业与技术要求，至少在 10 亿元到 40 亿元之间；而采用 AB 股制度的公司在科创板上市，其市值的门槛视其行业与技术要求，不得低于 100 亿元，或者不低于 50 亿元且近 1 年营收不低于 5 亿元。采用 AB 股制度上市发行，除了对申请上市公司的市值有要求以外，还有一些其他的要求条件。表 12-5 总结了在科创板申请上市并且执行 AB 股制度的主要要求条件。

---

① 刘天善，张力 . 经济法教程（第二版）［M］. 北京：清华大学出版社，2020.

② 中华人民共和国公司法［M］. 北京：中国法制出版社，2020.

表 12-5 科创板对设置 AB 股制度的要求条件

市值及财务指标条件（二选一）	预计市值不低于人民币 100 亿元
	预计市值不低于人民币 50 亿元，并且最近 1 年营业收入不低于人民币 5 亿元
持有者条件	应当为对上市公司发展或业务增长等做出重大贡献，且在公司上市前以及上市后持续担任公司董事的人员，或者掌握公司实际控制权的持股主体
	拥有特别表决权的股东须持股在 10% 以上
设置时间条件	IPO 前即设置完毕，发行人在首次公开发行并上市前不具有表决权差异安排的，不得在首次公开发行并上市后以任何方式设置此类安排

要求条件的具体内容为：

第一，预计市值不低于人民币 100 亿元，或者预计市值不低于人民币 50 亿元，且最近 1 年营业收入不低于人民币 5 亿元。

第二，持有者应当为对上市公司发展或业务增长等做出重大贡献，且在公司上市前以及上市后持续担任公司董事的人员，或者掌握公司实际控制权的持股主体，而且拥有特别表决权的股东须持股在 10% 以上。也就是说，虽然科创板允许采用 AB 股，但特权股东的持股比例不可过低，须至少持股在 10% 以上。设置这一规则是为保护其他股东的利益。如果特权股东持股比例过低，意味着让小股东控制公司，万一出现道德问题，其他股东的风险非常大。

第三，在 IPO 之前就设置 AB 股制度。发行人在首次公开发行并上市前不具有表决权差异安排的，不得在首次公开发行并上市后以任何方式设置此类安排。也就是说，在科创板采用 AB 股制度必须是上市发行之前就设计了双重股权制度。如果在上市发行之前没采用 AB 股制度，而是像万科在遭遇到恶意收购（万宝事件）时再考虑设置 AB 股制度是不可以的。

此外，科创板对设置 AB 股制度的公司还提出了一些程序和指标上的要求。

第一，设置 AB 股制度应经出席股东大会的股东所持 2/3 以上表决权通过。程序上的具体要求是，设 AB 股制度需获得没有采用 AB 股之前的 2/3 表决权的股东同意通过。规划去科创板上市且打算采用AB股制度的创新创业企业，除了要考虑能不能满足AB股的上市条件以外，还要提前规划考虑何时开始设AB股制度。如果创始团队没有及时在创业早期，即在有把握获得2/3以上表决权股东同意时设AB股制度，很可能到申请上市前难以获得有2/3以上表决权股东的同意。

第二，保证普通表决权的比例不低于10%。科创板新规对于两类股东持股占比的要求是：特权股的表决权占比不能超过90%。如果按最高限10倍表决权计算，即特权股的股东持股不能超过47%，即（47×10）/（47×10+53）=89.9%。假如获得特权股的股东持股超过了47%，则超过的部分只可作为普通股而不能作为特权股，当然也可选择降低特权股的表决权，选用比10倍更低的倍数。即科创板制度要求以AB股制度上市发行的企业，不能像爱奇艺那样由百度掌握93%的投票权，或者像搜狗那样由腾讯和搜狐掌握96%的投票权。

第三，确保每份特权股的表决权数量是相同的，且表决权不得超过10倍。这一表述的意思是，在科创板上市发行只能设置A类股和B类股，而不能像在美国上市的蔚来汽车那样设置A类股、B类股和C类股。其中，B类股所设置的特别表决权最高只能是10倍，而不能像京东那样设20倍的投票权。

第四，提前约定B类股不可以享受特别表决权的事项。一般来说，B类股至少需要对以下事项无特别表决权（应该和A类股一样都是1股1票）。①修改公司章程；②改变特别表决权股份的表决权数量；③聘请或者解聘独立董事；④聘请或者解聘为上市公司定期报告出具审计意见的会计师事务所；⑤公司的合并、分立、解散，或者变更组织形式。

在科创板申请设置AB股制度的IPO企业，对其B类股特别表决权的设计需要符合如表12–6所示的要求。

表 12-6 科创板对设置 B 类股特别表决权的要求

项目	要求
设置占比	持有特别表决权股份的股东在上市公司中拥有的股份，合计应当达到公司全部已发行有表决权股份的 10% 以上
	上市后，除同比例配股、转增股本情形外，不得在境内外发行特别表决权股份，不得提高特别表决权比例
	应当保证 A 类普通股的表决权比例不低于 10%
权限要求	每份特别表决权股份的表决权数量相同，且不得超过每份普通股份表决权数量的 10 倍
	除公司章程规定的表决权差异外，A 类与 B 类股份具有的其他股东权利应当完全相同
表决权限制	上市公司股东对下列事项行使表决权时，每一特别表决权股份享有的表决权数量应当与每一份普通股份的表决权数量相同。 （1）对公司章程做出修改 （2）改变特别表决权股份享有的表决权数量 （3）聘请或者解聘独立董事 （4）聘请或者解聘为上市公司定期报告出具审计意见的会计师事务所 （5）公司合并、分立、解散或者变更组织形式
交易与转让	特别表决权股份不得在二级市场进行交易，但可以按照本所有关规定进行转让
失效转让	出现下列情形之一的，上市公司已发行的全部特别表决权股份应当按照 1 ∶ 1 的比例转换为普通股份。 （1）持有特别表决权股份的股东不再符合本规则所规定的资格和最低持股要求，或者丧失相应履职能力、离任、死亡 （2）持有特别表决权股份的股东失去对相关持股主体的实际控制 （3）持有特别表决权股份的股东向他人转让所有持有的特别表决权股份，或者将特别表决权股份的表决权委托他人行使 （4）公司的控制权发生变更

六、上市发行之前如何设计 AB 股制度

创业者以及准创业者最想知道的是：早在申请上市发行之前，作为一家规模尚小的创新创业企业，能否在启动期就提前为公司设计好 AB 股制度？答案是肯定的。事实上，任何创新创业企业都可以间接实现 AB 股制度，甚至可

以实施比科创板或者港交所 AB 股制度更灵活的双重股权设计。

尚未上市的创新创业企业，在设计 AB 股制度时，其 AB 股制度实现的可能性和灵活性主要与企业所选择的法定组织形式有关。实现 AB 股制度灵活性由弱到强的组织形式排序如下：股份有限公司 > 有限责任公司 > 有限合伙企业。股份有限公司实行 AB 股制度最不灵活，应当按《公司法》“一股一票”，但可以召开股东大会进行特权股的授权。有限责任公司实行 AB 股制度，则相对灵活，可以在公司章程中自行约定特权股的表决权票数；如没有直接约定，则所有股份按出资比例行使其投票权。有限合伙企业实行 AB 股制度，最为灵活和便利，它具有天然的 AB 股架构设计，可以由普通合伙人（GP）充当 B 类股的股东，有限合伙人充当 A 类股的股东，并由此实现比公司制企业更为灵活的 AB 股制度设计。

第三节　维持绝对控制权的股权融资策略

创新创业企业的核心创始人，如何确保自己对企业的控制权在数轮股权融资的不断稀释下，仍对股东（大）会或董事会的决策有较强的控制力？通过总结众多创新创业企业股权融资的实践经验，本节给出三种可供核心创始人维持其对企业控制权的参考策略。

一、在启动期争取持有更多的股权

对处于启动期的创新创业企业而言，其核心创始人的持股一定不能低于 50%。在启动期需要分享较多股权的情形下，核心创始人最多可以给其他联合创始人分配 10%~15% 的股权，最多可以给天使投资者分配 15% 的股权，之后大家最多可以同比例稀释 15% 的股权，并以之作为未来引进和激励核心人才的期权池。

微软的核心创始人在企业启动期就坚持一定要持股 50% 以上。在微软创立之初，公司 64% 的股份是由比尔·盖茨（Bill Gates）持有的，而其余 36%

的股份是由微软联合创始人保罗·艾伦（Paul Allen）持有的。1980年，当微软进入高速发展期，急需扩充其创业团队和经营规模的时候，比尔·盖茨找到了史蒂夫·鲍尔默（Steve Ballmer），邀请他加入团队。作为微软的第30号员工，史蒂夫·鲍尔默加入微软时担任的职务是业务经理。比尔·盖茨并没有轻易地给史蒂夫·鲍尔默分配股权，而是给他提供了5万多美元的基本年薪，以及公司每年利润增长的10%的分成。随后，微软开始进入爆发性成长阶段。史蒂夫·鲍尔默得到的利润分成非常可观。

当微软成长到较大规模之后，微软的首位风险投资者戴夫·马夸特（Dave Marquardt）抱怨微软仍然是一家私营的合伙企业。他建议微软公司扩大核心创业团队的人数，并对公司的股权进行重组，以让更多人持有微软的股份。比尔·盖茨对于股权重组事宜没有兴趣，于是将这一项目交给戴夫·马夸特和史蒂夫·鲍尔默负责。不久之后，史蒂夫·鲍尔默和戴夫·马夸特便向比尔·盖茨和保罗·艾伦提供了拟议的股权结构：公司84%的股份由比尔·盖茨和保罗·艾伦拥有，史蒂夫·鲍尔默用原来的利润分成条款换取了企业8%左右的股份，其余8%的股份由其他所有员工分享。最终，这一股权结构得以实施。

史蒂夫·鲍尔默最初进入微软的时候，比尔·盖茨并没有草率地将微软的股份分给他，而是用利润分成留下了他。当意识到微软的股权结构存在风险后，两位微软创始人最终将股份分散出去，使得拿到股份的人更加效忠于公司。在股权分配问题上，比尔·盖茨表现出了超高的智商。微软案例对创业者的启示是：一定要在创新创业企业的启动期就珍惜股权。能够用钱解决的问题不要用股份，哪怕是1%或者0.5%的股份，在未来都有可能发挥更大的价值。

股份对于维持控制权具有关键性的作用，所以核心创始人只应将股份分配给最重要的人，分配给对企业未来发展有持续重大贡献的人。以下是为维持控制权而对核心创始人向其他人分配股权所提出的三点建议（如图12-2所示）。

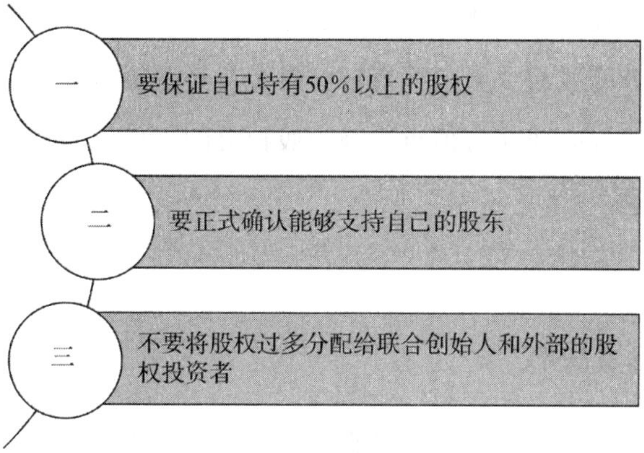

图 12-2 对核心创始人分配股权提出的建议

1. 要保证自己持有 50% 以上的股权

核心创始人在吸收外来股权融资的时候，应当保证自己直接或间接控制的股份占比高于 50%，而且应当尽可能地为自己争取更高的持股占比。这样不管是未来的增资、减资还是融资，都可以确保自己能够掌握企业经营决策的绝对控制权。

2. 要正式确认能够支持自己的股东

按照公司治理的要求，核心创始人所做出的重大决议或重大决策还需要经过其他股东的同意。因此，在向其他人分配公司股权的时候，核心创始人需要保证早期的股东能够与自己的价值观一致，能够支持自己的经营决策。为此，核心创始人在向其他人分配公司股权之前，最好能够正式地说服，进而确认其是否支持自己对企业成长发展的战略规划。

3. 不要将股权过多分配给联合创始人和外部的股权投资者

作为创新创业企业的核心创始人，最好在创业启动期不要找太多的联合创始人和股权投资者，而且更重要的是，不能给他们分配过多的股权。核心创始人应当明白股权分配和激励机制是两件不同的事情。也就是说，不分配股权通过利润分享也可以激励员工。拿出些利润与重要的资源贡献者进行分享，这是更加直接的激励。而且对于有长远眼光且能认同创新创业企业发展前景的人而言，股权分配才是有价值的。对于目光短浅或者暂时还没有完全认同创新创业企业价值和发展前景的人而言，股权分配只是纸上画大饼，因而也就无法真正起到激励作用。核心创始人在初创期要大方地分钱分利润，而不要大方地分配股权。为了维持自己对企业经营决策的绝对控制权，核心创始人在分配股权时要非常慎重，因为股权分配不仅仅是钱的问题，更是企业控制权的问题。

二、归集表决权

如果核心创始人无法通过自己直接持股来保证绝对控制权，则需要考虑利用其他方法来维持自己对企业的控制权。归集表决权，正是其中一种很常用的方法。

所谓归集表决权，就是将其他股东的表决权拿过来由核心创始人代其进行统一表决。这可以直接增加核心创始人在股东（大）会和董事会的实际表决权。例如，某创新创业企业的核心创始人只有 30% 的股权，在无特殊约定的情况下，其在企业经营决策中所对应的就只有 30% 的表决权。如果核心创始人把其他几个联合创始人所拥有的 35% 的股权归集在一起，他就可以拥有超过 50% 的表决权。归集表决权的具体方式有三种，如图 12–3 所示。

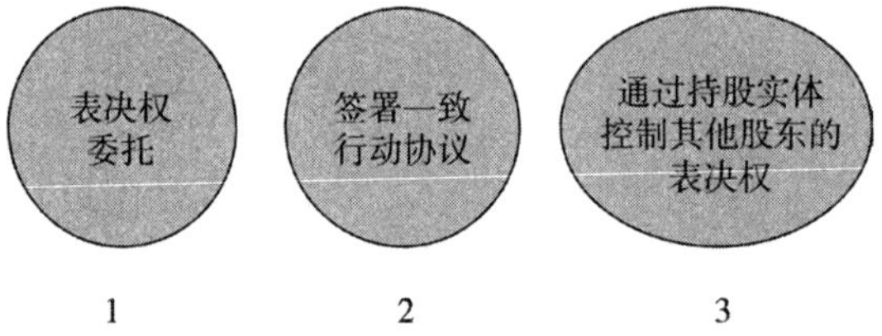

图 12–3　归集表决权的方式

1. 表决权委托

表决权委托是核心创始人归集表决权时最常用的方法。该方法最突出的特点是简单易行。核心创始人只需要与持股的其他股东签署表决权的授权委托书，即可获得其他股东所持有股份的表决权。一般来说，持股的其他股东在将股份表决权授权委托给核心创始人的时候，倾向于将授权委托期限约定得较长。

2. 签署一致行动协议

签署一致行动协议也是核心创始人归集表决权的一种常用方法。该方法最突出的特点是可以区分事项的重要性程度而对特定事项约定一致行动。也即，核心创始人可以与其他股东就特定事项签署一致行动协议。在签署一致行动协议之后，各方需要按照核心创始人的统一意志对特定事项进行表决。如果是一致行动协议约定以外的其他事项，则其他股东可以与创始人意见不一致，并按照自己的意志进行表决。

3. 通过持股实体控制其他股东的表决权

通过持股实体控制其他股东的表决权是一种复杂，但更加稳定可靠的归集股东表决权的方法。具体操作方法如下：首先，设立一家持股实体来间接持有创新创业企业的股权，而创新创业企业的核心创始人则通过成为持股实体的法定代表人、唯一普通合伙人或者执行事务合伙人等方式，来实际控制并行使持股实体的表决权。在商业实践中，持股实体的具体法定组织形式可以是有限责任公司或有限合伙企业两种。通过持股实体来控制其他股东表决权的好处是，如果公司设置了员工期权计划，可以通过持股实体把预留用于期权激励的这一部分股权表决权始终集中在核心创始人手上。在这种情况下，即便核心创始人自身的股权低于50%，也可以拥有高于50%的表决权，从而实现其对企业经营决定的实际控制。

三、用双重股权架构分离收益权和投票权

多轮次融资会不断稀释核心创始人所持有的股权，从而威胁其对创新创业企业的控制权。

在这种情况下，采用归集表决权的方式来维持核心创始人对创新创业企业的控制权并非总是有效。例如，可能会碰到表决权委托或一致行动协议到期，而其他股东不愿再次委托或签署一致行动协议的情况。

采用双重股权架构，是更加长效的解决方案。所谓双重股权架构，就是将股权的收益权和投票权相分离。设计AB股制度可以实现双重股权架构，从

而加强核心创始人所持股份的表决权。这是一种积极主动加强核心创始人控制权的策略。如今，可以接受具有双重股权架构的企业上市公开发行股票的国家越来越多，包括美国、德国、加拿大、新加坡、意大利、日本等。百度是第一家在美国上市且采用双重股权架构设计的中国创新创业企业。根据百度的招股说明书，在百度发行的股票中，谷歌持股 2.6%，DFJ 持股 28.1%，IDG 持股 4.9%，Integrity Partners 持股 11%，Peninsula Capital Fund 持股 10.1%；李彦宏作为创始人及 CEO 持股 25.8%，另一位创始人徐勇则持股 8.2%，其他四位高管共持股 3.7%，普通员工持股 5.5%。其中，两位创始人共持有 34% 的 B 类股。由于 B 类股有 10 倍投票权，因此，在百度上市后，李彦宏能够绝对控制百度，从而贯彻他的经营理念。

第四节 维护与投资者的关系

创新创业企业在与意向投资者交流时，可能会碰到看上去很热情的投资者。他们可能非常欣赏这个项目，并表示事后会打电话进一步了解，可是之后往往就失去了音讯，并不会主动兑现承诺。这是因为投资者缺少的不是好项目，而是时间。通常，他们是非常忙碌的，既要负责找项目，也要负责管理基金，还要为其机构筹集资金。所以创业者不应被动等待投资者主动联系，而应主动联系投资者。本节主要介绍创业者在实现股权融资前和实现股权融资后主动维护与投资者关系的方法和技巧。

一、股权融资前的关系建立

在获得投资者的投资之前，创业者需要与投资者建立关系。这里所说的是建立关系，而不是维护关系。如果投资者对创业者和创新创业企业完全没有印象，那么实现股权融资将是很遥远的事情。所以，应该主动的是创新创业企业，而不是业务繁忙的投资者。创业者可以首先做到以下一些事情，从而让投资者注意到自己和创新创业企业。

1. 主动与投资者保持联系

在创新创业企业确定了其意向的投资者之后，创业者就需要找到一种礼貌的方式不断主动与投资者联系。如有可能，创造的见面机会越多越好，这样有助于增加创新创业企业股权融资成功的概率。

有的创业者在与投资者初次见面之后，就单方面静静等待投资者的联系，并且认为如果投资者不主动联系自己就是没有投资的兴趣。可事实并非如此，投资者每天都很繁忙，他可能对创新创业企业有投资的兴趣，却分身乏术。因此，建议创业者在见过投资者的第二天，及时且主动地发一封简短的感谢邮件或感谢短信给投资者。这是与投资者见面后最应该采取的行动！只要投资者回复邮件或信息，那就说明投资者很可能对创新创业企业是有投资兴趣的。此时，如果投资者回复邮件或短信并且表示想要试用产品或服务，那么创业者应该抓住投资者的兴趣，随即再次发送一个试用产品或服务的邀请给投资者；如果投资者表示想要与企业的用户交流，那么创业者就应当提供重要用户或典型用户的名单，并列明用户的联系方式给投资者。

在创业者主动联系投资者的过程中，需要注意分寸感。要让自己与投资者的沟通，在主动积极与频繁打扰之间保持一种微妙的平衡，否则可能会惹怒投资者。人与人之间相处的艺术，是创业者可以在日常生活中和在企业管理中有意识锻炼的能力。当创业者如愿获得第二次面见投资者的机会时，其可以对投资者解释一下自己的积极联系。例如，创业者可以说："非常抱歉，我总是催促您与我会面，但我想您一定会更愿意投资一家像这样积极去争取每一位用户的公司，对吧？"

2. 表现出进取的姿态

有时创业者向投资者发送邮件或短信后，等待了一两个星期，却没有得到投资者的回复。此时，可以实施第二步的联系。第二步的计划是再一次向投资者发去邮件或短信，但是要注意用语文明礼貌。在第二次邮件或短信里，创业者可以描述公司在这一两个星期里的新发展情况或者是一些新的利好消息等。这样不仅能让投资者看到创业者的进取心，还能够持续地吸引投资者的目光。

从与投资者建立联系并且持续沟通的需要出发，创业者在第一次与投资者沟通的时候，最好不要将公司的所有利好信息和盘托出，而应对好消息有所保留，这样才能在之后第二次和第三次联系时持续给投资者带去更多的好消息。这很像是一种推销的策略，用在投资者身上也是非常有效的。建议创业者在第二次邮件或短信里加上一句话："我知道您非常繁忙，所以我会在一周后再与您确认相关事宜，您觉得这样可以吗？"

投资者总是很忙碌的，所以他们回复邮件的可能性比较小。对此，创业者不要生气，应当尝试多发几次邮件或短信。创业者能够积极进取，不轻易放弃，这对达成股权融资而言非常重要。

3. 尽力向投资者提供帮助

对创业者来说，寻求股权投资是一项很大的挑战。有时候即使见到投资者，对方也不一定愿意花时间来听创业者的介绍。因此，创业者主动为投资者提供一些必要的帮助也是与其建立良好关系的一个好方法。例如，在与投资者交谈或邮件联系的过程中，如果得知投资者有接触行业高管、政府主管部门等一些需求，而这些需求又是自己有一定渠道可以提供帮助的，那么创业者可以主动向投资者提供帮助。另外，创业者还可以邀请投资者出席本行业的协会或研讨会等活动，以帮助投资者建立健全在本行业的人际网络。

4. 融资失败边缘也要做最后的争取

如果与投资者的第一次会面已经过去了一两个月，那么这意味着投资者几乎不会投资了。然而，创业者即便在融资失败的边缘也应当做最后的争取，毕竟一些风投资金花费半年甚至更多时间审核项目都是有可能的，而且股权融资谈判本身就是一个漫长的过程。此时，创业者应当找一个恰当的理由，促成与投资者的再次约谈或见面。如果创新创业企业的产品近期有了重大更新，这就是一个很好的理由。创业者可以在邮件或短信中告诉投资者："想让您看看我们产品的新版本，相信您会觉得这非常有意思。我保证不会占用您超过 30 分钟的时间。"除此之外，公司最近赢得了一个大客户或者有战略上的重大调整等也都是与投资者再次约谈的理由。总而言之，创业者需要想方设法见到投资者，否则股权融资就基本上宣告失败了。

5. 为投资者创造紧迫感

通过为投资者创造竞争性的谈判环境，可以让创业者在谈判中由被动变为主动。打个比方，在一场舞会上，一个男生想邀请女生 A 跳舞，但是他并没有那么肯定，他可能同时也会考虑要不要邀请另一个漂亮的女生 B。此时如果他看到了另外一个男生首先走向女生 A，这个男生一定会着急，然后他也会立即走向女生 A。为投资者创造紧迫感就是这个道理。谷歌在股权融资中，就充分利用了这一技巧。为投资者创造紧迫感的常见做法是，同时引入多个对创新创业企业感兴趣的投资者，然后将这个消息传到目标意向投资者的耳中。如果投资者对此消息完全没有反应，那么你还可以礼貌地给投资者打电话。例如，你可以说："我想向您汇报一下公司的最新发展情况，除您以外，还有几家机构对我们也很感兴趣，目前正在接洽中。我还没有跟任何机构达成投资意向，但是离这一步应该也不远了。我们真的很欣赏您个人以及您所在的投资机构，所以很想知道还需要做些什么来优先推动我们之间的合作进程。"总之，创业者在实现股权融资之前需要主动联系投资者，此时要有强大的包容心和耐心，并且要注意保持分寸感。

二、股权融资后的定期联系

股权融资不是一锤子的买卖，创业者在拿到投资款之后，不能一改常态，不再主动联系投资者。如果创业者拿到股权投资后就对投资者置之不理，那么即便投资者不能撤资，他也不会在之后再追加投资，甚至还可能会对创业者和创新创业企业的后续融资做很多负面宣传。

在完成股权融资交易之后，创业者还需要主动与投资者建立定期联系，并定期向投资者发送财务报表和运营报表、做非正式的报告等。除此之外，创业者还可以通过三个举措与投资者维护良好的沟通关系。

1. 主动分享好消息和坏消息

在达成股权融资之后，创业者应该遵循透明化的原则，在平时工作中主动就重要事项与投资者及时联系并分享消息，既需要向投资者分享好消息，也必须向投资者分享坏消息。但是在分享坏消息时，如何把控这个“透明”的度是一门艺术，需要创业者自己琢磨权衡。

有的创业者在引入股权投资后，对于投资者经常报喜不报忧，往往令投资者伤心和担心。对于创业者与投资者的关系，红杉资本副总裁谢娜表示：“好消息需要及时通报，坏消息更要及时通报。因为投资者能用自己的力量为创业者解决问题。若等到事情无法解决时再通报，则会伤害双方信任的基础。”通常，投资者会希望创业者就其所投资的创新创业企业的财务状况变动、外部团队合作推进、员工工资调整、股东分红政策变动等重要事项进行事前、事中和事后的及时沟通。这样做不仅是为了告知投资者相关信息，也是方便投资者行使其监督权，更是一种对投资者的信任和尊重。

2. 为投资者创造股东的归属感

如果投资者投资后能够在被投资的创新创业企业里找到归属感，那么投资者将会更加重视在这一项目上的投资，并且愿意在日后为企业发展付出更多的努力。“归属感和爱的需要”是马斯洛需求层次理论中的第三层次需求，是人类的基本需求之一。近几年，心理学家对于归属感进行了大量的研究，并且发现缺乏归属感，会使人对其所从事的生活、工作和社交活动都缺乏激情。那么如何为投资者股东创造归属感呢？下面为创业者和准创业者提供三种比较常用的方法，如图 12-4 所示。

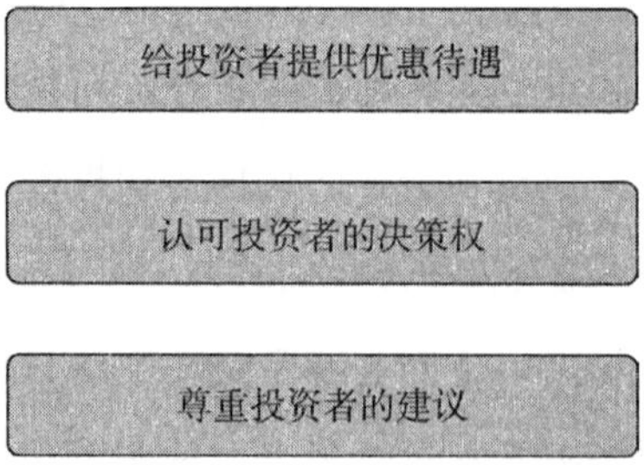

图 12-4　为投资者股东创造归属感的方法

（1）给投资者提供优惠待遇。当投资者作为创新创业企业的消费者时，应当从价格和待遇上让投资者享受到优惠。例如，可以给投资者最高等级的VIP 特权等。

（2）认可投资者的决策权。作为创新创业企业的股东之一，新进入的股权投资者在行使其应有的股东决策权时，创业者要给予充分的尊重，且不要对其意见进行过多的干预。为了提高创新创业企业的决策效率，在管理实践中，不是所有的管理决策都要经过股东（大）会和董事会。此时，创业者要特别留心新加入企业的投资者的意见，不能忽略了他们参与企业决策的权利。

（3）尊重投资者的建议。对于投资者所提出的意见和建议，创业者需要逐项记录并适时做出回应，但是并不需要真的执行投资者提出的所有建议。创业者可以考虑创新创业企业的实际状况，对那些不便采纳的建议给予解释。这样就不会造成投融双方的尴尬，否则投资者作为股东很可能会认为自己的一腔热情换来了一盆冷水，长期下去其热情会被浇熄。

3. 管理投资者预期目标

国内外各行各业都有很多创业者与投资者决裂的知名案例。分析其原因会发现，投融双方最初的嫌隙几乎都是由两者预期目标的差异而引起的。一旦双方的预期目标出现差异，摩擦就会接踵而至。为了维护良好的投融关系，创业者应当学会管理和调节投资者预期目标，以持续保证双方预期目标的一致。管理预期目标，要求创业者能够主动与投资者分享其创新创业的使命、价值观和未来蓝图等。这里为创业者管理投资者预期目标，提供三个策略，如图 12-5 所示。

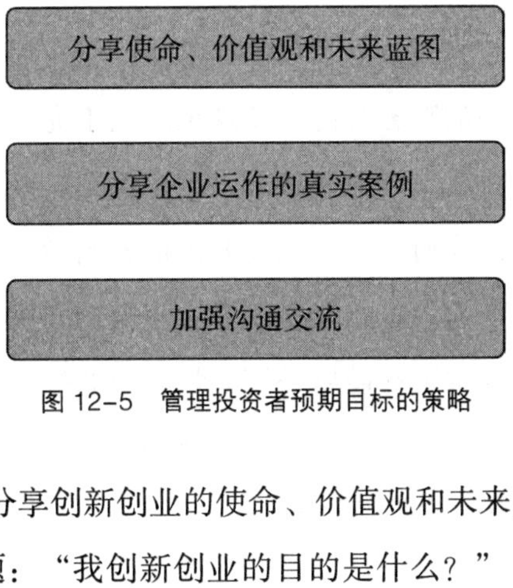

图 12-5　管理投资者预期目标的策略

（1）与投资者分享创新创业的使命、价值观和未来蓝图。首先，创业者需要问自己一些问题："我创新创业的目的是什么？""我的创业团队在工作中的最重要准则是什么？”“我们未来3~5年的发展目标是什么？”……回答这些问题之后，创业者就可以比较清晰地评估投资者对创新创业企业的预期是否与自己和团队一致，从而也就可以进一步与之加强沟通，并管理投资者对创新创业企业发展目标的预期。

（2）与投资者分享企业运作的真实案例。那些可以表现创新创业企业及其创业者和创业团队特质、价值观的真实案例，对于投资者来说更有说服力。一旦投资者对有价值的实例产生认同，那么也就更容易认同创业者的价值观和发展目标。

（3）加强与投资者的沟通交流。创业者不应该凭空猜测投资者的想法，这样不可能和他们保持一致性。所以，创业者可以定期召开投资者会议，与投资者讨论自己的发展目标和战略计划，甚至可以找一些双方都认识的朋友一起交流。

总之，主动与投资者共同管理预期目标的三个策略，都可以防止投融双方在公司发展方向上产生重大分歧。可以使投融双方即便出现认识上的小矛盾，也能及时通过沟通交流加以解决，而不至于引发重大的问题。

第五节　积极准备下一轮股权融资

对于创新创业企业而言，股权融资是保证企业现金流稳定，进而确保其快速扩张的必要支撑。大多数处于启动期（包括孕育期和发展期）的创新创业企业，普遍缺乏合理的财务分配，变现渠道也不完善。一旦企业因成长发展而出现资金链断裂，就很可能直接陷入破产倒闭。因此，股权融资是创业者自创新创业企业登记注册以后，就需要提前开始考虑的事情。即便昨天才刚刚完成股权融资，创业者也不能松懈，应该马上开始考虑如何引入下一轮投资。因为每一轮股权融资都需要一段较长时间的接洽和磨合，创业者必须为创新创业企业成长发展的资金缺口未雨绸缪。本节主要为创业者和准创业者介绍如何准备进行下一轮股权融资。

一、不要等到缺钱再融资

永远不要等到缺钱再融资。完成创新创业的第一轮融资之后，就应当为下一轮融资做好准备。更准确地说，创新创业企业应当在完成上一轮股权融资的时候，就开始挑选能够帮助企业完成下一轮融资的投资者。

二、让上一轮的投资者推荐下一轮的投资方

对于创新创业企业而言，股权融资是保证其现金流稳定，维持其持续成长的必要支撑。考虑到每一轮股权融资都需要一段很长时间的接洽和磨合，创业者应当主动与之前轮次的投资者沟通自己未雨绸缪的下一轮融资计划。如果创业者不打算把股权融资日程排得太密集，不愿意一轮紧接着一轮地进行股权融资谈判，那么至少应当在银行账户资金只能支撑创新创业企业 18 个月的净运营成本时，制订下一轮的股权融资计划，并及时启动下一轮的股权融资谈判。在开展后续轮次的股权融资时，投资者可以要求其之前轮次的投资者参加后续轮次的融资，或者要求他们为后续轮次的融资推荐有意向的投资方。需要注意的是，创业者在要求天使轮投资者推荐 A 轮投资方的时候，一定要谨慎。由于 A 轮是机构投资者而不是个人投资者的领域，天使投资者往往对机构投资者不够了解。所以，创业者让天使轮投资者推荐 A 轮投资方的时候要谨慎，要增加对投资方的背景调查。

三、保持平常心，每一轮融资都相似

建议创业者在设立一家创新创业企业的早期，就提前思考并拟定该企业的长期融资规划。例如，创业者可以考虑当创新创业企业的运营指标达到某一数值时，即启动哪一轮次的股权融资，并且可以较为详细地考虑每一轮次股权融资的投资者需要符合哪些背景和资源条件等，这样可以避免创新创业企业在非常缺钱的时候才进行股权融资，而无法对投资者进行

匹配和筛选，从而使股权融资对创新创业企业的发展产生一定程度的负面影响。

在有长期融资规划并且对每一轮次投资者设置了筛选标准的情形下，无论是哪一轮次的股权融资，所需要经历的谈判环节都大致相同。在一轮又一轮的股权融资谈判中，创业者应当积极反思自己的融资谈判技巧、总结自己的融资谈判经验，从而不断提升自身的融资谈判能力。有位创业者调侃股权融资的艰难时说：“我刚刚完成公司的第二轮融资，这和第一轮融资一样很不容易。从 Demo 展示到投资协议条款清单，每一环节都很费劲。”确实如此，虽然每一轮次的股权融资谈判在过程上都非常相似，但其股权融资协议在内容上却又各不相同。创业者在每一轮次的股权融资谈判过程中，都要尽量给自己留下充足的谈判时间，不要给自己施加太大的压力，保持平常心即可。

开放思考

1. 创新创业企业的核心创始人可以采取哪些措施来维护自己对企业的绝对控制权？

2. 创新创业企业应当如何维护与投资者之间的良好关系？

3. 为什么创新创业企业在完成股权融资之后，就要立即着手准备下一轮次的股权融资？

实践作业

1. 最近拼多多的各类营销活动非常火爆。拼多多已于2018年6月30日在美国申请上市，于7月16日更新了招股书，7月26日正式地实现IPO。请自行搜索资料和数据，对拼多多赴美上市融资前后的股权架构设计进行深度案例分析。

2. 请形成4~6人的小组，每组各自选择电商、人工智能、共享单车或任意行业中某家比较知名且成功或不成功的股权融资案例，分析该创新创业企业在股权融资过程中，其核心创始人控制权的变化，总结其经验和得失。然后，分析本组所选择案例企业在股权融资过程中出现的核心创始人控制权的不利变化，为其提出改进建议或优化方案。

3. 针对你所提出的创新创业构想，思考随着你自己设立的创新创业企业的成长发展，你打算如何维护自己的绝对控制权？请拟订一个具体的行动方案。

参考文献

［1］李国强，刘君．大学生创新创业基础［M］．北京：机械工业出版社，2019.

［2］姜镪．手把手教你创业开公司：注册+融资+营销一册通［M］．北京：人民邮电出版社，2018.

［3］珍妮特·K．史密斯，理查德·L．史密斯，理查德·T．布利斯．创业融资：战略、估值与交易结构［M］．沈艺峰，等译．北京：北京大学出版社，2017.

［4］林传科，刘军，丁芹伟．科学创业［M］．北京：机械工业出版社，2019.

［5］杨轩．创业时，不可不知的细节［M］．杭州：浙江大学出版社，2017.

［6］缪劲翔，孙彤．你的第一本创业书［M］．北京：首都师范大学出版社，2017.

［7］吕森林，申山宏．创业从一份商业计划书开始［M］．北京：电子工业出版社，2019.

［8］郭春光，赵月阳．众筹：互联网+时代的融资新思维［M］．北京：人民邮电出版社，2016.

［9］刘天善，张力．经济法教程（第二版）［M］．北京：清华大学出版社，2020.

［10］ 杜易，赵晓光．创业中国［M］．北京：民主与建设出版社，2019.

［11］ 中华人民共和国个人独资企业法［M］．北京：中国法制出版社，2001.

［12］ 中华人民共和国合伙企业法·实用版（2018 版）［M］．北京：中国法制出版社，2020.

［13］ 曹海涛．合伙创业：合作机制 + 股份分配 + 风险规避［M］．北京：清华大学出版社，2018.

［14］ 中华人民共和国公司法［M］．北京：中国法制出版社，2020.

［15］ 中华人民共和国担保法（注解与配套）（第四版）［M］．北京：中国法制出版社，2017.

［16］ 朱瑞丰．从 0 到 1 开公司［M］．北京：人民邮电出版社，2020.

［17］郑刚，陈劲，蒋石梅．创新者的逆袭：商学院的十六堂案例课［M］．北京：北京大学出版社，2017.

［18］ 周磊．失败课［M］．长沙：湖南文艺出版社，2017.

［19］ 中华人民共和国民法典（实用版）［M］．北京：中国法制出版社，2020.

［20］ 中华人民共和国证券法（含草案说明）［M］．北京：中国法制出版社，2019.

［21］ 国务院法制办公室．中华人民共和国物权法典［M］．北京：中国法制出版社，2020.

［22］ 最高人民法院关于适用《中华人民共和国担保法》若干问题的解释［M］．北京：中国法制出版社，2003.

［23］ 最高人民法院关于审理民间借贷案件适用法律若干问题的规定［M］．北京：中国法制出版社，2015.

［24］张诗信，王学敏．合伙人制度顶层设计［M］．北京：企业管理出版社，2018.

［25］ 迈克·莫耶．切蛋糕：创业公司动态股权分配全案［M］．王闻，李筱莹，常逸昆，译．北京：民主与建设出版社，2016.

［26］蔡聪. 创业公司的动态股权分配机制［M］. 北京：机械工业出版社，2017.

［27］张森. 股权融资：理论·案例·方法一本通［M］. 北京：电子工业出版社，2017.

［28］中国证券监督管理委员会. 优先股试点管理办法：中国证券监督管理委员会令［第 97 号］［A/OL］.［2014-03-21］. http://www.csrc.gov.cn/pub/zjhpublic/G00306201/201403/t20140321_245908.htm.

［29］崔金珍. 大学生创业组织形式选择［J］. 中小企业管理与科技，2016，36（2）:123-124.

［30］Palmiter A.R.Corporate Governance as Moral Psychology［J］. Washington and Lee Law Review，2017，74（2）:1119-1158.

［31］JENSEN M. C.，MECKLing，W. H. Theory of the firm: Managerial behavior，agency costs and ownership structure［J］. Journal of Financial Economics，1976，3（4）:305-360.

［32］Grossman，S. J.，Hart，O. D. The Costs and Benefits of Ownership: A Theory of Vertical and Lateral Integration［J］. Journal of political Economy，1986，94（4）:691-719.